Koray Yılmaz-Günay (Hg.)

Karriere eines konstruierten Gegensatzes: zehn Jahre «Muslime versus Schwule»

Sexualpolitiken seit dem 11. September 2001

Bibliografische Information der Deutschen Bibliothek
Die Deutsche Bibliothek verzeichnet diese Publikation in der Deutschen
Nationalbibliografie; detaillierte bibliografische Daten sind im Internet
über http://dnb.ddb.de abrufbar.

Koray Yılmaz-Günay (Hg.)
Karriere eines konstruierten Gegensatzes: zehn Jahre «Muslime versus Schwule»
Sexualpolitiken seit dem 11. September 2001

Neuausgabe, 2014
ISBN 978-3-942885-53-9

© edition assemblage – Alle Rechte liegen bei den Autor*innen.
Postfach 27 46
D-48014 Münster
info@edition-assemblage.de | www.edition-assemblage.de

Mitglied der Kooperation *book:fair*
Mitglied der *assoziation Linker Verlage* (aLiVe)

Redaktion: Mîran Çelik, Dr. Jennifer Petzen, Salih Alexander Wolter, Koray Yılmaz-Günay

Fotos: Wenn nicht anders angegeben, gehören die Fotos zur Serie «queğer» von Aykan Safoğlu. Hinweise dazu siehe auf der Seite 215. Das Titelbild gehört zur Serie und zeigt den langen Schatten der Hausnummer 9/11 in der Fuggerstraße in Berlin-Schöneberg.

Die Originalausgabe dieses Buches erschien im Selbstverlag und wurde unterstützt vom Schwul-lesbischen Informations- und Presseservice (www.schlips.org).

Umschlag und Satz: Gerd Schmitt

Druck: CPI Clausen & Bosse, Leck

Printed in Germany 2014

Inhalt

EINLEITUNG

Der «Clash of Civilizations» im eigenen Haus 7
Koray Yılmaz-Günay (2011)

VON DER MOTZSTRASSE NACH AFGHANISTAN UND ZURÜCK

Ist Krieg oder was? 15
Queer Nation Building in Berlin-Schöneberg
Salih Alexander Wolter (2011)

Wer liegt oben? 25
Türkische und deutsche Maskulinitäten in der schwulen Szene
Dr. Jennifer Petzen (2005)

«Sein ganzer Traum von Männlichkeit» 47
Cem Yıldız sagt, wo es langgeht
Salih Alexander Wolter (2010)

Queer-Imperialismus 51
Eine Intervention in die Debatte über «muslimische Homophobie»
Dr. Jin Haritaworn, mit Tamsila Tauqir und Dr. Esra Erdem (2007)

Bombenstimmung 71
Dirk Ruder (2003)

Opferlotto 75
Dirk Ruder (2007)

Mit Islamophobie contra Homophobie? 79
Georg Klauda (2007)

Parallele Erfahrungen von Diskriminierung und Gewalt 85
Gedanken nicht nur zu Rassismus und Transphobie in Szene-Kontexten
Saideh Saadat-Lendle (2010)

«Kultur» statt «Rasse» 91
Das Phänomen des antimuslimischen Rassismus
Yasemin Shooman (2010)

Lob und Notwendigkeit der Asymmetrie 97
Zur nationalen Funktion der Islam-Debatten in Deutschland
Koray Yılmaz-Günay (2010)

**Eine ökonomische Macht, die auf
Normalisierung abzielt** 103
«Gemachte Andere» zwischen Homophobie und
antimuslimischem Rassismus
Zülfukar Çetin (2011)

Integration as a Sexual Problem 115
An Excavation of the German «Muslim Homophobia» Panic
Dr. Jin Haritaworn und Dr. Jennifer Petzen (2011)

RÄUME

**Schwule und Muslim_innen zwischen Homophobie
und Islamophobie** 135
Dr. Andreas Hieronymus (2009)

Judith Butler lehnt Berlin CSD Zivilcourage-Preis ab! 147
Judith Butler lehnt Zivilcourage-Preis des Berliner CSD ab: «Von
dieser rassistischen Komplizenschaft muss ich mich distanzieren»
Presseerklärung von SUSPECT zum 19. Juni 2010

Leben nach Migration 151
SPEZIAL: Homophobie und Rassismus
Newsletter des Migrationsrates Berlin-Brandenburg e.V. (Dezember 2010)

Silent Echoes 163
The Aftermath of Judith Butler's Refusal of the Civil Courage Award
Dr. Jennifer Petzen (2011)

**BASTA, le racisme et la xénophobie au nom
de la lutte contre l'homophobie!** 169
Déclaracion de Lesbiennes of Color du 12 avril 2011

Genug mit Rassismus und Xenophobie im Namen des Kampfes gegen Homophobie..................171
Erklärung von Lesbiennes of Color vom 12. April 2011

From Gay Pride to White Pride?..................173
Why marching on East London is racist
Decolonize Queer (2011)

Vom Gay Pride zum White Pride?..................177
Warum es rassistisch ist, in East London aufzumarschieren
Decolonize Queer (2011)

DEBATTEN

Widersprüchliches Verhältnis..................181
Wie antimuslimische Parteien zu Homosexuellen stehen
Markus Bernhardt (2011)

Internationale Solidarität..................189
Wer erkämpft das Menschenrecht?
Dr. Alexander King (2011)

Muslimische Erklärungen gegen Homophobie..................195
Entstehung, Inhalt und Nutzbarkeit
Salih Alexander Wolter und Koray Yılmaz-Günay (2011)

Keine Verrenkungen nötig..................203
Muslimische Gedanken zu lesbischer und schwuler Liebe und Sexualität
Hilal Sezgin (2011)

ANHANG

Nachwort zur Neuausgabe..................207
Koray Yılmaz-Günay (2014)

Zu den Autor_innen..................209

Anmerkungen zu den Fotos..................215

Der «Clash of Civilizations» im eigenen Haus

Im öffentlichen Raum ist ein Gegensatz entstanden, der zusammengefasst lautet: «Muslim_innen versus Schwule». Sehr unterschiedlich verfasste «Szenen» und «Communities» diskutieren bis in die Mainstream-Medien hinein, wie Sexismus und Homophobie bei «Muslim_innen» abgebaut werden können. Und sind sich überraschend einig: «Kultur» und «Religion» müssen im Zentrum der Aufmerksamkeit stehen. Denn was in den 1990er Jahren noch für absurd gehalten worden wäre, ist heute Realität: Die Debatten über Diskriminierung und Gewalt fokussieren nicht mehr auf die Gesellschaft mit ihren wirkmächtigen Institutionen, sondern auf diese ausgelagerte Träger_innenschicht, die vermeintlich überkommene Feindschaften wieder ins Land holt.

Auch die öffentliche Wahrnehmung des Antisemitismus folgt einem ganz ähnlichen Schema. Es sind heute vor allem «Muslim_innen» – wo nicht explizit auf «Palästinenser_innen» und «ihren» Nahost-Konflikt Bezug genommen wird –, die als Hauptquelle aktueller Feindschaft gegenüber Jüd_innen und jüdischen Orten, Institutionen und jüdischem Leben allgemein gelten. Antisemitismus ist – wie Sexismus und Homophobie – externalisiert worden. Wer ihn heute besprechen will, muss wenigstens über grundlegende Kenntnisse koranischer Texte und/oder der Prophetenüberlieferungen verfügen. Wo hier «Sexismus und Homophobie» steht, könnte oft auch «Antisemitismus» hinzugefügt werden.

Krieg, Landnahme und Rassismus stehen seit langem in einem bestimmten Zusammenhang mit (nicht) akzeptablen Geschlechtsidentitäten und Sexualitäten.

Damit Gewalt eine akzeptierende Massenbasis bekommt, braucht sie immer Legitimationen, die über strategische, politische und ökonomische Interessen hinausreichen. Das war im historischen Kolonialismus schon so, und das ist auch heute nicht anders. Der Ausweis der Befähigung und Pflicht zur Kolonisierung war ein reines Gewissen, die Bevölkerung musste wissen, was als «natürlich», moralisch einwandfrei oder – schlichter – «normal» zu gelten hat, damit die Herrschaften losziehen konnten, um andere zu «zivilisieren». Und «selbstverständlich» waren diese Herrschaften die Verkörperungen der vermeintlichen «Natürlichkeit» und «Normalität». So stellen «Aufklärung» und «Menschenrechte» auch heute zentrale Begründungszusammenhänge dar, wenn es um die Durchsetzung einer neukolonialen Weltordnung geht. Der Krieg (im Ausland) und der Kampf um kulturelle Hegemonie («Leitkultur») im Inland sind stark vergeschlechtlicht und stark sexualisiert. Frauen und Homosexuelle immer mittendrin.

Der 11. September 2001 stellt einen Wendepunkt dar. Er ist selbst weder Grund noch Anfang. Aber mehr als nur sinnbildlich steht das Datum doch für eine Welt, deren Lauf sich an diesem Tag für alle *wahrnehmbar* geändert hat. Die Ablösung der alten Weltordnung konnte nach dem Ende des Kalten Krieges und der Blockkonfrontation nur eine Frage der Zeit sein. Sie zeichnete sich zwar schon zu Beginn der 1990er Jahre ab, die Kurve wurde aber erst im neuen Jahrtausend genommen, als die beispiellosen Anschläge auf das Welthandelszentrum in New York City und den Hauptsitz des US-Verteidigungsministeriums in Washington D.C. ein Fundament legten, auf das sich bauen ließ.

Denn international haben sich seitdem nicht nur die Sicherheitsbestimmungen bei Flugreisen geändert. Erhebliche Einschränkungen von Grund- und Freiheitsrechten kamen und blieben, Kriege wurden angezettelt – und nicht zuletzt wurde der Begriff des «Westens» umgemünzt, weil fortan der entsprechende «Osten» fehlte. Das wieder vereinigte Deutschland verortete sich trotz der Junior-Partnerschaft, die ihm darin auf absehbare Zeit maximal zukommt, vorbehaltlos in genau diesem «Westen». Die Militarisierung der Außenpolitik ist in der Zeit einer rot-grünen Bundesregierung mehrheitsfähig geworden; es war ihr Verteidigungsminister, der die Zuständigkeit seines Ressorts Ende 2002 bis an den Hindukusch verortete.[1] Wie bei der Einführung von Hartz IV, dem Aufweichen von gewerkschaftlich erkämpften Rechten, der Senkung von Spitzensteuersätzen und einer ganzen Reihe anderer sozialer Einschnitte, die dem Ende der Blockkonfrontation geschuldet waren, konnte es vielleicht nur diese Regierung sein, die Staat, Wirtschaft und Gesellschaft für die neuen Gegebenheiten zurichtete.

Menschenrechte – und insbesondere die Rechte von (heterosexuellen) Frauen und (männlichen) Homosexuellen – haben eine bemerkenswerte Konjunktur erlebt in diesem Zusammenhang. Sie sind zum Gradmesser von «Modernität» und «Aufklärung» geworden, ja zum Indikator für «Zivilisation» überhaupt. Ungeachtet aller Ungleichheiten im Hier und Heute wird ein Selbstbild «unseres Landes» bzw. «des Westens» in Gänze proklamiert, aus dem rechtliche und soziale Ungleichbehandlung komfortabel ausgeblendet werden. Ein Mahnmal für die im Nationalsozialismus ermordeten Homosexuellen hat Homophobie historisiert, ohne dass sie je Gegenstand einer gesamtgesellschaftlichen Debatte geworden wäre. Die sogenannte «Homo-Ehe» hat Fragen nach dem Um-

---

[1] Der *BILD am Sonntag* sagte Peter Struck noch am 11. Januar 2004: «Wir verteidigen am Hindukusch in Afghanistan im Kampf gegen den Terrorismus auch Deutschland und unsere Freiheit. Diesen Satz habe ich niemals in Frage stellen müssen.»

gang mit Partnerschaftsmodellen, die von der Hetero-Norm (Zweigeschlechtlichkeit, Monogamie, Fortpflanzung) abweichen, vermeintlich beantwortet, ohne dass der Mainstream sie je hätte diskutieren müssen: eine General-Amnesie im Bezug auf die unwirtliche Vergangenheit und eine weitgehende Ignoranz gegenüber Diskriminierung und Gewalt heute. «Wir», so scheint es, haben Frauen- und Schwulenfeindlichkeit überwunden. Auch wenn die christlichen Großkirchen nicht im Widerspruch zum, sondern *in Übereinstimmung mit* dem Antidiskriminierungsgesetz als zweitgrößte Arbeitgeberinnen im Land nach wie vor nach Belieben einstellen und kündigen können, wen sie wollen.[2] Auch wenn Frauen nach wie vor für die gleiche Arbeit 25 % weniger verdienen. Wenn sie überhaupt in Arbeit sind.

Den sehr unterschiedlich gezeichneten Figuren «der Muslimin» und «des Muslims» kommt vor diesem Hintergrund eine unentbehrliche Funktion im Diskurs zu. Als «abschreckendes» Beispiel dienen sie dazu, gutes, aufgeklärtes, zivilisiertes Leben zu konstruieren, das gelingen könnte, wenn – ja, *wenn* – genau sie nicht wären. Erhängte Schwule im Iran, gesteinigte Frauen in Afghanistan, zwangsverheiratete Frauen in Kurdistan, ein Schwuler, der in İstanbul einem «Ehrenmord» zum Opfer fällt: Es kann nicht gut bestellt sein um die sexuelle Selbstbestimmung bei «den Muslim_innen»... Es ist der hypermaskuline, gewalttätige und auch sonst zu Kriminalität neigende «muslimische» Mann, der Frauen, Schwule und Lesben bedrängt, ihre Lebensäußerungen gefährdet, geradezu unmöglich macht. Ihm stehen als «Opfer» nicht nur die Frauen und Homosexuellen aus der eigenen Gruppe gegenüber, sondern auch «unsere europäischen Werte». Ein Skandal sondergleichen!

Eine Handvoll bereitwillig akzeptierter Kronzeug_innen aus den betroffenen Bevölkerungsgruppen geben der Furcht auch in deutschen Talkshows und Feuilletons einen Namen und ein Gesicht. Die Job- und Aufmerksamkeitsmaschine «Islamkritik» funktioniert deswegen so gut, weil die Zunft hilft, den «Clash der Kulturen» im eigenen Haus plastisch und glaubwürdig zu erleben. Dass angesichts der bestenfalls anekdotischen Qualität der Debatten-Beiträge niemand von einer Ohnmacht in die nächste fällt, muss umso mehr verwundern, als «interreligiöse Dialoge» in Vereinen, Gemeinden, Kommunen und überall sonst um sich greifen. Überall sprechen heute Menschen als «Muslim_innen» und «Christ_innen» miteinander – auch wenn sie sich vor zehn Jahren noch als atheistisch oder laizistisch bezeichnet hätten. Die Religion ist, bevölkerungsgruppenübergreifend, zum Teil der sozialen Identität geworden. Das «christlich-jüdische Abendland» wird in einer Zeit aus der Mottenkiste geholt, wo es am weitesten weg schien. Demgegenüber sind die Strukturen, die die Gesellschaft prägen, vollkommen in den Hintergrund gerückt. Es reicht, dass bei «uns» Angela Merkel Bundeskanzlerin oder Klaus Wowereit Regierender Bürgermeister von Berlin werden kann, um zu demonstrieren, dass «in unserem Land» die Geschlechter gleichberechtigt und alle sexuellen Orientierungen anerkannt sind. Das provoziert zwar das «Gegenargument», dass in zahlreichen mehrheitlich muslimischen Ländern oder in Indien und Israel die ersten Ministerpräsidentinnen wesentlich früher an der Macht waren – aber am Ende sagen weder das Phänomen Merkel noch die Benazir Bhuttos, Indira Gandhis, Tansu Çillers oder Golda Meirs etwas über die Si-

---

[2] Das Allgemeine [!] Gleichbehandlungsgesetz (§ 9) billigt den Kirchen weitgehende Ausnahmen im Arbeitsrecht zu.

tuation «der» Frauen in ihren Ländern aus. Der Bezug auf die Freiheit einzelner Frauen und Homosexueller nimmt das Patriarchat aus seinen Kontexten. Die allermeisten haben aber nicht die individuelle Wahl zwischen Regierungsoberhaupt, einem Job an der Supermarktkasse und einer drohenden Abschiebung. Die liberalistische Behauptung, dass alle das Recht haben zu tun, was sie wollen, verpackt einzelne Freiheiten in Glitzerpapier, um die systematische Ungleichbehandlung zu kaschieren und benachteiligte Gruppen in Gegensatz zueinander zu bringen.

Das Wort vom «antimuslimischen Rassismus» macht demgegenüber die Runde. Denn die Konstruktion von «Wir» und «Ihr» wird heute diverser vollzogen als noch vor zehn Jahren; Genetik und Physiognomie werden zwar nach wie vor bemüht, um die Andersartigkeit und Anderswertigkeit von Menschen zu konstatieren, aber «Kultur» und «Religion» sind hinzugetreten und fungieren als ein «Versteck» für «Rasse». Und die Situation von Frauen und Schwulen ist dabei als vermeintliches Argument immer zur Hand: Nicht nur die Debatte um den «Muslimtest» in Baden-Württemberg (2006) hat es gezeigt, sondern auch die Debatte um die Ergänzung des Artikels 3 Grundgesetz um das Merkmal sexuelle Identität im Jahr 2010.

In diesem Buch wird eine Debatte nachgezeichnet, die die Grundlagen dafür geschaffen hat. Ihr Tenor lautete lange Zeit: Muslim_innen – ob nun in mehrheitlich muslimischen Ländern («islamische Welt») oder als «Minderheiten»-Gruppe in Deutschland – sind stärker als andere und in einer besonderen Weise patriarchal. Ihre Ablehnung von sexueller Selbstbestimmung hat sich im Wesentlichen seit der prophetischen bis in unsere Zeit unverändert erhalten. *People of Color* und tatsächlich religiös praktizierende Muslim_innen waren – bis auf die erwähnten «Kronzeug_innen» – *Gegenstand* der Auseinandersetzungen. Es wurde *über* sie gesprochen, nicht *mit* ihnen, die «Diskursblockaden» wurden dabei lediglich ihnen zugeschrieben und wahlweise als «Integrationsunwilligkeit» oder als «Integrationsunfähigkeit» gedeutet. Sätze, die mit «Man wird doch wohl noch sagen dürfen, dass...» anfangen, galten in diesem Zusammenhang als Manifestationen der Meinungsfreiheit, die Abwesenheit von *People of Color* in den Debatten hingegen als Desinteresse, Verweigerung oder Rückzug in «Parallelgesellschaften». Fragen danach, wer wem wann und unter welchen Bedingungen die Themen für «notwendige» Debatten diktierte und wer welche Zugangsmöglichkeiten zu diesen Debatten hatte, mussten angesichts der vollkommen ausgeblendeten Macht-Asymmetrien gar nicht erst gestellt werden. Der Betrieb hielt sich auch ohne sie am Laufen.

Rassismus hat es in Deutschland immer gegeben. Von der Konstruktion einer «Volksgemeinschaft», die im Wesentlichen auf Blut, Boden und einer fetischisierten Sprache beruht, bis zum «Deutschland» Thilo Sarrazins, das sich «abschafft», hat sich in Gesetzen wie in Institutionen und in der Bevölkerung ein völkischer Bodensatz erhalten, der uns noch viele Jahre beschäftigen wird. Solange der deutsche Kolonialismus nicht aufgearbeitet ist, solange die Shoa vor allem als Hindernis für ein freies nationales Selbstbewusstsein angesehen wird, solange die Kinder und Kindeskinder der «Gastarbeiter_innen» als «nichtdeutscher Herkunft» angesehen werden, wird es den Rassismus alter Schule geben. Die «südländische» Optik, die Hautfarbe, ein «ausländischer» Name oder die «zugewanderte» Religion wird in Kindergärten, Schulen und Ausbildungsbetrieben, im Beruf und in der Nachbarschaft, bei Behörden und in Gesetzen entscheiden, wer dazugehören darf und wer nicht. Ein republikanisches Verständnis von Zugehörigkeit scheint heute manchmal ferner als noch in den 1980er Jahren.

Mit den Debatten nach «9/11» ist allerdings etwas passiert, was darüber hinausreicht. Schichten und soziale Bewegungen, die sich als progressiv beschrieben hätten, haben heute die Gelegenheit, sich auf den Schoß der Nation zu setzen. Dank der Rede von den sexistischen und homophoben Muslim_innen sind feministische und vor allem schwule Positionen respektabler geworden, zumindest wenn sie von Weißen eingenommen werden.[3] Es sind gut gebildete, wohlsituierte, gesunde heterosexuelle Damen und homosexuelle Herren, an deren Geschlechtsidentität kein Zweifel zu existieren hat, die es nicht mehr hinnehmen wollen, dass sie nicht mitspielen dürfen. Es ist ihr eigenes partikulares Engagement und es sind ihre eigenen partikularen Argumente, die sie bis in die Arme rechtspopulistischer Parteien treiben. Es ist kein Zufall, dass die CDU und politisch noch weiter rechts zu verortende Parteien ihr Herz für Homosexuelle gerade zu einer Zeit entdecken, in der sich im Mainstream «Herkunft» und «Religion» als Erklärungsansätze für Feindschaft durchsetzen. Vergleiche etwa das Berliner Programm der rechtspopulistischen Partei «Die Freiheit»: «Wir werden dafür sorgen, dass das Schüren von Hass und Erzeugen pogromartiger Stimmungen, etwa gegen Juden oder Homosexuelle, auf die Tagesordnung der Berliner Politik und in das Bewusstsein der Bürger gebracht wird. Ein umfassendes Programm, das die Zusammenarbeit der Bezirksverwaltungen, Aufklärungsarbeit an den Schulen und Maßnahmen zur Erhöhung der öffentlichen Sicherheit beinhaltet, wird dazu beitragen, die Verfolgung religiöser, ethnischer und sexueller Minderheiten in Berlin zu beenden» (*Es ist unsere Stadt. Wir haben die Wahl. Am 18. September für ein besseres Berlin!*, Seite 13).

Reale Unterschiede existieren aber nicht, sie werden gemacht. Und zwar immer wieder neu. Trennstriche zwischen Gruppen werden nicht der lieben Ordnung willen gezogen, sondern weil sie eine *Funktion* haben: Nur wenn welche draußen bleiben, ist klar, wer drin sein darf. Der Ausschluss von manchen reguliert immer auch den privilegierenden Einschluss von anderen. Es sind nicht «die» Frauen oder Homosexuellen, die sich hier verdingen. So wie nie jemand gefragt hat, ob «die» Homosexuellen eine Zweite-Klasse-«Homo-Ehe» wünschen, so steht es zumindest auch bei den hier verhandelten Fragen zu hoffen, dass die meisten Angehörigen dieser nach wie vor benachteiligten Gruppen kein Interesse an einer Nation haben, sei sie auch – zumindest symbolisch – «inklusiver». Denn profitieren davon werden sie selbst nicht. Es ist im Wesentlichen eine Debatte der Medien und Institutionen, um die es hier geht. Und die werden von den wenigsten bespielt, wenn auch im Namen vieler.

Es geht den Beiträgen in diesem Buch nicht darum, Homophobie oder Sexismus in manchen Gruppen zu benennen und in anderen auszublenden oder gar zu leugnen. Das Argument ist so haltlos, wie es populär ist. Die Autor_innen, die sich hier äußern, stehen seit Jahren und Jahrzehnten aktivistisch, publizistisch und/oder akademisch «im Feld». Es geht aber sehr wohl darum, die Dienstbarmachung von Frauen- und Homosexuellenrechten bei der rassistischen Neuformierung von Staat, Nation und Gesellschaft in Frage zu stellen. Was Wiedervereinigung, Globalisierung oder EU-Integration nicht geschafft haben, ist nach dem 11. September sagenhaft schnell vonstatten gegangen. Es gibt jetzt Antworten auf die Fragen: *Wer sind wir? Wer gehört (nicht) zu uns?* Nur scheinbar stehen die öffentlichen Debatten über

---

[3] Für lesbische und Trans*-Szenen lässt sich in diesem Zusammenhang allenfalls von einer nachholenden Entwicklung sprechen.

Sexismus und Homophobie dabei am Rand. Es besteht ein fundamentaler Zusammenhang zwischen ihnen und einem Deutschland, das sich nicht ab-, sondern *neu erschafft*. Und dieses Spiel vom Teilen und Herrschen wird denjenigen weitere Jahre und Jahrzehnte nutzen, die kein Interesse an *gesellschaftlicher* Emanzipation haben. Ohne die Analyse von Strukturen und machtförmigen Beziehungen wird es keine Handlungsstrategien geben, die tatsächlichen Fortschritt befördern. Wir müssen wieder lernen zu fragen, *was wem in welcher Situation warum nutzt*.

Das Buch kann keinen Anspruch auf umfassende Darstellung erheben: Es ist nicht als detailverliebtes Abbild der zehn Jahre nach dem 11. September konzipiert worden. Es ist vielmehr eine politische Auswahl von Texten, die sehr wohl zeitliche und transnationale Bezüge nachzeichnen, aber eben auch Analysen liefern und Bewertungen vorschlagen, die für Interventionen *heute* wichtig sind. Es sind Texte darunter, die dokumentarisch wiederabgedruckt werden, aber auch viele neue und bisher nicht veröffentlichte.

Mein Dank als Herausgeber gilt in erster Linie den Autor_innen, die es in sehr kurzer Zeit und mit viel Engagement ermöglicht haben, ein multiperspektivisches, komplexes Bild zu zeichnen. Von der Idee bis zur Realisierung ist kaum ein Monat vergangen. Mîran Çelik, Ulaş Yılmaz und Eike Stedefeldt sind hier nicht mit eigenen Beiträgen vertreten, haben aber bei der Auswahl von Texten, bei der Redaktion bzw. beim Ertragen von stundenlangen Treffen eine wichtige Rolle gespielt. An wenigen Wochenenden und sehr geballt ist hier Zusammenarbeit im besten Sinn praktiziert worden: *freundschaftlich*. Dr. Jin Haritaworn, Dr. Alexander King, Dr. Jennifer

---

e29

Gewalt gegenüber sexuellen Minderheiten weiter auf hohem Niveau

Die Anzahl gezielter gewalttätiger Übergriffe gegenüber sexuellen Minderheiten ist in Berlin seit Jahren auf einem hohen Niveau. Viele Opfer melden Straftaten gar nicht mehr, da ihnen die Verfolgung der Täter aussichtslos erscheint.

Lösung: Die CDU Berlin ist stolz auf die Vielfalt der Lebensentwürfe und Lebensformen in unserer Stadt. Sie sind Ausdruck einer weltoffenen Metropole, in der jeder nach seiner Façon selig werden kann. Das ist beste Berliner Tradition und Zeichen bürgerlicher Liberalität, für die gerade unsere Partei steht. Für uns gilt aber auch: Wir wollen mehr Sicherheit und stehen für „null Toleranz" gegenüber den Tätern. Um homophobe Gewalt zu bekämpfen, ist es erforderlich, dass die Polizei die spezifischen Erscheinungsformen der Kriminalität gezielt erfasst und auch die Motivation der Täter ermittelt. Die so gewonnenen Daten müssen analysiert und dabei besonderes Augenmerk auf Herkunft und kulturellen Hintergrund der Täter gerichtet werden. Die Erkenntnisse müssen dann zielgerichtet in die Gewaltprävention einfließen.

e30

Die Offenlegung der Identität von Polizisten greift in die Privatsphäre ein

Aus: «Das muss sich ändern. Die 100 wichtigsten Probleme Berlins und ihre Lösungen» (Programm der Berliner CDU zu den Abgeordnetenhauswahlen 2011)

Petzen und vor allem Salih Alexander Wolter haben mit ihrem politischen Rat und ihrer tatkräftigen Unterstützung Großes geleistet. Sie sind wesentlich mehr als nur Autor_innen dieses Buchs. Dasselbe gilt für Gerd Schmitt, der die Gestaltung übernommen hat.

Unterschiedlichste aktivistische Hintergründe und Perspektiven kommen zusammen, Texte aus Perspektiven *of Color* stehen neben Beiträgen von Weißen, Verortetheit nach zeitlicher und örtlicher Sozialisation, Geschlechtern und anderen Kategorien, die in ihren Auswirkungen so real sind, wie sie in einer vernünftigen Gesellschaft *unnötig* wären, steht im Fokus. Ein universal gültiges Set an Werten und Identitäten, so vielleicht eine der Kernthesen aller Beiträge, gilt es nicht bloß noch global durchzusetzen. Ein solches Set, wenn es denn überhaupt gebraucht wird, muss erst entwickelt werden.

Koray Yılmaz-Günay

Anmerkung zur Neuausgabe
Diese Einleitung ist im August 2011 geschrieben worden. Um den Charakter der Originalausgabe zu erhalten, ist es hier unverändert abgedruckt. Ein Nachwort zur Neuausgabe findet sich ab Seite 207.

Editorische Notiz
Rassismus, Sexismus, Transphobie und Homophobie prägen — mit all ihren Überlappungen und Schnittpunkten — *alle* Mitglieder der Gesellschaft. Während manche durch diese Ungleichwertigkeits-Ideologien vor allem diskriminiert werden, profitieren andere vor allem dadurch, als Norm (weiß, nicht-trans, heterosexuell...) zu gelten. Wer durch die homophobe Organisation der Gesellschaft benachteiligt ist, kann trotzdem durch die rassistische im Genuss von Privilegien stehen. Diese unterschiedlichen Verortetheiten schlagen sich auch auf die Sprache nieder. Da hier Texte aus unterschiedlichen Kontexten versammelt sind und zudem wesentliche Eingriffe in bereits veröffentlichtes Material die Zeitgebundenheit übertünchen würde, kann es keine einheitliche Sprache geben. Dasselbe gilt für die geschlechterbewusste Schreibung von Personenbezeichnungen. Das ist Teil der Komplexität, die es sichtbar zu machen und auszuhalten gilt.

Die Begriffe *Islamophobie, antiislamischer* bzw. *antimuslimischer Rassismus* zeugen auch von der Zeit, in der sie gebraucht wurden/werden. *People of Colo(u)r* bzw. *... of Colo(u)r*, Asiatisch, Schwarz, weiß, Migrant_in, *mit Migrationshintergrund, migrantisch* etc. werden in Ermangelung anderer, im deutschsprachigen Kontext breit diskutierter und akzeptierter Alternativen als Eigenbezeichnungen bzw. politische Begriffe verwendet. Das gilt ebenso für die Begriffe *lesbisch, schwul, Trans*, queer* etc.

Ist Krieg oder was?
Queer Nation Building in Berlin-Schöneberg
Salih Alexander Wolter

«Auch der Begriff der Nation [...] bleibt mir fremd. Vielleicht, weil ich in einer Stadt aufgewachsen bin, die zu keinem Land gehört hat.»
Michael Wildenhain[1]

«Ein Mummenschanz der Perversionen»
In unserem Namen ist die im Januar 2006 erschienene Broschüre der Berliner «Initiative Queer Nations» überschrieben. Diese wolle, heißt es im Grußwort des Regierenden Bürgermeisters von Berlin, «an die Tradition Magnus Hirschfelds anknüpfen» und in der Stadt eine Einrichtung zur wissenschaftlichen Erforschung von «Geschichte und Gesellschaftlichkeit der Homosexualitäten und der Diskriminierung Homosexueller» schaffen. Dass hier die eine oder andere «schmerzliche Erinnerungslücke» zu schließen wäre, wie von Klaus Wowereit beklagt,[2] erweist sich auf den ersten Blick.

«Berlin als die Hauptstadt unseres Landes», schwärmt der Werbetext, für den der *taz*-Journalist Jan Feddersen, Mitbegründer und Vorstandsmitglied des Vereins, als Redakteur verantwortlich zeichnet, «ist näher denn je an den Lebensgefühlen, die Briten wie Christopher Isherwood Ende der Zwanzigerjahre in ihre Heimat berichteten: liberal, tolerant, im preußischen Sinne bestens geeignet, jeden und jede nach seiner und ihrer Fasson glücklich werden zu lassen.»[3] Tatsächlich schreibt Isherwood

---
[1] Aus einem Vorabdruck aus Michael Wildenhains Roman *Träumer des Absoluten*, in: *Neues Deutschland* vom 23./24. August 2008.
[2] *In unserem Namen*, Broschüre des Berliner Vereins «Initiative Queer Nations», Berlin 2006, Seite 5.
[3] Ebd., Seite 12.

in seinen Memoiren, er habe gewollt, dass die Leser_innen seiner Bücher «in Berlins grauen Straßen und heruntergekommenen Massen, in Armut, Stumpfsinn und Langeweile des überdimensionalen preußischen Provinznests, das zu Deutschlands scheinbarer Hauptstadt geworden war, Spannendes entdeckten». Dass Nachgeborene ihn um seine Zeit dort beneideten, erschien ihm deshalb «schmeichelhaft, aber auch ironisch».[4]

Er selbst drängte damals seine Zimmerwirtin in der Schöneberger Nollendorfstraße dazu, kommunistisch zu wählen,[5] und empfand «eine herrliche Freiheit» nur in der Gesellschaft burschikoser junger Arbeiter – «und fast alle waren sie arbeitslos» – in einfachen Kreuzberger Kneipen[6]. An den Westen der Stadt erinnert er sich dagegen so: «Kreischende Jungs in Frauenkleidern und Mädchen mit Monokel, Smoking und Kurzhaarfrisuren wie in Eton spielten dem schaudernden Betrachter hier Jubel, Trubel, Heiterkeit eines Sodom und Gomorrha vor, womit sie ihnen [sic] die Bestätigung gaben, dass Berlin immer noch die dekadenteste Stadt in Europa sei.» Für Isherwood ist das nur ein «Reklamespruch» im Wettbewerb der Metropolen gewesen, denn was «konnte man da den Berlinbesuchern noch bieten außer einem Mummenschanz der Perversionen?»[7]

Die Broschüre der «Queer Nations» fährt übrigens unmittelbar fort: «Die alljährliche Parade am Christopher-Street-Day zählt zu den mächtigsten touristischen Magneten Berlins: Kein schlechter Ton vermiest diesen sommerlichen Umzug jener, die noch vor gar nicht so langer Zeit verfolgt und bestraft und im bürgerlichen Sinne kaum mehr gesellschaftsfähig sein konnten.»[8]

Europäische oder anatolische Seite?

Die B 1, die hier erst Haupt-, dann Potsdamer Straße heißt, sei «der Bosporus von Schöneberg», war kürzlich im Berliner *tip* zu lesen, der der voranschreitenden Aufwertung des Stadtteils eine Titelgeschichte widmete.[9] Das Magazin empfahl Interessierten den Verlauf der Bundesstraße zur groben Orientierung im «neuen Schöneberg», das im Berlin-Vergleich der letzten Jahre überdurchschnittliche Preissteigerungen bei Neuvermietungen von Standardwohnungen aufweist[10]. Etwa zweieinhalb Kilometer lang zieht sie sich vom Innsbrucker Platz, wo S-Bahn-Ring und Autobahnauffahrt die südliche Grenze der Innenstadt markieren, bis hinauf zur Kurfürstenstraße, deren Nordseite schon zum Verwaltungsbezirk Mitte gehört, durch das dichtbesiedelte Terrain zwischen Wilmersdorf und Kreuzberg: «Westlich davon liegen die beliebten Wohnlagen, östlich die Problemgebiete.»

Im Schöneberger Norden ist diese soziale Topographie zuweilen noch mehr Anspruch als Wirklichkeit – nicht nur, weil Menschen aus allen Himmelsrichtungen zusammenströmen, wenn in der Kirche am Dennewitzplatz Lebensmittelpakete der Berliner Tafel ausgegeben werden. In den Nachkriegsblocks der Bülow- und Frobenstraße, einem Quartier westlich der Potsdamer, wo sich institutionelle Anleger am Erbe der aufgegebenen städtischen Baupolitik gesundstoßen, beschweren sich auch Alteingesessene über die Prostitution, die sich hier im Gefolge der EU-Erweiterung ausgebreitet habe. Dabei war die Gegend in der zentralen Randlage der Hauptstadt bereits zu Kaisers Zeiten einschlägig bekannt und bot später lite-

---

[4] Christopher Isherwood, *Christopher und die Seinen*, Verlag Bruno Gmünder, Berlin 1992, Seite 169.
[5] Ebd., Seite 120.
[6] Ebd., Seite 34.
[7] Ebd., Seite 33.
[8] *In unserem Namen*, Seite 12.
[9] Artikel *In zentraler Randlage*, in: *tip* 15/11, erschienen im Juli 2011.
[10] Vgl. Artikel *Der zähe Kampf der letzten Mieter*, in: *taz Berlin* vom 2. August 2011.

rarischen Gestaltungen der westberliner Tristesse das passende Lokalkolorit, vom Weltbestseller der Christiane F. bis zu Pieke Biermanns Huren-Krimi *Potsdamer Ableben*. Die Journalisten Benny Härlin und Michael Sontheimer beschrieben 1983 für die Kulturzeitschrift *Transatlantik* den Drogenstrich und die zahlreichen Billigpuffs und zitierten einen Kenner, der meinte, «wenn Sie mal vierhundert Meter links und rechts von der Bülowstraße einfach alle Leute einsammeln würden, da hätten sie gut und gern 10 000 Jahre Knast zusammen».[11] Doch der Versuch, sich das eigene Milieu respektabel zu reden, ist nicht neu – die halbe Stadt hat sich so durch die Mauerjahre gemogelt.

Jüngeren Datums ist hingegen in Schöneberg die Frage: «Europäische oder anatolische Seite?» Sie impliziert die Lösung eines Problems, das nach 1989/90 gerade in dieser Hälfte Berlins dringend wurde, wo die sich abzeichnende Realität des «wirtschaftsgeographischen Begriffs ‹Deutschland›» (Georg Fülberth)[12] den Verlust des in der jahrzehntelangen Systemauseinandersetzung inszenierten «Wir» umso spürbarer machte: Wie lässt sich die weitere Zugehörigkeit zu einer «Wertegemeinschaft» begründen, «die trotz des Endes des West-Ost-Konflikts mit ‹der Westen› umschrieben wird»? Die Antwort – «Es mussten neue Blöcke her, die in überzeugender Weise gegeneinander stehen»[13] – verbindet sich, wie Koray Yılmaz-Günay gezeigt hat, mit dem gesellschaftlichen Aufstieg eines bestimmten Teils der bundesdeutschen Schwulenszene. Für diesen ist «Schöneberg» ebenso sehr Chiffre wie begehrter Lebensort – wobei alles, was damit heute assoziiert wird, im «Westen» liegt.

Hier zog vor dem Rathaus, in dem während des Kalten Kriegs der Durchhaltewillen verwaltet wurde, eine grüne Bezirksbürgermeisterin 1995 erstmals zum Christopher Street Day die Regenbogenfahne auf, und seit dem 1. August 2001 können drinnen Eingetragene Lebenspartnerschaften stilvoll im Goldenen Saal geschlossen werden. Weiter nördlich bietet, außer «schwulen» Blumenläden, der Kiez um Nollendorfplatz und Motzstraße ein gut sortiertes Nachtleben, samt Bars, in denen Jungs aus Rumänien anschaffen, und Clubs, die sich auf die unterschiedlichsten Fetische spezialisiert haben. Natürlich will man da wohnen, am liebsten in saniertem Jugendstil im Bayerischen Viertel, aber «dabei» ist man auch schon mit einer der Zwei-Zimmer-Hutschachteln, die im Wiederaufbauprogramm der 1950er/1960er Jahre auf den freigebombten Flächen übereinandergestapelt wurden und heute oft für teuer Geld als «Altersabsicherung» weggehen. Auch der «Lesben- und Schwulenverband in Deutschland» (LSVD) residiert hier seit einigen Jahren – in einer repräsentativen Altbau-Zimmerflucht, für die der Bezirk die Miete zahlt. Von da wäre es ein bequemer Spaziergang, gen Osten die Bülowstraße entlang, zum «Bosporus». Doch einflussreiche schwule Publizisten wurden nach dem 11. September 2001 nicht müde, die Gefahren dieser Nähe zu beschwören.

Aufbruch im «Problemgebiet»

Dabei kam die zweite deutsche Schwulenbewegung von der «anderen» Seite. Im Osten Schönebergs, in der Kulmer Straße, eröffnete 1977 die sozialistische Homo-

---

[11] Benny Härlin & Michael Sontheimer, *Die freudlose Gasse*, in: *Transatlantik*, Ausgabe vom Januar 1983.
[12] Vgl. Georg Fülberth, *Finis Germaniae. Deutsche Geschichte seit 1945*, PapyRossa Verlag, Köln 2007, Seiten 277–281.
[13] Koray Yılmaz-Günay, *Frauen und Homosexuelle im «Clash of Civilizations»*, in: *Rechtspopulismus in Berlin – Rassismus als Bindeglied zwischen der «Mitte» der Gesellschaft und Neonazismus?*, Broschüre des Berliner Bündnisses «Rechtspopulismus stoppen», Berlin 2011, Seite 42.

sexuelle Aktion Westberlin – gegründet vor vierzig Jahren, im August 1971 – das Schwulenzentrum, bald einfach als SchwuZ bekannt. Es befand sich in einer Fabriketage – man nannte so was noch nicht «Loft» – im Hinterhaus einer Mietskaserne im «Sanierungsgebiet», das zum Abriss für die «autogerechte Stadt» vorgesehen war. Deshalb wurden hier bevorzugt «Gastarbeiterfamilien» angesiedelt, denen Menschen folgten, die dem Bürgerkrieg im Libanon oder der Militärdiktatur in der Türkei entkommen waren.

Damals ein Heranwachsender, erinnere ich mich, dass sich die Männer, die das SchwuZ in den späten 1970er und frühen 1980er Jahren aufsuchten, erkennbar nicht bemühten, bürgerlichen Normen zu entsprechen. Meist Studenten, die es um nichts in den Muff der westdeutschen Provinz zurückzog, vom drohenden Zwangsdienst zu schweigen, führten sie im «Tante-Magnesia-Raum» – eine Hommage an Magnus Hirschfeld, den Mentor der ersten Schwulenbewegung im Berlin Kaiser Wilhelms und der Weimarer Republik – leidenschaftliche Diskussionen über die Beiträge für ein radikales Blatt namens «Schwuchtel» und feierten an den Wochenenden ausgelassene Partys. Aber Konflikte mit der Nachbarschaft gab es allenfalls wegen der Lautstärke, wenn am frühen Sonntagmorgen «Brühwarm» über den Hof schallte: «Wann, wann, wann fangen wir endlich an, warm zu leben?»

Ist in Schöneberg einfach eine Entwicklung nachgeholt worden, die in den USA bereits Mitte der 1970er Jahre einsetzte? Dort verlor – so Annamarie Jagose in ihrer Einführung in die Queer Theory – das «Befreiungsmodell sowohl für die Schwulen- als auch für die Lesbenbewegung an Bedeutung».[14] Sie machten sich nun daran, eine «Community» nach dem ethnischen Modell der amerikanischen Schwarzen aufzubauen, die auf «Gay Pride» basierte[15]

---

[14] Annamarie Jagose, *Queer Theory. Eine Einführung*, Querverlag, Berlin 2005, Seite 79.
[15] Ebd., Seite 48.

und anfangs «den kulturellen Unterschied hervorhob»[16]. Beabsichtigt war, «die Homo-Identität einer legitimen Minderheit zu etablieren, deren offizielle Anerkennung Lesben und Schwulen die Bürgerrechte einbringen würde».[17]

Indes warnte etwa der schwule französische Philosoph Michel Foucault, der «im Kampf für die Rechte der Schwulen kein Endziel, sondern nur eine Zwischenetappe» sehen wollte,[18] früh vor dem Eincruisen in den gesellschaftlichen Mainstream. Schon im Oktober 1981 schien es ihm «nur ein kleiner Fortschritt», sollten «die Menschen die Ehe kopieren müssen, damit ihre persönliche Beziehung anerkannt wird».[19] Vielmehr gehe es darum, das heterosexuelle Modell der monogamen Zweierbeziehung durch «Freundschaft als Lebensweise» abzulösen. Am östlichen Bülowbogen hatten Schwule im gleichen Jahr erst einmal ein leerstehendes Gebäude besetzt, um im «Tuntenhaus» neue Formen des Zusammenlebens auszuprobieren.

«Der Türke war zu schön»
Im alten Schöneberg blieben die Beziehungen zwischen mehrheitsdeutschen Schwulen und «türkischen» oder «arabischen» Männern nicht notwendigerweise beschränkt auf «friedliche Koexistenz» und gelegentliche kurze, wenn auch intensive Begegnungen auf der «Klappe», wie im Homo-Jargon die gebührenfreien öffentlichen Bedürfnisanstalten hießen, die es damals anstelle der vollhygienischen und mit funktionaler Musik bespülten Individual-Bezahlklos der Firma Wall gab. In Lothar Lamberts Film *Nachtvorstellungen* von 1977 flieht ein junger Kerl vor seiner nervenden Freundin ins Kino, wo zufällig der schwule Streifen *Der Türke war zu schön* läuft, und beginnt sich in den Protagonisten hineinzuversetzen. «Filmebene, Tagtraum und Wirklichkeit gehen inein-

[16] Ebd., Seite 79.
[17] Ebd., Seite 81.
[18] Michel Foucault, *Ästhetik der Existenz. Schriften zur Lebenskunst*, Suhrkamp Taschenbuch, Frankfurt a. M. 2007, Seite 116.
[19] Ebd., Seite 117.

ander über», fasst das Nachschlagewerk *Out im Kino* zusammen, wie er sich nun seinerseits einem Mann zuwendet – der Lambert-Entdeckung Mustafa Iskarani.[20] Und der schwule Schriftsteller Hubert Fichte konnte, als er im Frühjahr 1985 die ersten Reaktionen der westberliner Szene auf Aids festhielt, das gerade die Schlagzeilen der Weltpresse zu beherrschen anfing, noch ganz selbstverständlich notieren:

«Die Schwulen mit positiver Lymphreaktion geben ein Fest.

Der Kurde Ahmed.

– Warum sind alle in Deutschland so mürrisch, so traurig?

– Ist Krieg oder was?

Hussein der blonde Libanese.

Familienvater.

Mit jenem unaussprechlichen Mehr an Rundung am Arsch.

Wie er stöhnt und sich ficken lässt, oder fickt.

Was für ein Jammer.»[21]

Was nicht heißt, dass alles «multikulti» gewesen sei. Zwei andere Westberlin-Filme Lamberts belegen das Gegenteil: In *1 Berlin-Harlem* aus dem Jahr 1974 findet ein Ex-GI als Schwarzer hier keine eigene Wohnung, doch dafür Schwule, die ihn gern «als exotisches Sexobjekt [...] bei sich aufnehmen». Als er fälschlich der Vergewaltigung angeklagt wird, erwartet auch der Anwalt, der ihn vor Gericht freibekommt, eine sexuelle Gegenleistung.[22] Und in *Fucking City* von 1981 gibt es nicht nur das Ehepaar, das über Kontaktanzeigen «junge Ausländer für Sexspiele» sucht, sondern ebenso den schwulen Fleischer, der nach Feierabend als Ledermann durch den Park streift. Als es ihm schließlich ein «Asylant» richtig angetan hat, soll seine Schwester diesen heiraten, damit er «auch künftig mit ihm seinen Spaß haben kann».[23] Lambert zeigte Schwule, die – was den allgegenwärtigen Rassismus anbelangt, aber auch durch die Reproduktion von gesellschaftlichen Ausschlüssen untereinander, zumal in den «Herrenbars» mit Klingelknopf – unter den herrschenden Bedingungen Mittäter sind. Entsprechend wurde von sich allmählich etablierenden Homos früh zum Boykott gegen ihn aufgerufen.[24] Aber wie es ein weiterer authentischer Zeitzeuge unter den Homo-Cineasten, Frank Ripploh (*Taxi zum Klo*, 1980), ausdrückte: «Im Schwulsein liegt Freisein, Schönsein, Ästhetik, sagen sie. In Wirklichkeit und in dem Film ist auch viel Dreck und Bürgerlichkeit dabei.»[25]

Geordnete Verhältnisse

Die Bürgerlichkeit heute verdeckt den Dreck besser – für den Deal «Aufenthaltserlaubnis gegen Sex» müsste der Fleischer nicht mehr die Schwester einspannen, er könnte ihn im Goldenen Saal selbst klarmachen. «Gemessen an den eigenen Ansprüchen war das ethnische Modell erfolgreich», stellt Annamarie Jagose fest.[26] Das gilt auch hierzulande. Die Verhältnisse scheinen geordnet – wer sich als Hälfte eines Homo-Paars registrieren lässt, gehört (zu) «uns». Mehrdeutigkeiten wie «Schwuler» *und* «Familienvater», erst recht «Schwuler» *und* «Kurde» oder «Libanese» sind nicht mehr vorgesehen. Als sich die Berliner «Gays & Lesbians aus der Türkei», kurz GLADT, im November 2003 im Rathaus Schöneberg mit einem zweitägigen Kongress zur Situation türkeistämmiger Lesben, Schwuler und Transgender in der Bundesrepublik der Öffentlichkeit vorstellten, machte das hauptstädtische Homo-Magazin *Siegessäule* mit der Schlagzeile «Türken raus!» auf.[27]

---

[20] Axel Schock & Manuela Kay, *Out im Kino. Das lesbisch-schwule Filmlexikon*, Querverlag, Berlin 2003, Seite 257.
[21] Zitiert nach: Peter Braun, *Eine Reise durch das Werk von Hubert Fichte*, Fischer Taschenbuch, Frankfurt am Main 2005, Seite 279 f.
[22] Schock & Kay, Seite 17.
[23] Ebd., Seite 133.
[24] Vgl. ebd., Seite 113.
[25] Ebd., Seite 331.
[26] Jagose, Seite 82.
[27] *Siegessäule*, Ausgabe vom November 2003.

> Homosexualität teilhaben zu lassen«. Bekanntlich hat der LSVD den muslimischen Migranten-Communities schon oft pauschal Homosexuellenfeindlichkeit und gewalttätige Übergriffe angedichtet. Und so bekommt das Programm bei diesem Thema einen fast schon rotzigen Duktus. Den Vorschlag, in das Programm einen Satz einzufügen, der homosexuellenfeindliche Einstellungen unter Migranten stereotyp als »besonders weit verbreitet« charakterisiert, lehnte der Verbandstag jedoch mit 50 zu 35 Stimmen gerade noch ab, obwohl Scharfmacher wie der Berliner LSVD-Vorständler Bodo Mende und Kollegen erregt die drohende »Überfremdung« deutscher Städte und damit einhergehende »veränderte Mehrheiten« anführten. Leuten wie Mende geht es nicht nur um persönliche Abneigungen, sondern auch um Geld: »Wenn wir Gelder für unsere Projekte akquirieren wollen, müssen wir auf diese Milieus fokussieren!«
>
> In gleicher Weise »fokussieren« will der LSVD seine Arbeit in den kom[...]

Warnung vor der «Überfremdung» deutscher Städte und damit einhergehend «veränderten Mehrheiten»: LVSD-Verbandstag in Alarmstimmung (junge Welt vom 17./18. April 2010)

Ein Spiel mit dem Coming-out-Slogan und zugleich rassistische Parole, war beides genau so gemeint: Nachdem «Türk_innen» ihr Coming-out hatten, sollten sie gefälligst als solche unsichtbar werden. Auf den Punkt brachte es 2008 der Titel von Nurkan Erpulats Stück «Bist du schwul, oder bist du Türke?».

Dreißig Jahre nach Foucaults Einspruch hat sich die Differenz, auf die die Aktivist_innen von einst so stolz waren, auf ein überschaubares und in allen westlichen Ländern mehr oder weniger gleichförmiges Repertoire von sexuell «Eindeutigem» reduziert. Statt zu einer «‹Anreizung› peripherer Lüste», wie sie sich der Vordenker der «Subversion» vom schwulen Aufbruch erhofft hatte, kam es zu der von Georg Klauda in *Die Vertreibung aus dem Serail* konstatierten «beispiellosen Verknappung von Verhaltensweisen, die als Ausdruck einer devianten sexuellen Identität konstruiert und wahrgenommen» werden.[28] Von der breiten Öffentlichkeit als «gewagt» empfunden und vielerorts nach wie vor verpönt, gehören sie in einigen Vierteln deutscher Großstädte – und namentlich im Motzstraßenkiez von Berlin-Schöneberg – zum Straßenbild, ohne dass den weißen Homos dort «die Heteronormierung der eigenen Gesellschaft» (Klauda)[29] überhaupt noch auffallen würde. Stattdessen

---

[28] Georg Klauda, *Die Vertreibung aus dem Serail. Europa und die Heteronormalisierung der islamischen Welt*, Männerschwarm Verlag, Hamburg 2008, Seite 13 (vgl. meine ausführliche Rezension, in: *Rosige Zeiten*, Ausgabe Dezember 2008/Januar 2009; im Oktober 2008 vorab veröffentlicht – und nach wie vor zugänglich – unter www.Schwule-Seite.de/Rezensionen-Klauda.htm [letzter Zugriff am 10. August 2011]).

[29] Ebd., Seite 123.

erscheint es ihnen plausibel, das Problem der nach wie vor virulenten Homophobie an «die Muslime» zu delegieren. Warum? Sobald man «lesbische und schwule Subjekte als eine Gruppe zu fassen begann, die auch als Minderheit zum Mainstream gehörte, wiederholten sich» – wie Jagose ausführt – «Zentralisierungs- und Marginalisierungsprozesse». Und dabei verhielt es sich «nicht einfach so, dass die lesbische und schwule Community, die das ethnische Modell beschrieb, zufällig überwiegend weiß war. Vielmehr konnte die Kategorie *race* [...] als nur unwesentliche oder bestenfalls zusätzliche Identitätskategorie verstanden werden, da die Organisation der Community eben auf einem einzigen Identifikationsmerkmal beruhte: der sexuellen Orientierung.»[30]

Die Eindimensionalität der neuen schwulen Lobby, die sich in Westberlin wie in der Bundesrepublik unter dem Eindruck der Aids-Krise zu formieren begann, erschien angesichts von deren Dramatik zunächst geradezu zwingend – stand doch die reale Gefahr der völligen Entrechtung von Angehörigen der sogenannten «Hauptrisikogruppe» im Raum. Aber wie es hierzulande längerfristig gelingen konnte, die eigene Position in der Gesellschaft über die Abwertung vermeintlich «Anderer» zu stärken, wird letztlich erst vor dem Hintergrund des Kurses verständlich, den Deutschland nach dem Anschluss der DDR nahm. So sehr es bis heute an einer ernsthaften öffentlichen Auseinandersetzung mit den Pogromen des entfesselten «fremdenfeindlichen» Mobs Anfang der 1990er Jahre fehlt, als überall im Land bestialische Morde verübt wurden – so eingespielt ist inzwischen der «zivilisierte» Rassismus, mit dem ihn die Herrschenden zu besänftigen und in ihre «neue Weltordnung» mitzunehmen gedachten.

Im Windschatten dieser Entwicklung vermochten eine Minderheit von Schwulen und noch weniger Lesben sich einen halbwegs anerkannten Platz zu sichern und in sorgfältig abgesteckten Revieren – die daher umso heftiger verteidigt werden – «nach seiner und ihrer Fasson glücklich» zu werden, sofern sie die nötigen finanziellen Voraussetzungen mitbringen. HIV und Aids bedeuten ein erhöhtes Armutsrisiko seit derselben «rot-grünen» Bundesregierung, die «uns» den Herzenswunsch nach amtlicher Anerkennung «sozialer Treue» erfüllte, zu der Volker Beck die Eingetragene Lebenspartnerschaft zum zehnten Jahrestag ihrer Einführung herabstufte[31]. Und wie erstrebenswert kann sie für Menschen sein, die auf Hartz IV angewiesen sind, in Zeiten, da viele Paare beim Jobcenter vorgeben, sich getrennt zu haben, um nicht noch weniger Unterstützung zu erhalten? Doch die Beglückten gaben im Gegenzug ihr Jawort zu den neuen imperialistischen Feldzügen und tragen im Inland bereitwillig zur Stimmungsmache gegen ohnehin besonders benachteiligte Bevölkerungsgruppen bei.

«Im weitesten Sinne dem muslimischen Kulturkreis zuzurechnen»

Es bedurfte als Anstoß nicht des Attentats auf den Filmemacher Theo van Gogh im November 2004 in Amsterdam, begangen von einem «jungen Islamisten aus der marokkanischen Einwanderer-Gemeinde» – wie die Zuschreibung in den Medien meist lautete[32] –, um den «Krieg gegen den Terror» auch in Schöneberg zu eröffnen und hier im Ergebnis die Demarkationslinie «zwischen den Kulturen» auf den Stadtplan zu übertragen.

---

[30] Jagose, Seite 83.
[31] Vgl. Interview mit Volker Beck, in: *Siegessäule*, Ausgabe vom August 2011.
[32] In Deutschland mag öfter die Rede vom «Zuwanderer» gewesen sein – eine Wortschöpfung, die aus dem CDU-Jargon in die Amtssprache und damit leider auch in die der Mainstream-Medien übernommen wurde.

Das besorgte der aus Westdeutschland zugezogene Jan Feddersen, der bis dahin als Schlagerfreund und Propagandist der «Homo-Ehe» hervorgetreten war, schon ein Jahr früher und gewiss nicht zufällig am Wochenende, als sich GLADT, herausgewachsen aus einem Zusammenschluss schwuler Migranten aus dem Norden des Stadtteils, im Rathaus präsentierte. Den Kindern der «Gastarbeiterfamilien» und Flüchtlinge von einst sollte beigebracht werden, dass ihre Heimatstadt nicht dasselbe sein kann wie «die Hauptstadt unseres Landes». Der Artikel in der taz vom 8. November 2003 erinnerte zunächst an einen Ausspruch des holländischen Rechtspopulisten Pim Fortyn – der 2002 von einem Tierschützer aus der weißen Bevölkerung ermordet worden war, was kaum kritische Betrachtungen zur kulturellen Identität des Täters inspirierte hatte –: «Ich habe nichts gegen Araber, ich schlafe sogar mit ihnen.»[33] Nachdem so vorab klargestellt schien, dass schwuler Rassismus schlimmstenfalls eine Sottise sein konnte, gab Feddersen die Kampfansage von Alexander Zinn weiter, der damals für den LSVD sprach und «auf politische Korrektheiten keine Rücksicht nehmen» wollte: «Wir gehören zur Bürgerrechtsbewegung der Homosexuellen – und wenn Einwanderer uns angreifen, dann darf das nicht tabuisiert werden.»

Der Autor nannte Beispiele, aus denen er einen «Trend» ablesen wollte, der «in der hauptstädtischen Schwulenszene (und nicht nur dort) ängstliches Gemurmel ausgelöst» habe. So sei die Geschäftsstelle des LSVD – seinerzeit noch in einem schlichten Ladenlokal östlich der Hauptstraße untergebracht – ein «beliebtes Objekt des aggressiven Spotts» von Jugendlichen aus der Nachbarschaft, und ein paar Blocks weiter nördlich gebe es am Schaufenster des Café PositHiv Farbschmierereien von Kids, «deren Aussehen, so heißt es überaus vorsichtig, auf einen türkischen oder arabischen Hintergrund hindeutet». Das Aids-Selbsthilfeprojekt werde deswegen gar «schließen müssen», behauptete Feddersen – tatsächlich verhalf der Alarm dem Café zum Umzug auf die Westseite des Schöneberger Nordens, noch bevor auch der LSVD dort komfortables Obdach fand. Schon vor Ort in Stellung war Bastian Finke von Maneo, «dem Schwulen Überfalltelefon im Berliner Homobürgerrechtszentrum Mann-o-Meter», der wisse, dass «39 Prozent der Gewalttakte» auf das Konto von jungen Männern gingen, «die im weitesten Sinne dem muslimischen Kulturkreis zuzurechnen sind, egal ob sie einen deutschen Pass haben oder einen der Türkei». Feddersens Fazit: Schöneberg drohe «jenseits der Nollendorfplatzszene [...] für Schwule zur No-go-Area zu werden».

Nicht in meinem Namen
Sechseinhalb Jahre später hielt, wiederum im Rathaus Schöneberg, ein Berliner LSVD-Vorstandsmitglied dem Bundesverbandstag seiner Organisation «erregt die drohende ‹Überfremdung› deutscher Städte und damit einhergehende ‹veränderte Mehrheiten›» vor Augen.[34] Maneo wird heute vom «rot-roten» Berliner Senat wie von den Grünen weiterhin gehätschelt und von den inzwischen in der Stadt aktiven neurechten Kleinparteien gern zur Beglaubigung ihrer «Islamkritik» zitiert[35], auch wenn so ziemlich jede Zahl, die Bastian Finke jemals ver-

---

[33] Jan Feddersen, Was guckst du? Bist du schwul?, in: taz vom 8. November 2003.
[34] Dirk Ruder, «Deutschland» soll helfen, in: junge Welt vom 17./18. April 2010.
[35] Vgl. die Presseerklärung Den «Bewegungsschwestern» ans Herz gelegt – Der schwullesbische Rechtspopulismus kommt aus der Deckung des Berliner Bündnisses «Rechtspopulismus stoppen», veröffentlicht am 18. April 2011 (http://RechtspopulismusStoppen.Blogsport.de/2011/04/18/Erklaerung-den-Bewegungsschwestern-ans-Herz-gelegt-Der-schwullesbische-Rechtspopulismus-kommt-aus-der-Deckung [letzter Zugriff am 10. August 2011]).

öffentlicht hat, mehrfach widerlegt worden ist – selbst Homo-Medien wissen längst, dass die Statistiken des «Anti-Gewalt-Projekts» aller Wissenschaftlichkeit spotten.[36]

Was bleibt – abgesehen davon, dass Finke sein Auskommen hat –, ist das Gerücht von den «Muslimen», das Leute wie er, Alexander Zinn und Jan Feddersen in Umlauf gebracht haben. «Man weiß eigentlich auch, dass es in Berlin häufig junge Männer mit Migrationshintergrund sind, das soll man aber nicht sagen», schrieb zum Beispiel Martin Reichert am Vortag des Berliner Christopher Street Day 2010 zum Thema «Gewalt gegen Schwule» in der *taz*, wo dies unablässig gesagt wurde, und vermerkte im «Schwulenviertel Berlin-Schöneberg eine nicht mehr wegzudiskutierende Türkenfeindlichkeit».[37] Die schien ihn, der hier stellenweise nahezu wortgleich wiederholte, was im Vorjahr in einem anonymen Hetzartikel auf *Politically Incorrect* zu lesen war, aber nicht weiter zu stören. Lieber setzte er, abermals analog dem rassistischen Weblog, vereinzelte Übergriffe auf mehrheitsdeutsche Schwule mit der Verfolgung der europäischen Juden in Beziehung und stellte einen abenteuerlichen Vergleich zwischen der Situation der Community und der des im Nahen Osten isolierten Staates Israel an.[38]

So wird das gezielt verbreitete Ressentiment denen als unterdrückte Wahrheit aufbereitet zurückgegeben, die befreit ihren unerschrockenen Vorkämpfern beipflichten sollen: «Das muss man doch einmal sagen dürfen.» Und das tun sie nun also und sprechen endlich «alles» aus – hier im Kiez wie anderswo in jenem «Deutschland», das sich so wenig «abgeschafft» hat, wie die Mehrheit seiner Bewohner_innen bisher in der Lage zu sein scheint, sich gesellschaftlich zu verorten statt in einer «Nation», die doch auch als «queere» imaginär bleibt. Mögen deshalb andere in ihrem Namen reden – *nicht in meinem*.

Der Beitrag ist im August 2011 eigens für dieses Buch verfasst worden. KYG

---

[36] Vgl. Ralf Buchterkirchen unter www.Schwule-Seite.de/Politics_Schwuler_Rassismus.htm [letzter Zugriff am 10. August 2011].
[37] Martin Reichert, *Jetzt reicht's langsam!*, in: *taz* vom 18. Juni 2010.
[38] Vgl. Andreas Hieronymus' Beitrag in diesem Buch. In einem der Beispiele für die Propaganda von *PI-News* heißt es: «In Berlin häufen sich die Angriffe auf Homosexuelle. Jeder weiß, dass die Täter fast ausnahmslos junge Moslems sind. Aber das darf man ja nicht denken, geschweige denn aussprechen.»

Wer liegt oben?
Türkische und deutsche Maskulinitäten in der schwulen Szene
Dr. Jennifer Petzen

Cruising the field
In den anhaltenden Debatten um die Rolle der Europäischen Union bei der Schaffung einer kulturellen Identität für ihre Bürger_innen werden Vorstellungen von Geschlecht und Sexualität, insbesondere Homosexualität, zunehmend zum Lackmus-Test für eine «Modernität und Zivilisation». In diesem Essay werde ich zeigen, wie im deutschen[1] politischen Diskurs die Akzeptanz von Homosexualität als Kriterium dafür benutzt wird, die (Nicht-) Eignung von Migrant_innen und deren Nachkommen für eine Integration in die deutsche Gesellschaft festzustellen. Darüber hinaus werde ich untersuchen, wie akzeptable und nicht-akzeptable Männlichkeiten durch schwule und lesbische Gruppen in der öffentlichen Arena als politisches Kapital definiert und benutzt werden. In Anlehnung an öffentliche Debatten über Migration, Multikulturalismus und Integration[2] werde ich zeigen, wie Diskussionen über auf Sexualität und auf Geschlecht bezogene Rechte in Europa Diskurse produzieren, die muslimische migrantische Männlichkeiten als besonders gefährlich für das deutsche Imaginäre der Nachkriegszeit (als Selbsttäuschung?) darstellen – das Imaginäre einer homogenen, weißen Nation.

Es wurde viel geschrieben über traditionelle europäische Bilder vom feminisierten Orient, in denen Orientalen als (sexuell) passiv, irrational, schwach und als gegensätzlich zu den aktiven, rationalen und

[1] Obwohl meine Beispiele dem deutschen Kontext entnommen sind, möchte ich behaupten, dass dieses Argument für Europa im Allgemeinen gültig ist.
[2] Von 2002–04 habe ich Feldforschungen über Migration, Sexualität und Geschlecht in Berlin durchgeführt.

maskulinen Europäern porträtiert werden. Mein Hauptargument ist, dass hier in der Nachkriegszeit eine Verschiebung stattgefunden hat. Seitdem werden Migranten und Post-Migranten als eindringende «Ausländer», hypermaskulin, gewalttätig in ihrer Religiosität und als Bedrohung für die europäische Sicherheit und Identität angesehen.[3] In diesem Bild haben andere «Versionen» des Islam, eine säkulare muslimische Identität eingeschlossen, keine weit verbreitete Sichtbarkeit in Europa. Einhergehend mit dem Anstieg des europaweiten Misstrauens und der Angst vor Islam und Muslim_innen bildete sich in den letzten Jahren ein besonderer Diskurs über Islam und Homosexualität heraus. In Deutschland hat die dominierende LGBT-Organisation, mit bemerkenswerter staatlicher Unterstützung, populärwissenschaftliche und politische Aktivitäten hinsichtlich schwuler Muslime organisiert. Es ist kein Zufall, dass die Faszination des Konsums von «homosexuellen Muslim_innen» zu einer Zeit entsteht, da die Architekt_innen der Europäischen Union mit politischer und kultureller Inkohärenz ihres Projektes konfrontiert sind und die anti-muslimische Stimmung ansteigt. Während Europäer_innen mit Misstrauen auf ihre neuen «Mitbürger_innen» aus dem Mittelmeerraum schauen und viele Europäer_innen nicht den Enthusiasmus aufbringen, das Europäische Parlament mitzuwählen, pathologisieren Politiker_innen Migrant_innen, um die Unterstützung für das europäische Projekt zu verstärken (also um Stimmen zu gewinnen). Es herrscht nicht nur eine offensichtlich anti-muslimische Stimmung, sondern es besteht auch eine Vorherrschaft von Bürokratien, Forschungen und anderen Aktivitäten, deren Zweck es ist, haargenau festzustellen, warum Migrant_innen nicht hineinpassen.

Beispielhaft sei auf den LSVD hingewiesen, der begonnen hat, aus den ausgedehnten politischen Diskursen politisches Kapital zu schlagen. Parallele Entwicklungen gibt es auch in den USA und in anderen europäischen Ländern. Im Mainstream der schwullesbischen Medien[4] werden männliche muslimische Migranten gewalttätiger Homophobie beschuldigt, als ob diese ein Import sei, der mit deutschem Boden nichts zu habe.[5] Insbesondere männlichen muslimischen Jugendlichen wird eine kriminelle Form von Maskulinität zugeschrieben, die

---

[3] In diesem Kontext wird «Ausländer_in» niemals verstanden als weiße_r Europäer_in oder Nordamerikaner_in. Ein_e «Ausländer_in» wird oft angesehen als «Südländer_in», zum Beispiel Südeuropäer_in, typischerweise muslimisch, die/der in der schlimmsten Formulierung aufgrund kultureller Differenz notwendigerweise unfähig ist, sich in die europäische Gesellschaft zu integrieren. Von anderen Westeuropäer_innen oder Nordamerikaner_innen wird erwartet, dass keine bedeutenden kulturellen Differenzen bestehen, und sie werden nicht eingeschlossen in die Diskussionen über das «Ausländer_innen-Problem». Dies hat jedoch einen weiteren Effekt auf *Deutsche of Color*, wie zum Beispiel Afro-Deutsche und Menschen mit asiatischer Herkunft, die oft einfach aus dem öffentlichen Diskurs und historischen Gedächtnis ausgelöscht werden. Es ist nicht mein Wunsch, durch die Konzentration auf die Herabwürdigung von Muslimen aus der Türkei zu der Unsichtbarkeit anderer *People of Color* beizutragen. Vielen Dank an Jin Haritaworn für diesen behutsamen Hinweis. Um zu sehen, wie *People of Color* aus dem deutschen nationalen Narrativ ausgeschlossen werden, siehe Oguntoye/Opitz/Schultz 1991.
[4] Ich benutze hier – der Arbeit von Andrea Chasin (2000) folgend – mit Absicht die Begriffe «schwul» und «lesbisch», da diese Medien und Organisationen Transsexuelle und Transgender (oder auch Lesben, wenn wir schon dabei sind) nicht wirklich unterstützen.
[5] Die Konzentration auf «migrantische Homophobie» tilgt die Geschichte der Homophobie in Deutschland. Die BRD hat, im Zug der Rechtsangleichung im Nachgang der Wiedervereinigung, Homosexualität erst 1994 de-kriminalisiert, weil sie in der DDR seit Jahrzehnten straffrei war. Die anstößigsten Teile des § 175 waren in der BRD im Jahr 1969 aufgehoben worden. Zur Verfolgung und Ermordung schwuler Männer während der Nazi-Zeit siehe Plant 1988.

dazu dient, die Stereotype über Muslime unter der allgemeinen Bevölkerung zu bestätigen. In diesem Szenario werden fundamentalistische Muslim_innen durch radikalen Islam und «archaisches Patriarchat» pathologisch zu anti-schwuler Gewalt angestachelt. Zur gleichen Zeit erlaubt die Mainstream-Schwulenbewegung, dass ihre Marke schwuler Männlichkeit als sozial und politisch akzeptabel beworben wird.[6] Ich behaupte nicht, dass Homophobie unter Muslim_innen nicht existiert, es ist aber mein Ziel zu zeigen, wie weiße Mehrheitsorganisationen bestimmte Ereignisse herausgreifen und diese nutzen, um Macht und Einfluss zu gewinnen – anstatt effektive Strategien zur Reduzierung von Homophobie oder Rassismus zu entwickeln. Am Ende ist es nicht nur ein politisches Kapital, das sie erlangen. Es geht um große Summen, die sinnvoll eingesetzt werden könnten.

Der Orient(ale) ist feminin

Der Drang, nicht-europäische Sexualitäten und Geschlechter so darzustellen, dass sie europäische Überlegenheit beweisen, geht zurück auf die koloniale Epoche. Edward Saids *Orientalism* (1978) zeigt, wie Europäer_innen O*riental_innen* als rückständig, passiv und feminin definiert haben und wie diese zugeschriebene Rückständigkeit die Dominanz des Westens über den Orient gerechtfertigt hat. Diese Konstruktion des Orients bot ein gegensätzliches Bezugssystem an, durch das der Westen eine «europäische» Identität konstruieren konnte. Ich argumentiere, dass diese Dynamik immer noch mit ihrer ganzen Macht existiert, mit dem Westen, der auf dem Gebiet der Frauen- und Homosexuellenrechte eine Position evolutionären Erfolgs voraussetzt. Wie ich später im Detail aufzeigen werde, sind mehrheitsdeutsche schwullesbische Organisationen genauso angetan von ihrer missionarischen Rolle wie ihre kolonialen Vorgänger – nur sind sie jetzt die Retter_innen von viktimisierten homosexuellen weißen Deutschen, die von brutalen, unaufgeklärten Kulturen angegriffen werden.

Während Said argumentiert, dass der Westen den Orient im kolonialen Kontext feminisiert, zeigt die post-koloniale Situation im Europa der Gegenwart die Anfechtung dieser früheren femininen und maskulinen Bilder. Zurzeit befindet sich die Festung Europa beständig in der Defensive, beschäftigt mit kolonialen Subjekten auf dem eigenen Territorium. Das verängstigte Neue Europa (oder ist es das Alte in Verkleidung?) bringt ständig seine Angst zum Ausdruck, durch die unzivilisierten, gewalttätigen nicht-europäischen «Ausländer_innen» überwältigt, penetriert und kolonialisiert zu werden.

Der Prozess, in dem Muslim_innen zum *Anderen* gemacht werden, bedient sich zunehmend einer Verbindung zur Gewalt. Im März 2005 berichtete die *International Helsinki Foundation for Human Rights*, dass 80 Prozent der Deutschen, die befragt wurden, «Islam» mit «Terrorismus» und «Unterdrückung von Frauen» gleichsetzten.[7] Hier werden Gewalt und Misogynie zu essentiellen Charakteristiken der Muslime, was jedes Integrationsprojekt unmöglich zu machen scheint. Anstatt eine umsetzbare Definition von Integration anzustreben, ziehen es verschiedene politische Gruppen – schwullesbische eingeschlossen – vor, die essentialistische muslimische Männlichkeit zu verstärken, um ihre eigene politische Wichtigkeit zu erhöhen. Ein definierter Begriff von «Integration» würde hier kon-

---

[6] David Bell und Jon Binnie (2000) beschreiben ein ähnliches Verhalten von amerikanischen konservativen schwulen Männern, die sich von den radikalen queer-Bewegungen distanzieren.
[7] Bericht der *Internationalen Helsinki Vereinigung für Menschenrechte* (IHF, *International Helsinki Federation for Human Rights*), 7. März 2005, Wien. In: URL: http://www.ihf-hr.org/documents/doc_summary.php?sec_id=3&d_id=4029.

traproduktiv wirken. Die Debatte um den Anderen ist in ihrer Funktion eigentlich selbstreflexiv. Diese zum Teil unbewussten Machtpositionen sind jedoch wenig versteckt hinter der Zivilisationsrhetorik – eine Rhetorik, die 60 Jahre Seelsuche im Nachkriegdeutschland irgendwie standgehalten hat.

Koloniale Muster: Integration als Zivilisierungsmission

Die Bestrebungen in den 1990ern, Homophobie zu beseitigen, machten in Deutschland Gebrauch von kolonialistischer Symbolik und einer Zivilisierungsmission. Während ich keine Zusammenfassung werde liefern können, wie sich Wissenschaftler_innen in Deutschland mit Themen wie kolonialer Historiographie und deren Beziehung zur Nachkriegsperiode auseinandersetzten, möchte ich betonen, dass deren Rolle zur (Nicht-) Formierung von *race* immer noch einen überwältigenden Einfluss hat. Allerdings halten einige Autor_innen zur Vorsicht an, wenn es um die Übernahme der postkolonialen Theorie im deutschen Kontext geht, insbesondere angesichts der abrupten Brüche in den «Geschichtsepochen» (Steyerl 2003: 40). Diese abrupten Brüche beziehen sich auf die unerklärlichen Gräuel der Nazi-Zeit und die normalisierten Perioden um diese herum. Sie gehören zu einer intellektuellen Kultur, die darum besorgt ist, den Holocaust zu relativieren und gleichzeitig *nicht* zu relativieren. Kien Nghi Ha kritisiert diese Spaltung von Abschnitten der Geschichte in tolerierbare und nicht-tolerierbare Teile als einen Weg der Vermeidung, sich mit den kolonialen und rassistischen Seiten der deutschen Geschichte außerhalb der nationalsozialistischen Rassenpolitik auseinanderzusetzen. Die Unterdrückung des kolonialen Gedächtnisses resultiere in einer populären Sicht auf den deutschen Kolonialismus, die «Amnesie, Kolonialromantik und Verharmlosung» reproduziere (Ha 2003: 60).

Ha argumentiert, dass es bedenklich ist, der Dehistorisierung der meisten Literatur über Migration entgegenzutreten. Der größte Teil dieser Literatur nimmt 1955–60 als Ausgangspunkt für den Eintritt von *People of Color* und Muslim_innen in ein homogenes (weißes) Deutschland und verstärkt dadurch die nationalen Narrative einer weißen deutschen Ethnizität. Diese Literatur trägt bei zur Auslöschung der Geschichte von *People of Color* in Europa. Die Verweisung von Körpern *of Color* außerhalb Europas war entscheidend für die Konstruktion einer weißen europäischen Geschichte. Daher waren westliche Gesellschaften «Ausgangsorte kolonialer Praktiken» (ebd.: 63).

Koloniale Diskurse über Braune und Schwarze Körper außerhalb Europas waren ausschlaggebend bei der Strukturierung des Weißseins in Europa, so wie für rassisch klassifizierte Körper. Ursula Wachendorf arbeitet heraus, wie Weißsein als Machtkonstrukt in der Kolonialzeit benutzt wurde:

«Es war zentral für den kolonialen Diskurs. Im Kolonialismus war es für Weiße selbstverständlich, über die Superioritätsposition von Weiß-Sein in uneingeschränkt positivem Sinne zu sprechen, als Legitimation von Unterwerfung und Ausbeutung. Dies gibt Weißen das Recht, die ‹Unterentwicklung› zu ‹erlösen› im Sinne einer ‹zivilisatorischen Mission›.» (Wachendorfer 2001: 91)

Deshalb waren die kolonialen Aktivitäten des Deutschen Reiches ein Katalysator für die Reproduktion von dauerhaften Techniken und Erinnerungen rassischer Hierarchien. Und obwohl der koloniale Diskurs sich verändert und neue Formen angenommen hat, haben die ungleichen Machtverhältnisse in der postkolonialen Ära sich nicht grundlegend verändert. Die materiellen Effekte, die der koloniale Diskurs auf die Privilegierung von Weißsein auf Kosten von

«Anderen» hatte, eingeschlossen *People of Color*, die der Nachkriegsmigration lange vorausgegangen waren, sollten erinnert werden. Nicht nur resultiert dieser Diskurs in der Dämonisierung des Anderen, sondern im europäischen Kontext auch in einer Auslöschung von *People of Color*. Dies leugnet die multi-ethnische Geschichte Europas, und die Europäer_innen *of Color* werden als «politisch unbedeutend, nicht einmal als Teil der ethnischen Ökologie von Selbst und Anderem»[8] angesehen. Wie Diana Fuss bemerkt: «Für Nichtweiße sind die Implikationen dieses Ausschlusses aus dem kulturellen Feld der Symbolisierung unmittelbar und verheerend.» (Zitiert in Brah 1996: 156.)

Ha bemerkt außerdem, dass Rassismus nicht immer von physischen Unähnlichkeiten abhängig ist. Er muss nicht notwendigerweise über einen ungleichen Phänotyp definiert werden, «um Ausgrenzung und Ausbeutung anhand ethnisch-kulturell hergestellter Kategorien zu realisieren» (Ha 2003: 83). Tatsächlich haben viele Menschen mit Migrationshintergrund in Deutschland einen Phänotyp, der schwer als nicht-deutsch bestimmt werden kann. Aber weil Weißsein relational ist (Linke 1999: 32), kann kulturelle Differenz als das Andere mobilisiert werden, genauso wie rassisierte Differenz. Zudem vermerkt Uli Linke, dass der Andere in Deutschland nicht notwendigerweise «rassisch» unterschiedlich sein muss; deutsches Weißsein ist eine Konstruktion, in der alle anderen ethnischen und «rassischen» Marker gestaltet werden. Es ist «alles, was nicht-weiß ist – der dunkelhäutige (schwarze) andere –, es erscheint als ein armorphes und imaginiertes Ensemble einer multi-rassischen und multi-ethnischen Konfiguration» (ebd.: 220). Die Begriffe von Rasse und Weißsein sind im gegenwärtigen Deutschland immer noch gültig, da Identitätspolitik «nicht auf einer *cross-racial* Symbiose, sondern auf das selbstbezogene Imaginäre von Weißsein aufgebaut ist» (ebd.: 220).

Aber es reicht nicht aus, ein nicht-vergeschlechtlichtes (*non-gendered*) Verständnis von Weißsein in Betracht zu ziehen. Weißsein ist, insofern es auf spezifische Art und Weise seine Macht verstärkt, ebenso vergeschlechtlicht. Als Weißsein mit kolonialer Männlichkeit kombiniert wurde[9], stellte es den Kolonialist_innen ein breites Angebot an Machttechniken zur Verfügung. Revathi Krishnaswamy stellt fest, dass «Moderne Männlichkeit» nicht nur durch eine strenger werdende Markierung zwischen den Geschlechtern, sondern auch durch systematisches «Entmannen» von Minderheiten innerhalb und Ausländern außerhalb Europas ausgearbeitet wurde (Krishnaswamy 2002: 292). Krishnaswamy erklärt weiter, wie der britische koloniale Diskurs, um seine eigene hegemoniale Männlichkeit in einem besseren Licht erscheinen zu lassen, die lokale Brahman-Elite als effeminiert porträtierte. Zusätzlich dazu wurde britische Männlichkeit als ritterlich und ehrenhaft angesehen – was wiederum dazu diente, die Rationalisierung für eine koloniale Intervention zu stärken. Wie Ha gezeigt hat, werden administrative und diskursive Techniken kolonialer Macht auch dazu genutzt, Arbeiter und Nicht-Deutsche im Nachkriegsdeutschland (West) zu regulieren. Ich möchte insbesondere argumentieren, dass koloniale Ideen von der zivilisierten Männlichkeit auch im Nachkriegs- und wiedervereinten Deutschland vorhanden und zentral waren für die Formierung einer weißen deutschen Identität, «die arische Ästhetik, mit ihren *Tropen des Deutschseins, Weißseins* [...] ist in die Geschichte der deutschen politischen Kultur eingeschrieben» (Linke 1999: 29). Eines

---

[8] Jin Haritaworn, persönliches Gespräch, 2. Mai 2005.
[9] Es ist nicht meine Absicht, die Bedeutung von weißen Frauen für das koloniale Projekt zu verleugnen. Aber aus Platzgründen kann ich hier nicht direkt darauf eingehen. Siehe die hervorragende Arbeit von Anne McClintock 1995.

der auffallendsten Erkennungszeichen der neueren kolonialen Zivilisierungsprojekte, das in den 1990ern einen Anfang hat, konzentriert sich um Rufe nach «Integration».

Integration von Ausländer_innen wird in allen westlichen Ländern Europas heiß diskutiert, und diese Rhetorik hat eine lange Ahnentafel. In Deutschland, wo eine ethnische Auffassung von Staatsbürgerschaft[10] immer noch vorherrscht, ist die Debatte besonders intensiv. Die gegenwärtigen Diskussionen um die Integration von Ausländer_innen haben ihre Vorläufer im Deutschland des 19. Jahrhunderts, als die Integration der jüdischen Bürger_innen des Deutschen Reiches diskutiert wurde:

«Allgemein gehen die Rezepte für die Lösung der ‹Judenfrage›, ob von ‹entwickelten› Juden oder von Antisemiten vorgeschlagen, einher mit einer Zivilisierungsmission» und beziehen sich außerdem auf ein Fortschreiten *«von einem primitiveren Stadium der Entwicklung, charakterisiert durch religiöse Identität, zu einer höheren Stufe der Entwicklung, charakterisiert durch die vorhandene Identifikation mit den kulturellen Qualitäten der deutschen Gemeinschaft, um am Ende daraus als ganz und komplett herauszutreten.»* (Boyarin 2002: 225)[11]

Otto Schily, der deutsche Innenminister, provozierte Migrant_innen, als er erklärte, dass Assimilation die beste Form von Integration sei.[12] Diese Äußerung versetzte viele Menschen in Wut, die ihre besten Jahre dafür gegeben hatten, als wenig qualifizierte Arbeitskräfte das deutsche «Wirtschaftswunder» anzukurbeln. Als ob die Trennung von ihren Familien und die Behandlung als Dienstbotenklasse nicht genug seien, wurden Migrant_innen häufig beschuldigt, nicht genug für ihre Integration zu tun. Avtar Brah bemerkt, dass die Rhetorik der Integration schwer zu trennen ist von Assimilation (Brah 1996: 229) und dass viele Menschen mit Migrationshintergrund die Rufe nach Integration als Aufforderung zur Assimilation und dem Verschwinden der eigenen kulturellen Identität verstehen. Zudem verdeckt dieser Diskurs, dass «eingewanderte Arbeiter schon als Ersatzarbeitskräfte auf der untersten Ebene der Ökonomie integriert waren» (ebd.). Der Begriff Integration ist somit eine Möglichkeit für Mehrheitsdeutsche, die Spaltung zwischen «Wir» und «Sie» zu vertiefen, anstatt diese zu verkleinern; er wird immer wieder als eine Form der Züchtigung benutzt (du stehst unter uns), als eine Form des *Othering* (du wirst niemals einer von uns sein) und als ein effektives Werkzeug der politischen Rhetorik, eben weil er nicht messbar, undefinierbar und unerreichbar ist.

Zusätzlich wird die Verantwortung für den weit verbreiteten Rassismus in der deutschen Gesellschaft dadurch verschleiert, dass die Schuld an die Ausländer_innen weitergereicht wird. Babara John, von 1983–2003 Ausländerbeauftragte des Senats von Berlin, sagte einer Gruppe türkischer Gewerkschafter in Berlin (offensichtlich ohne jede Spur von Ironie): «Haben Sie etwas Geduld. Integration dauert ja 100 Jahre.» Das Amorphe des Begriffes «Integration» wird hier offenbar. Wenn man an das historische deutsche Experiment denkt, in dem Jüd_innen und andere Minderheiten am Ende des 19. Jahrhunderts integriert werden sollten, sieht man das Problem der Logik Johns: den Endpunkt der Integration der Jüd_innen, die 2000 Jahre vor dem Holocaust nach Europa gekommen waren. Wenn Babara John darüber hinaus annimmt, dass die Präsenz der türkischen Sprache in der Öffentlichkeit ein Hindernis für die Integration darstelle (Kaya 2001: 96), dann ergeben die 100 Jahre eventuell

---

[10] Dies ist sogar nach der Änderung des Staatsbürgerschaftsgesetzes von 2001 noch zutreffend.
[11] Boyarin (ebd.: 278) zitiert Gilman 1986: 225.
[12] Interview mit Otto Schily in der *Süddeutschen Zeitung* vom 27. Juni 2002.

Sinn. In vielen Migrationsszenarios, wie zum Beispiel in den Vereinigten Staaten, kommt es vor, dass die Herkunftssprache nach ein paar Generationen nicht mehr gesprochen wird – circa 100 Jahre. Durch die Verknüpfung des Verlustes der Sprache mit Integration rückt Letztere vollkommen außerhalb der Erreichbarkeit für die gegenwärtige Bevölkerung. Es gibt keine Hoffnung für die ersten, zweiten, dritten und vierten Generationen.

Es gibt kein Verfahren, Integration zu messen, und keine Art von Fortschritt, um sie zu kennzeichnen. Integration kann lediglich zu einem politischen Werkzeug werden, das die rassistischen Praktiken und Diskurse des Staates unsichtbar macht, sowie eine Methode, den stillschweigenden Konsens gegenüber dem Alltagsrassismus, mit dem minorisierte Deutsche und Migrant_innen jeden Tag konfrontiert sind, zu tarnen.

Frauen und Sexualität als Marker
Der Status von Frauen wird oft als Grundlage für die Modernität und Zivilisation des Europäischen gesehen (Lutz 1997: 96). Eines der Hauptargumente zur Rechtfertigung der europäischen Zivilisation gegenüber jeder anderen war die Art, wie westliche Mächte Differenz strukturierten: durch den Kommentar über den und die Beeinflussung des Status' nicht-europäischer Frauen. Selbstverständlich war die Existenz einer traditionellen kolonialen Beziehung nicht notwendig, um den westlichen Diskurs über Frauen und Modernität am Blühen zu halten. Vielmehr war zum Beispiel das Verhältnis zwischen Deutschland und dem späten Osmanischen Reich eines der Kooperation: «[A]ls Mitkolonialisten teilten sie die gleichen Ehrenkode, maskulinistischen Ideologien, militaristischen Standpunkte.» Jungosmanen besuchten deutsche Militärakademien, und selbstverständlich waren die Osmanen Alliierte der Deutschen im Ersten Weltkrieg.[13] Das Vergessen einer gemeinsamen kolonialistischen Vorkriegs-Partnerschaft und -Männlichkeit war für die Vorstellung von sich selbst als Teil eines zivilisierten Europas ebenso entscheidend wie die Konstruktion der Türk_innen als einer unzivilisierten ökonomischen Unterschicht, die in den 1960ern als billige Arbeitskraft nach Westdeutschland kam.

Die Position von Frauen in der Türkischen Republik war für die Herausbildung nationaler Identität entscheidend. Yeğenoğlu bemerkt, dass «eben jene Konstruktion nationaler Differenz nur durch die Vermittlung von Frauen möglich ist» (Yeğenoğlu 1998: 126). Während die Osmanen sich nicht unter kolonialer Herrschaft befanden, wurden ähnliche Bilder grausamer Ungleichheit zwischen den osmanischen Männern und Frauen gezeichnet (oft in recht wörtlichem Sinne), wodurch europäische Geschlechterdiskriminierungen vertuscht wurden.[14] Im 19. Jahrhundert, als die verbliebenen europäischen Reiche sich im Zuge des wachsenden Nationalismus aufzulösen begannen, suchten manche Nationalstaaten nach neuen Formeln, die ihnen die Früchte der westlichen Modernität bringen würden. Da nationalistische Intellektuelle sich der Einstellung Europas gegenüber den osmanischen Frauen bewusst waren, wurde die Rolle von Frauen in das Zentrum des Aufbaus eines modernen Nationalstaates gerückt[15], und viele sogenannte nicht-westliche Nationalstaaten wurden in ihrem Wettlauf, mit dem Westen politisch und sozial auf eine Höhe

---

[13] Walter Andrews erinnerte mich daran, dass diese Geschichte oft verdrängt wird. Private Unterhaltung, April 2005.
[14] Lady Mary Montagu, deren Ehemann als Diplomat in İstanbul eingesetzt war, bemerkte ironisch, dass osmanische Frauen viel mehr Macht hätten als europäische Beobachter_innen ihnen zugestanden. Siehe Montagu 1887.
[15] Vergleiche auch: Yuval-Davis/Anthias 1989; Arat 1997. Für Beispiele aus dem kolonisierten Afrika vergleiche McClintock 1995.

zu kommen, ständig mit der «Frauenfrage» konfrontiert. Der soziale und politische Status von Frauen wurde zum Maßstab für Aufklärung und Zivilisation (Tekeli 1995; Kandiyoti 1996).

Atatürk, der Gründer der Türkischen Republik, wurde im Westen für seine Reformen gepriesen, die hinsichtlich der juristischen Position von Frauen auf europäischen Modellen beruhten. Erst in den 1980ern wurde das Scheitern der von oben implementierten kemalistischen Reformen in der Türkei offen diskutiert. Man könnte argumentieren, dass die «Emanzipation» von Frauen mehr dazu diente, den Nationalstaat aufzubauen, denn dazu, die soziale, sexuelle, ökonomische und politische Freiheit für Frauen zu erreichen.

Wegen der großen Anzahl von Muslim_innen in Deutschland (mit einer Geschichte der Migration aus der Türkei), dem Wunsch der türkischen Regierung, der EU beizutreten, und auch den Ereignissen nach dem 11. September bleibt die Faszination, wie «der Islam» seine Frauen behandelt, bestehen und kann hinsichtlich dessen, wie die Europäer_innen Muslim_innen zu Anderen machen, nicht unterschätzt werden. Eine wiederkehrende Argumentation in der europäischen Kultur und ihrem politischen Chauvinismus ist die niedrigere soziale Stellung der Frauen gegenüber den Männern in nicht-europäischen Kulturen. Im türkischen Fall wird die «muslimische Kultur» als Grund dafür angesehen, warum die Position der Frauen so «niedrig» sei. Diese zugeschriebene kulturelle Differenz (also Rückständigkeit) wird als Grund dafür angegeben, warum die Türkei noch immer kein Beitrittsdatum für die Europäische Union hat, obwohl (die mehrheitlich christlichen Länder) Rumänien und Bulgarien eines haben. Die kulturalistische Argumentation, dass die Türkei nicht zu Europa gehöre, hat zum großen Teil mit der Vorstellung zu tun, dass eine essentialisierte Männlichkeit, die aus einer «patriarchalen» Religion und Kultur resultiere, Frauen brutal unterdrücke.

Man muss nicht weiter schauen als bis zu den endlosen Debatten in Europa über das Kopftuch, um Beispiele hiervon zu sehen.[16] In Frankreich dürfen Schülerinnen es nicht in der Schule tragen; in Deutschland darf es keine Lehrerin tragen. Es ist nicht genug Raum hier, um die Debatten zusammenzufassen, aber ich argumentiere, dass die Kopftuchdebatte, wie sie in den europäischen Medien reflektiert wird, eher um konkurrierende Männlichkeiten geführt wird als um Frauen. In multikulturellen Phasen werden «*die Praktiken der ‹ethnischen Familien› innerhalb einer unspezifizierten Anglo-Familiennorm, ‹im Namen ethnischer Frauen› [...] gegen der ‹guten Gesellschaft› gemessen, dies ist ein Instrument, um die Männer in einer Rangliste einzuordnen, entsprechend dem Ausmaß ihrer Abweichung vom Anglo-Model – das in diesem Diskurs als das ideale positive Modell konstruiert wird.*»[17]

Im europäischen politischen Diskurs der 1990er wurde der Fokus vom Status der Frau als Kriterium für Modernität verschoben auf den Status von Mainstream-Schwulen und -Lesben[18]. Mit dem wachsenden

---

[16] 2003 gab es einen Aufruf von deutschen Feminist_innen und anderen, von neu ankommenden Migrant_innen eine Anerkennung des Grundgesetzes zu fordern, das die Gleichberechtigung von Frauen und Männern verkündet. Bei Verstößen sollten die Migrant_innen ihr Aufenthaltsrecht verlieren: http://www.isioma.net/sds06203.html [letzter Zugriff: 15. August 2011].
[17] Man könnte «Saxon» zu «Anglo» hinzufügen, um den deutschen Fall mit einzuschließen. Yuval-Davis (1997: 58) zitiert Martin 1991.
[18] Ich benutzte hier den Begriff «Mainstream-Schwule und -Lesben», weil ich die Aufmerksamkeit auf die Tatsache lenken will, dass diese Gruppe den größten Grad an Assimilation in die europäische politische Kultur des Mainstreams und das soziale Leben erreicht hat. Transsexuelle und Trangender und andere «alternative» Queers werden nicht als moderne Symbole Europas betrachtet, eher als perverse Andere.

Einfluss des Menschenrechtsdiskurses auf europäische (und andere) politische Strukturen (Soysal 1994) haben die letzten zehn Jahre einen bemerkenswerten Wechsel erfahren in der Art und Weise, wie sich Schwule und Lesben für Rechte auf nationaler Ebene eingesetzt haben. Ob dieser Diskurs sich um «Bürgerrechte» in den USA oder Menschenrechte in Europa zentriert, die Betonung auf *Rechte* bleibt. Asylbewerber_innen werden in Europa und sogar in Nordamerika auf Grund ihrer sexuellen Orientierung akzeptiert, wenn sie aus bestimmten Ländern kommen; in Europa sind schwullesbische Partnerschaften und Heiraten Rechte, die an schon vorher existierende legale Kategorien für Heterosexuelle angefügt werden. Die Einführung einer wachsenden Sammlung von Antidiskriminierungsgesetzen auf der europäischen Ebene[19], die in vielen Ländern, einschließlich Deutschland, noch nicht in nationale Gesetze umgesetzt wurden, hat den Weg geöffnet für die Verbesserung der Rechte von Homosexuellen in ganz Europa. Obwohl nicht einmal in ihren Mitgliedsstaaten die Antidiskriminierungsrichtlinien implementiert werden konnten, übt die EU Druck auf politische Entitäten außerhalb Europas aus, Menschenrechte zum Schutz der Rechte von Homosexuellen, Transsexuellen und Transgenders auszuweiten.

Innerhalb Europas ist fortschrittliche soziale Veränderung zunehmend von einem Diskurs über Menschenrechte bestimmt, der auf verschiedene strategische Weisen eingesetzt wird. Der Menschenrechtsdiskurs wird einerseits von etablierten schwullesbischen Gruppen genutzt, um Ungleichheit von Schwulen und Lesben in Relation zu Heterosexuellen, die das Recht haben, Kinder zu adoptieren, aufzuzeigen. Während der Schmerz und die Misere der Opfer von Menschenrechtsverletzungen ins Gedächtnis gerufen werden, verdeckt dieser Diskurs die relativ privilegierte Situation von etablierten Schwulen und Lesben gegenüber LGBT-*People of Color* und Migrant_innen. Gleichzeitig wird dieser Diskurs gegen nichteuropäische Länder benutzt, um zu zeigen, wie rückständig diese seien; das «Niveau» der Menschenrechtsverletzungen in der Türkei wird oft als Grund zitiert, warum ihr nicht erlaubt werden sollte, der EU beizutreten. In diesem Szenario scheint es, als ob Menschenrechte und Freiheiten in Europa auf universellem Niveau genossen werden. Dies resultiert in einem Widerspruch bezüglich dessen, wie Mainstream-Schwule und -Lesben Strategien der sozialen Gleichheit entwerfen: Wenn Menschenrechte in Europa erlangt wurden, wie kann der Menschenrechtsdiskurs dann benutzt werden, um ungleiche Behandlung von Schwulen und Lesben anzuzeigen?

Angeführt hauptsächlich von weißen Männern, wird homophobe Gewalt als ein nicht-europäisches Phänomen Nicht-Europäer_innen zugeschrieben. Diese Strategie verdeckt die privilegierte Position von weißen und Mittelklasse-Schwulen und -Lesben und ermöglicht einen Diskurs der Verfolgung (und den Zugang zu Staatsmitteln, um diese zu bekämpfen), während fortschrittliche, schwule, weiße, zivilisierte europäische Maskulinitäten näher an der europäischen heterosexuellen Machtbasis ausgerichtet werden.

Zivilisierte Homosexualität vs. das Vormoderne
Ein Weg des Zugangs dazu führt über Lösungen für das soziale Problem der mangelnden Integration. Der Rausch, in das Integrationsspiel aufgenommen zu werden – wo eine ansehnliche Summe öffentlicher Gelder greifbar ist –, dient mutmaßlich dazu, das drohende Desaster

---

[19] Der Europäische Rat hat im Juni 2003 die Direktive 2000/43/EC, die auf Artikel 13 des Maastrichter Vertrags von 1997 aufbaut, angenommen.

wachsender migrantischer Bevölkerungsgruppen «abzumildern». Exemplifiziert wird dies durch einen Fall aus Deutschland. Ich werde hier die Interaktion zwischen der größten schwullesbischen Organisation, dem LSVD, GLADT (Gays and Lesbians aus der Türkei)[20], einer Organisation für türkeistämmige Menschen, und anderen LGBT-Publikationen und -Gruppen untersuchen.

Laut den Webseiten des LSVD/MILES ist «das Ziel von MILES (Zentrum für Migranten, Lesben und Schwule), Vorurteile zu beseitigen und die Integration von lesbischen und schwulen MigrantInnen zu fördern. [...] Wirkliche Integration wurde trotz der langen Einwanderungsgeschichte allerdings niemals wirklich erreicht.»[21] Nirgendwo auf der Seite ist ein Integrationskonzept definiert. Es ist natürlich bezeichnend, dass die etablierten schwullesbischen Organisationen überhaupt einen «Integrationsservice» anbieten. Unter anderem zeigt dies, wie diese Organisationen einbezogen sind in den «*queering the straights: straightening the queers*»-Prozess[22] und sich dabei auf die allgegenwärtige rassistische, sexistische und klassistische hegemoniale Position zubewegen, die einmal die Domäne der heterosexuellen Maskulinität war. Im Gerangel um Legitimität und Hineinpassen beginnen schwule und lesbische Organisationen ihrerseits, sich in der «Zivilisiereden-Ausländer-Mission» als Expert_innen zu vermarkten. Dies gibt ihnen nicht nur Legitimität bezüglich ihrer Pflichten als NGO (eine Legitimität, die niemals durch einen Kampf gegen die *Einengungen* der Ehe erreicht werden könnte und niemals durch die Hervorhebung eines politischen Kampfes für die Gleichbehandlung von *Transmenschen*). Zudem bringt es eine gute Einkommensquelle vom Staat, nationale und europäische Finanzmittel, die Integrationsprojekte unterstützen.

In Berlin, einem Ort, der bestens bekannt ist für seine fortschrittliche Einstellung gegenüber Schwulen und Lesben und auch für seine erstaunliche Fähigkeit, große Summen aus den Budgets des Landes und des Staates zu verteilen, ist die Zivilisierungsmission mit dem MILES-Zentrum in vollem Gange. Sogar der Titel der Organisation spiegelt wider, was Fatima El-Tayeb als «Polarität von implizit mehrheitsdeutschen Lesben und Schwulen auf der einen und implizit heterosexuellen ‹Ausländern› auf der anderen Seite» (El-Tayeb 2003: 135) beschreibt. Die Trennung ist notwendig, um die Integrierungsmission der Organisation zu legitimieren, «eine Anerkennung der permanenten Vermischung beider Kategorien hieße das Aufgeben einer autoritären Position (*die* Homosexualität, die *den* Migranten erklärt wird)» (ebd.: 135–136).

Diese Positionalität wird öffentlich und regelmäßig bekanntgegeben und dreht sich um eine Dämonisierung muslimischer/anderer Maskulinitäten. Auf der Demonstration des Christopher Street Day 2003 wurde der GLADT-Wagen von einem Fenster im dritten Stock aus mit Obst beworfen. Der LSVD gab, ohne sich vorher mit GLADT zu beraten oder den Polizeibericht abzuwarten, eine Presseerklärung heraus mit dem Titel «Schluss mit Diskriminierung und Gewalt: Migranten müssen Verhältnis zu Homosexualität klären». Das damalige Vorstandsmitglied des LSVD Berlin-Brandenburg, Alexander Zinn, erklärte darin die Welt: «Religiöse Motive spielen ebenso eine Rolle wie die ländliche Herkunft und

---

[20] Als Teil meiner Feldforschung arbeitete ich seit 2002 in dieser Organisation.
[21] Aus dem Englischen auf der LSVD-MILES Website. In: URL: http://www.LSVD.de/MILES/MILES-eng.htm (8. Juli 2004).
[22] Vergleiche Emig 2000. Emig argumentiert, dass sich *straighte* und schwule Maskulinitäten aufeinander zubewegen, während sie ihre priviligierte Position gegenüber Frauen bewahren. «*Rasse*» ist auffällig abwesend in dieser Analyse von Machtbeziehungen.

die patriarchalischen Familienstrukturen bei vielen Einwanderern.» Die Presseerklärung verkündete außerdem:

«Das Verhältnis vieler Einwanderer zu Schwulen und Lesben ist laut Zinn aufgrund unzureichender Integration problematisch. Diskriminierung und Pöbeleien seien Alltagserfahrungen von Lesben und Schwulen in Berlin. Nicht selten gingen solche Aggressionen von Einwanderern aus. ‹Viele Migranten lehnen Homosexualität ab, einige schrecken auch vor Gewalt nicht zurück›, so Zinn.»

Trotz Protesten von anderen Organisationen wie *KomBi*, *Qekon* und GLADT kam es von Seiten des LSVD niemals zu einem Widerruf oder einer Entschuldigung. Die erste Antwort auf die Presseerklärung kam von KomBi[23], einem Projekt, dass Lehrer_innen und Schüler_innen Workshops zu Sexualpädagogik anbietet. Um dem LSVD die Wirkung des Briefes, den er geschrieben hatte, verständlich zu machen, schlug *KomBi* vor, die Sprache umzudrehen und Folgendes auszuprobieren:

«Schwule und Lesben müssen Verhältnis klären zu Rassismus»,

«Das Verhältnis vieler Schwuler und Lesben zu MigrantInnen ist [...] problematisch.»

«Viele Schwule und Lesben lehnen MigrantInnen ab, einige schrecken auch vor Gewalt nicht zurück.»

Zusätzlich bemerkten die Autor_innen, dass es auch eine große Anzahl homophober Deutscher gibt, die religiöse Motivationen, ländlichen Hintergrund und patriarchale Familienstrukturen als Grund für Homophobie geltend machen können. Der Brief betonte außerdem, dass die Informationen, die an die Presse weitergegeben wurden, faktisch falsch waren. Während der LSVD/MILES in der Presseerklärung «angeboten» hatte, mit dem *Türkischen Bund in Berlin-Brandenburg* (TBB) zu kooperieren, um dessen Mitgliedern Beratungs- und Bildungsprogramme zum Thema Homosexualität anzubieten, bemerkt *KomBi*, dass es mit dem TBB seit über einem Jahr zu diesem Thema arbeite. Schließlich wurde betont, dass die Argumentation sich auch auf die Formel reduziere, dass Migrant_innen homophob und gewalttätig seien.

Ein anderer schriftlicher Protest kam in Form eines offenen Briefes an den LSVD von *Qekon*, geschrieben von dem Mitorganisator der Tagung, Jin Haritaworn, am 18. August 2003.[24]

«Wir fragen uns: Ist ethnisch minorisierten Queeren so geholfen? Wer spricht hier über wen, und was für Bilder produziert der Verfasser über die Besprochenen? Alexander Zinns Perspektive ist eindeutig die eines unreflektierten mehrheitsdeutschen Schwulen, der seine privilegierte Sprecherposition missbraucht, um rassistische, islamophobe Zuschreibungen über Migrierte als rückständige, kriminelle Fundamentalisten zu verbreiten. In diesem Denksystem existieren ethnisch Minorisierte niemals als Teil von sondern nur immer als Probleme für eine mehrheitsdeutsche Gesellschaft und ihre queeren Anderen. Die verwendete Sprache ist innerhalb eines öffentlichen Diskurses, der Gewalt, Anti-Einwanderungsmobilisierung und andere rassistische Ausschlüsse

---

[23] Der Brief war datiert auf den 22. Juli 2003 und wurde elektronisch MILES, GLADT, dem Türkischen Bund in Berlin-Brandenburg (TBB) und dem Antidiskriminierungsnetzwerk Berlin (ADNB) zugesandt.

[24] Die *Qekon-Mailing-Liste* entstand als Organisationsinstrument für eine Konferenz in Berlin mit dem Titel «Tagung Queer und Ethnisiert», die in Berlin 2003 für ethnisch minoritisierte Lesben, Schwule, Bisexuelle, Transsexuelle und Transgender abgehalten wurde. Die Liste wurde nach der Konferenz weitergenutzt, um über politische Ereignisse und Aktionen zu informieren, und war zur Zeit des Schreibens immer noch in Benutzung.

gegen unsere Communities legitimiert. Als besonders verwundbare Mitglieder dieser Communities haben vor allem wir hierunter zu leiden.»

Der Brief forderte außerdem vom LSVD/MILES Folgendes:

– Sofortige öffentliche Entschuldigung des MILES an die ethnische minorisierte queere Community;
– Radikale Umwandlung des Selbstverständnisses, weg von seiner derzeitigen paternalistischen und rassistischen Bevormundungspolitik und hin zu einer selbstreflexiven anti-rassistischen Solidaritätspolitik. Dies muss beinhalten:
– Die sofortige Änderung der Zielsetzung auf Anti-Rassismus-Arbeit in den mehrheitsdeutschen queeren Communities. Streichung der Ziele ‹Integration homosexueller Migranten› und ‹Akzeptanz (von Einwanderern) gegenüber Schwulen und Lesben›.
– Die sofortige Änderung des MILES Projekt-Namens in eine selbst-reflexive Bezeichnung, die Solidarität mit statt Repräsentierung der sozialen Bezugsgruppe ausdrückt und deren Mehrfachzugehörigkeiten anerkennt. Die Umdefinierung seiner Beziehung zu den Gruppen, die die LSVD-Räume nutzen, auf dem Briefkopf, der Website und allen anderen Selbstrepräsentationen, die diese Gruppen als ‹unsere (MILES) Gruppen› darstellen.
– Die Bildung der vorhandenen Belegschaft, nicht nur in Bezug auf Rassismus gegen ‹migrantische› Leute sondern auch auf Antisemitismus und Rassismus gegen Schwarze, Leute of Colour und andere ethnisch minorisierten Deutsche.
– Die Änderung der institutionell rassistischen Personalpolitik durch bevorzugte Einstellung von ethnisch minorisierten Schwulen, Lesben und Bisexuellen, und ethnisch minorisierten Transgender, Transsexuellen und Intersexuellen.
– Die Einstellung von ethnisch minorisierten ExpertInnen, um anti-rassistische Öffentlichkeitsarbeit in den mehrheitsdeutsch dominierten queeren Communities zu leisten.
– Die Bereitstellung der LSVD-Ressourcen an ethnisch minorisierte Queere unter Anerkennung unseres Rechtes, unsere eigenen Probleme zu definieren und unsere eigenen Strategien zur Bekämpfung unserer mehrfachen Unterdrückungen zu finden und autonom umzusetzen.

> Alexander Zinn jedenfalls will auf politische Korrektheiten keine Rücksicht nehmen: „Wo ein Problem ist, können wir auf andere Probleme keine Rücksicht nehmen. Wir gehören zur Bürgerrechtsbewegung der Homosexuellen – und wenn Einwanderer uns angreifen, dann darf das nicht tabuisiert werden. Erst das Tabu macht einen Politikstil wie den Pim Fortuyns salonfähig." Gerade junge Männer aus arabisch- oder türkischstämmigen Familien seien in einem Familiensystem aufgewachsen, in dem sich Sexualität mit anderen Männern schon deshalb für jeden Mann verbietet, weil das als weiblich, als minderwertig gilt – und also als unmännlich. Da kein Mann den Vorwurf auf sich ziehen will, seines Geschlechts unwürdig zu sein, liege die Aggression gegen Schwule nahe.
> Immerhin: Alle Organisationen, der LSVD, das Schwule Überfalltelefon und Gladt, wollen zusammenarbeiten. Es spricht viel dafür, dass dies das beste Rezept ist, mit der Zivilisierung des Vormodernen weiterzumachen. Der Berliner Bezirk Schöneberg jenseits der Nollendorfplatzszene wäre dann auch weniger in Gefahr, für Schwule zur No-go-Area zu werden – wie Hellersdorf oder Marzahn oder sonstige rechtsradikal infizierte Viertel.

Keine politischen Korrektheiten: Das «Vormoderne» muss «zivilisiert» werden (taz vom 8. November 2003)

Die *Quekon*-Aktivist_innen wollten den Brief auf einer LSVD-Versammlung übergeben, wo sie planten, dem MILES-Projekt den Namen «*M*ehrheitsdeutsche *i*gnorante *L*esben und *S*chwule» (statt «Migranten, Lesben und Schwule») zu geben. Laut Informationen der *Qekon*-Listenmoderation gab es vom LSVD oder von MILES keine Antwort.[25]

Wie schon zuvor bemerkt, haben die hier beschriebenen integrationsorientierten Missionen zweifellos ihre historischen Vorläufer. Daher ist es nicht überraschend, dass dieser Diskurs plötzlich in den mehrheitsdeutschen Medien auftaucht. Der erste «Bundesweite Kongress türkeistämmiger Lesben, Schwuler, Bisexueller und transgender lebender Menschen», von LSVD und GLADT zusammen organisiert, wurde in Berlin im November 2003 abgehalten und war der Anlass für großes Interesse seitens der deutschen Presse. Am zweiten Tag der Konferenz druckte die *taz* einen Artikel über die Konferenz und deren Organisator_innen mit dem Titel «Was guckst du? Bist du schwul?»[26]. In dem Artikel behandelt Autor Jan Feddersen Gewalt, die gegen schwule Männer verübt wird, und behauptet: «39 Prozent der Gewaltakte wurden von jungen Männern verübt, die im weitesten Sinne dem muslimischen Kulturkreis zuzurechnen sind [...]. Die öffentliche Gefahr für Schwule geht extrem von Jugendlichen türkischer oder, generell, islamischer Prägung [sic] aus.» Er schlussfolgert, dass die Kooperation unter den aktivistischen Gruppen das «beste Rezept ist, mit der Zivilisierung des Vormodernen weiterzumachen».[27] Andere Meinungsverschiedenheiten zwischen GLADT und LSVD, die Konferenz betreffend, zusätzlich zur vorher erwähnten Presseerklärung, führten zur Beendung der formalen Kooperation zwischen GLADT und MILES.

Im Herbst 2003 war das Thema homophobe Gewalt seitens muslimischer Migrant_innen weiter ein Diskussionsthema in mehrheitsdeutschen schwulen Kreisen. Das «Café PositHiv», ein Café, das von HIV-positiven Männern und für sie betrieben wird, berichtete von wiederholten Angriffen seitens migrantischer Jugendlicher. Die Betreiber des Cafés entschieden sich für ein Treffen mit lokalen Gruppen und Autoritäten. (Noch ein paar Monate vorher war ein Brief von GLADT an das Café ohne Antwort geblieben. Darin hatte der Verein ein Kennenlernen und seine Hilfe bei Problemen angeboten.[28]) Dort waren Vertreter_innen von LSVD, GLADT[29] und dem Quartiersmanagement anwesend, und als die Cafébetreiber gebeten wurden, ihre Geschichte zu erzählen, gaben sie zur Antwort, dass sie seit dem 11. September von «islamischen» Jugendlichen «terrorisiert» würden. Als sie gefragt wurden, woher sie wüssten, dass die Angreifer Muslime seien, wurde geantwortet, dass diese schwarze Haare gehabt hätten (!). Trotz der Intervention des Quartiersmanagements und der Sozialarbeiter, die ausführten, dass Problem solle als ein Problem von benachteiligten Jugendlichen und nicht als ein ethnisches behandelt werden, waren die Betreiber des «Café PositHiv» und die Vertreter des LSVD davon überzeugt, dass die Ursache der Gewalt kulturell bedingt sei. Diese Ansicht wurde auch in dem *taz*-Artikel, in dem Feddersen Bezug nahm auf Statistiken des Schwulen Überfalltelefons, widergespiegelt. Die Hotline berichtete, dass 40 Prozent der Angriffe von Migrant_innen verübt würden, obwohl nicht einmal

---

[25] Persönliches Gespräch, 2. Mai 2005.
[26] Siehe http://www.taz.de/pt/2003/11/08/a0081.nf/text.
[27] Jan Feddersen arbeitet regelmäßig mit dem LSVD zusammen und berichtet über diese Aktivitäten in der *taz*.
[28] Persönliches Gespräch mit dem Vorstand von GLADT e.V., 6. Juni 2005.
[29] Ich habe als Teil der GLADT-Delegation an diesem Treffen teilgenommen.

Plakat des LSVD
Berlin-Brandenburg
(Juni 2004)

die Hotline-Betreiber diese Information bestätigen konnten. Die herausgegebenen Statistiken wurden später von der Kölner Hotline als nicht nachweisbar kritisiert.[30]

Integration im Bett nicht erwünscht
Zur gleichen Zeit, da der Migrant dafür gescholten wird, vormodern zu sein und unfähig, sich zu integrieren, wird seine gewalttätige Natur in der mehrheitsdeutschen Schwulen-Community als sexuell unwiderstehlich fetischisiert. Die kolonialistische Imagination des unzähmbaren Primitiven wird im Hinblick auf Integration verachtet, bei einem Sexpartner aber begehrt; «Südländer» dürfen im Schlafzimmer auf keinen Fall zivilisiert sein.

In Berlin wird die schwullesbische Party Gayhane (schwules Haus) von vielen deutschen Männern aufgesucht, vorzugsweise, um nach Sex mit Exoten Ausschau zu halten, während in anderen Bars und Darkrooms der Stadt «Türken» am Zutritt gehindert werden, weil sie für Stricher oder Diebe gehalten werden. Andere Beispiele sind in der etablierten schwulen Presse in der Gesucht-Abteilung der Kleinanzeigen veröffentlicht. In der Ausgabe der BOX.DE[31]

---

[30] Gigi, «Ladykracher in Köln», Seite 11, Mai/Juni 2004.
[31] BOX.DE, Nr. 133, Juli 2004, Köln: Box Medien GmbH, Seiten 44–45.

Murat heißt jetzt Aljoscha. Sonst ändert sich nichts. Plakat des LSVD Berlin-Brandenburg (April 2005)

vom Juli 2004 befinden sich einige Anzeigen, die speziell nach einem rassisierten Anderen Ausschau halten:

– R. 40: Biker, 54/180/80, wohl wissend, dass ich mich weit entfernt habe von denen, die erotisch attraktiv finde, su. ich, humanwissenschaftlich orientiert, vielseitig interessiert, trotzdem den jungen, schlk. M. f. Partnerschft, bevorzugt Thai od. Namibianer. Chiffre: xxx

– [Name, Anschrift] Su. Akt./pass. Boys, 18–?, gerne Südländer u. Black boys, auch mehrere für alles, was in Sachen action Spaß macht. Treffen ist nur bei mir mögl. su. aber auch Freundschaft. Schreibt bitte m. Foto u. einer Beschreibung v. euch.

– 49/190/85, Brille, Raucher, su. Kerl f. glgt. Tr., der mich nimmt, gerne Südländer, stramme N****. Raum D'dorf +/-30 km. Tel: xxx»[32]

In diesen Kontaktanzeigen – allgegenwärtig in schwulen Publikationen in Nord-Amerika und Europa – gehört der *rassisierte* Andere immer zu einer von zwei Kategorien: das passive, feminisierte koloniale Objekt, das dominiert werden möchte, oder der gewalttätige, hypermaskuline Südländer,

[32] Hier wurde das ursprüngliche Wort geändert, weil ich seine Benutzung als eine Form von Gewalt definiere. Es ist hier reproduziert, um zu zeigen, wie Rassismus in diesem Zusammenhang funktioniert.

der den weißen Mann auf Verlangen dominiert. In beiden Fällen beruht das Begehren des weißen Homosexuellen auf rassisierten Vorstellungen von Anderssein und einem Schema von Machtbeziehungen, das den weißen schwulen Mann so positioniert, dass er das Szenario und den Inhalt der sexuellen Aktivität kontrolliert. Das Begehren nach dem de-maskulinisierten, feminisierten Kolonialen wurde anderswo behandelt[33]; hier war mein Ziel, die Imagination des hypermaskulinen rassisierten Anderen zu untersuchen, der so viel Angst unter den weißen schwulen europäischen Männern hervorruft. Hier wird der «Südländer» oder «stramme N****» zu roher Gewalt und Macht reduziert, aber eine Macht, die nur dazu benutzt werden darf, weißes koloniales Begehren zu befriedigen. Die sich fortsetzende Präsenz dieser Anzeigen führt vor Augen, wie unverhohlen Rassismus in der weißen schwulen deutschen Community toleriert wird. Hypermaskulinität des Anderen wird fetischisiert und in Diskursen und Praktiken des Begehrens, der Macht und der Angst lokalisiert.

Diese Inserate zeigen auch das inversive Begehren nach jungen, zähmbaren, passiven, aber dennoch exotischen Anderen, die durch das weiße koloniale Begehren dominiert und beherrscht werden können. Diese Dynamik ist auch in der sorgfältig lancierten Kampagne des LSVD am Werk, die die migrantische Community über Homosexualität «aufklären» soll. Das Hauptprodukt der Kampagne ist ein Plakat, das in den Stadtteilen Kreuzberg, Neukölln, Schöneberg und Tiergarten aufgehängt wurde, wo eine höhere Prozentzahl von Menschen mit migrantischem Hintergrund lebt. Das Plakat zeigt fünf glattrasierte junge Männer in einer Pose, die an eine Boygroup erinnert, die Jugendlichen sich umarmend, einer davon ohne T-Shirt, seinen haarlosen Oberkörper zur Schau stellend. Er hält außerdem einen Fußball in der Hand. Der Text «Kai ist schwul. Murat auch!» darüber geschrieben; unten «Sie gehören zu uns. Jederzeit!» Die Anzeige, mit Fokus auf die schönen Körper junger «türkischer» Männer, legt besonderen Wert auf deren Jugendlichkeit, noch nicht erkannte Männlichkeit, und daher deren Potential, in eine akzeptable, nicht-gewalttätige, «zivilisierte» homosexuelle Community integriert zu werden. Große, haarige Bären oder «Machos» sind offensichtlich kein Integrationsmaterial. In der Beanspruchung des Besitzrechtes an diesen jungen Männern versiegelt die Anzeige die Botschaft von Integration und Assimilation. Der «Sie gehören zu uns. Jederzeit!»-Teil des Textes macht verständlich, dass der dominante weiße Deutsche das Privileg und jederzeit Zugang zu diesen jungen Körpern hat; neben der deutschen kann und darf es keine autonome homosexuelle Praxis geben.

Die Tendenz unter weißen schwulen und lesbischen mehrheitsdeutschen Verbänden ist es, das Projekt der «Zivilisierung vormoderner» Migrant_innen *auf sich zu nehmen*, indem versucht wird, diese in Integrationsprozesse zu führen. Insbesondere Mediendiskurse, ausgehend von weißen Mehrheitsorganisationen haben immer wieder versucht, Repräsentationen von Migrant_innen zu dominieren, indem sie diese mit Maskulinitäten, die gefährlich und gewalttätig homophob sind, gleichgesetzt haben. Diese Spannung zwischen *Vorstellungen* von europäischen und nicht-europäischen Männlichkeiten kann verstanden werden als eine Unterströmung in den erhitzten Diskussionen um türkische und muslimische «Penetration» der EU. Dies stellt eine Veränderung dar in der Art und Weise, wie kolonialistische und post-kolonialistische Diskurse den «Osten»/«Süden» traditionell als feminisiertes, schwaches Anderes porträtiert haben. Es scheint, dass diese Schemata funktioniert haben, solange die Kolonialmächte

---

[33] Siehe zum Beispiel Sullivan/Jackson 1999; Lane 1995; Sinha 1995.

in den Kolonien anwesend waren. Aber in der heutigen Welt der Migration, in der die *Kolonialisierten* nach Europa gekommen sind, sieht die *gängige Vorstellungskraft* nicht-europäische, insbesondere muslimische Kultur als gefährliche, patriarchale Krankheit an, die sich auszubreiten droht. Dieser Diskurs der Angst ist besonders auffallend in der deutschen etablierten schwulen Presse, in der seit 2003 «Islam und Homosexualität» zum Modethema wurde.[34]

Diese Diskurse der Angst manifestieren sich auf zwei ineinander verflochtene Arten: In der sexuellen Fetischisierung und kulturellen Konsumption der «Ausländer» und in dem Begehren nach/der Angst vor deren urzeitlicher Maskulinität, was in einem europäischen Drang, sie zu zähmen und in die deutsche Gesellschaft zu integrieren, resultiert. Ich behaupte, dass der Drang, so genannte homophobe Migrant_innen zu zivilisieren und zu integrieren, das Unvermögen zu erkennen gibt, eine queere muslimische Identität zu akzeptieren, weil diese Identitäten nicht in die existierenden Klassifizierungen streng gläubiger (zum Beispiel homophober) Muslim_innen passen. Der Wille zu beweisen, wie viel zivilisierter mehrheitsdeutsche schwule Maskulinität ist als die muslimische/migrantische Maskulinität, ist eine Frage, die bedauerlicherweise weiterhin Mehrheits- und Minderheitsdeutsche polarisieren und jeden Fortschritt im Kampf gegen Homophobie und Rassismus verzögern wird.

Ich möchte Katja Jana für die Übersetzung und Walter Andrews, Jin Haritaworn und Koray Yılmaz-Günay für ihr kritisches Feedback danken.

Der Beitrag wurde zuerst veröffentlicht in dem Sammelband *Insider – Outsider. Bilder, ethnisierte Räume und Partizipation im Migrationsprozess*, der 2005 vom Forscher_innen-Netzwerk IFADE im transcript Verlag (Bielefeld) herausgegeben wurde. Beim Wiederabdruck sind kleinere redaktionelle Änderungen vorgenommen worden. Großen Dank an die Autorin und den Verlag für die Wiederabdruck-Genehmigung. *KYG*

---

[34] Dies wurde zum Teil durch die Publicity des Bundeskongresses im November 2003 mitinitiiert. Das größte schwullesbische Magazin in Berlin veröffentlichte seine November-Ausgabe mit dem Titel «Türken raus! Vom Coming-out in zwei Kulturen.» Zusätzlich dazu hielt der LSVD-MILES eine Reihe von Vorträgen, die später in einem Buch kulminierte mit dem Titel «Muslime unter dem Regenbogen – Homosexualität, Migration und Islam» (MILES 2004). Alexander Zinn veröffentlichte auch einen Artikel in dem Band, in dem er die Punkte aus der MILES-Presseerklärung ausarbeitet.

Kezban ist schwul. Hildegard auch!
Ins MILES gehen beide nicht...

Gemeinsam kämpfen sie gegen die Bevormundung mehrheitsdeutscher ignoranter Lesben und Schwuler, mit der sie über den alltäglichen Rassismus, die Homophobie und den allgegenwärtigen Sexismus hinaus konfrontiert sind. Sie fühlen sich vom LSVD nicht vertreten. Um sie zu kontaktieren, schreibe eine Mail an: gastarbeiterkinder@web.de

Literatur

Arat, Yeşim (1997): «The project of modernity and women in Turkey». In: Bozdoğan, S./Kasaba R. (Hg.): *Rethinking modernity and national identity in Turkey,*. Seattle: University of Washington Press, Seiten 95–112.

Bell, David/Binnie, Jon (2000): *The Sexual Citizen*, Cambridge, UK: Polity Press.

BOX.DE (August 2004), Nr. 134, Köln: Box Medien GmbH, Seiten 44–45.

Boyarin, Daniel (2002): «What Does a Jew Want: or, The political meaning of the phallus». In: Adams R./Sauran, D. (Hg.), *Masculinities Studies Reader*, Oxford: Blackwell, Seiten 274–291.

Brah, Avtar (1996): *Cartographies of Diaspora: Contesting Identities*, New York: Routledge.

Chasin, Alexandra (2000): *Selling Out: The Gay and Lesbian Movement goes to Market*, New York: Palgrave.

El-Tayeb, Fatima (2003): «Begrenzte Horizonte. Queer Identity in der Festung Europa.» In: Steyerl, H./Gutieérrez Rodriguez, E. (Hg.): *Spricht die Subalterne deutsch? Migration und postkoloniale Kritik*, Münster: Unrast Verlag, Seiten 129–145.

Emig, Rainer (2000): «Queering the Straights: Straightening the Queers; Commodified Sexualities and Hegemonic Masculinity». In: West, R./Lay, F. (Hg.), *Subverting Masculinity: Hegemonic and Alternative Versions of Masculinity in Contemporary Culture*, Amsterdam: Rodopi.

Feddersen, Jan (2003): «Was guckst du? Bist du schwul?» In: *tageszeitung* vom 8.11.2003. In: URL: http://www.taz.de/pt/2003/11/08/a0081.nf/text.

Ha, Kien Nghi (2003):«Die kolonialen Muster deutscher Arbeitsmigrationspolitik.» In: Steyerl, H./Gutierrez Rodriguez, E. (Hg.), *Spricht die Subalterne deutsch? Migration und postkoloniale Kritik*, Münster: Unrast Verlag, Seiten 56–107.

Kandiyoti, Deniz (1996): *Gendering the Middle East: Emerging Perspectives*. NY: Syracuse University Press.

Kaya, Ayhan (2001): *«Sicher in Kreuzberg». Constructing Diasporas: Turkish Hip-Hop Youth in Berlin*, Bielefeld: transcript Verlag.

Krishnaswamy, Revathi (2002): «The economy of colonial desire». In: Adams, R./Sauran, D. (Hg.): *Masculinities Studies Reader*, Oxford: Blackwell, Seiten 292–317.

Lane, Christopher (1995): *The Ruling Passion: British Colonial Allegory and the Paradox of Homosexual Desire*, Durham; London: Duke University Press.

Linke, Uli (1999): *German bodies. Race and representation after Hitler*, New York: Routledge.

Lutz, Helma (1997): «The Limits of European-ness: Immigrant Women in Fortress Europe». In: *Feminist Review*, 57, Seiten 93–111.

Martin, Jeannie (1991): «Multiculturalism and feminism». In: Bottomley, G./deLepervance, M./Martin, J. (Hg.): *Intersexions*, Sydney: Allen and Unwin.

McClintock, Anne (1995): *Imperial Leather: Race, Gender and Sexuality in the Colonial Contest*, New York: Routledge.

MILES (2004): *Muslime unter dem Regenbogen – Homosexualität, Migration und Islam*, Berlin: LSVD.

Montagu, Mary Wortley (1887): *The letters and works of Lady Mary Wortley Montagu*, hg. von Lord Wharncliffe, London: G. Bell.

Oguntoye, Katharina/Opitz, May/Schultz, Dagmar (Hg.) (1991): *Farbe Bekennen.*

Afro-Deutsche Frauen auf der Spur ihrer Geschichte, Berlin: Orlanda Verlag.

Plant, Richard (1988): *The pink triangle. The Nazi war against homosexuals*, New York: Holt.

Said, Edward (1978): *Orientalism*, New York: Pantheon Books.

Sinha, Mrinalini, (1995): *Colonial Masculinity: The «Manly Englishman» and the «Effeminate Bengali» in the Late Nineteenth Century*, Manchester; New York: Manchester University Press.

Soysal, Yasemin (1994): *Limits of Citizenship: Migrants and Postnational Membership in Europe*, Chicago: University of Chicago Press.

Steyerl, Hito (2003): Postkolonialismus und Biopolitik, In: ders./Gutierrez Rodriguez, E.: (Hg.), *Spricht die Subalterne deutsch? Migration und postkoloniale Kritik*, Munster: Unrast; Seiten 38–55.

Sullivan, Gerard/Jackson Peter A. (1999): «Ethnic Minorities and the Lesbian and Gay Community». In: *Journal of Homosexuality* 36, 3/4, Seiten 1–28.

Tekeli, Şirin (Hg.) (1995): *Women in Modern Turkish Society. A Reader*, New Jersey: Zed Press.

Wachendorfer, Ursula (2001): «Weiß-Sein in Deutschland: Zur Unsichtbarkeit einer herrschenden Normalitat». In: Arndt, Susan (Hg.): *AfrikaBilder: Studien zu Rassismus in Deutschland*. Münster: Unrast, Seiten 87–101.

Yeğenoğlu, Meyda (1998): *Colonial fantasies: towards a feminist reading of Orientalism*. New York: Cambridge University Press.

Yuval-Davis, Nira (1997): *Gender and Nation*, London: Sage.

Yuval-Davis, Nira/Anthias, Floya (Hg.) (1989): *Women-Nation-State*. London, Macmillan.

Globaler lokaler Islam bei transcript

Markus Gamper

Islamischer Feminismus in Deutschland?

Religiosität, Identität und Gender in muslimischen Frauenvereinen

Mai 2011, 354 Seiten, kart., zahlr. Abb., 29,80 €,
ISBN 978-3-8376-1677-4

Die deutsche Integrationsdebatte über den Islam wird in den letzten Jahren vom Thema »Unterdrückung der muslimischen Frau« dominiert. Erfahrungsberichte zeigen, dass androzentrische Strukturen auch in Deutschland immer noch religiös begründet werden. Auf der anderen Seite jedoch offenbaren Einzelfallstudien, dass sich Muslima durch intensive Beschäftigung mit ihrer Religion emanzipieren und nicht mehr nur als unterdrückte Wesen wahrgenommen werden möchten. Sie schließen sich in selbstorganisierten Gemeinschaften zusammen, um ihrer feministischen Haltung Rückhalt zu verleihen.
Markus Gamper beleuchtet die neuen Formen der Zusammenschlüsse in Deutschland und zeichnet ein erstes Bild dieser Frauen und ihrer Vereine. Das Buch bietet erkenntnisreiche Einblicke in eine bisher zu wenig beleuchtete Facette gelebter muslimischer Praxis.

www.transcript-verlag.de

«Sein ganzer Traum von Männlichkeit»
Cem Yıldız sagt, wo es langgeht
Salih Alexander Wolter

Cem Yıldız ist in Berlin-Schöneberg zu Hause, wo Trends für den schwulen Mainstream der Bundesrepublik gesetzt werden – nur beruflich war er lange Zeit «vom Outfit her eher Neukölln». Heute ist er 31 und absolviert eine Ausbildung zum Heilpraktiker. Er bekundet, nie ein Problem damit gehabt zu haben, auch auf Männer zu stehen, und sagt, er raste aus, wenn er mitbekomme, dass «Homos zusammengeschlagen, bedroht und blöd angemacht» werden. Wenn es ungewollt geschieht, wäre hinzuzufügen. Denn mit seinem Bericht *Fucking Germany. Das letzte Tabu oder Mein Leben als Escort* bietet er eine gänzlich andere als die in den Medien gepflegte Perspektive auf das Thema «Schwule als Opfer» bzw. «hypermaskuline Jugendliche nichtdeutscher Herkunft» als Täter. Doch Yıldız kann auf zuverlässiges empirisches Material zurückgreifen: Über ein Jahrzehnt gab er – der «kein Akademikerkind» ist, aber «auch nicht aus einer Problemfamilie» stammt – auf Bestellung «den ‹authentischen› knallharten Türkenmacker von der Straße», in Berlin und auf Kurztrips auch andernorts im Land. Bezahlt wurde er dafür vor allem von homosexuellen Männern, und besonders gern buchten die ihn für die «Ghetto-Nummer» – inszenierte Überfälle mit anschließender brutaler Vergewaltigung. Seine Erfahrung: «Je krasser die Filme und Klischees, die sie im Kopf haben, desto höher die Nachfrage nach dem wilden, gewalttätigen Ali.»

Vom angesagten Porno zur politischen Kampagne kann es in Schöneberg ein kurzer Weg sein. So beginnt der LSVD Berlin jetzt, mit zusätzlichem Geld vom Staat einen «Regenbogenschutzkreis» um den Homokiez zu ziehen. («Am Ende geht es eben bei diesem Geschäft – wie bei allen anderen

Cem Yildiz

FUCKING
DAS LETZTE TABU ODER MEIN LEBEN ALS ESCORT
GERMANY

PIPER

Geschäften auch – um Geld», heißt es bei Cem Yıldız über das seine, das ein reelles ist.) Bald werden wohl bunte Aufkleber an den Gucklloch-Türen «unserer» bevorzugten Cruisingbars darauf hinweisen, dass hier verfolgte Schwule Zuflucht finden – und damit eindrucksvoll von der gefühlten Gefahr zeugen. Doch wo inzwischen sogar die bekannt merkwürdigen statistischen Erhebungen des ortsansässigen «Anti-Gewalt-Projekts» Maneo nicht mehr hergeben als die interessierte Vermutung, es könnte aber zumindest die «Dunkelziffer» einschlägiger Vorfälle im Viertel gestiegen sein – da belegt Yıldız' Buch, dass sich andererseits aus den «Angst- und Bedrohungsszenarien [...], die gerade durch die Köpfe der Menschen geistern», durchaus ganz konkrete Situationen machen lassen.

Bleibt die Frage, wer dabei wirklich oben liegt. Jennifer Petzen stellte sie im Titel ihrer wegweisenden Studie über «türkische und deutsche Maskulinitäten in der schwulen Szene» (siehe Beitrag in diesem Buch). Cem Yıldız fand die Antwort früh in seinem Job als «türkischer Stecher»: Nach einer «Zwei-Stunden-Session mit einem Ober-Maso» hatte er sich «noch den Schwanz im Bad gewaschen und wollte gehen. Doch irgendwas ließ mich stutzen, vielleicht war es das aufmüpfige Grinsen des Typs, der eben noch unter mir gelegen hatte. ‹Ey, Alter›, sagte ich dann zu ihm, ‹ich mache ja hier eigentlich die ganze Zeit nur, was du willst.›»

Und genau das tat er, der bis heute nebenher gelegentlich als DJ in Technoclubs auflegt, nach seiner abgebrochenen Konditorlehre jahrelang – mit Hilfe von reichlich Kokain, später auch Viagra, und innerhalb bestimmter Grenzen, um sich zu schützen. Denn Kunden wie dem Psychiater, der begehrt, «langsam, aber strukturiert vernichtet» zu werden, ist es egal, was aus Yıldız würde, sollte er darauf mit letzter Konsequenz eingehen. Aber befristet gewährte er die ersehnte Erlösung vom Ich. Der «selbstbewusste Homo, der in einer Agentur oder so was arbeitet, ‹kreativ› ist», mag sie in der Tiefgarage gefunden haben, wo er sich gegen Bares demütigen, verprügeln und vor laufender Überwachungskamera nehmen ließ – von «einem aggressiven Heterotypen, also einem ‹richtigen Mann›, der ihn genauso behandelt, wie er sich fühlt, wie ein Stück Dreck». Von einem «Türken», meint das in solcher Vorstellung. Wird doch die «rohe Natur» des «Südländers», dem man vorwirft, nicht integriert zu sein, zugleich – wie Petzen schrieb – «in der mehrheitsdeutschen Schwulen-Community als sexuell unwiderstehlich fetischisiert». Aber wenn er «den weißen Mann auf Verlangen dominiert», dient seine «Macht» nur dazu, dessen «koloniales Begehren zu befriedigen». Cem Yıldız weiß das: «Ich bin für sie nur eine Phantasie, die so drängend ist, dass sie unbedingt wahr werden muss. [...] So dringend, dass sie bereit sind, hundert Euro dafür zu bezahlen.»

Yıldız' Buch ist mehr als ein «kleiner Beitrag zur Wahrheit». Es wirft aus einem Winkel, der weithin tabuisiert wird, helles Licht auf etwas, was auch in der Homoszene grundfalsch läuft und dort nur noch notdürftig mit der Regenbogenfahne drapiert und durch triefende Selbstgerechtigkeit kaschiert wird. Doch schon Marcel Proust (gestorben 1922) fand ja, als er im letzten Band der *Suche nach der verlorenen Zeit* dem geheimen Leben seiner schwulen Hauptfigur nachging, offenbar weniger die sexuellen Exzesse im Pariser Männerbordell verwerflich als vielmehr das unerträglich, was sich ihm gerade dort von unserer gesellschaftlichen Normalität enthüllte. Sicher besteht heute mehr «Reisefreiheit», was die erotische «Grenzüberschreitung» anbelangt – und «frei» ist schließlich auch der 24-jährige rumänische Papa, der sich als Stricher in Berliner Parks für zwanzig Euro einen blasen lässt, damit seine beiden kleinen Töchter daheim an der ungarischen

Grenze etwas Warmes auf den Tisch bekommen. Aber wenn «es keine Verklemmungen mehr gäbe und statt der Lüge und der Angst nur noch Offenheit, Vertrauen und Mut herrschten, dann müsste niemand mehr für etwas so Menschliches wie Sex bezahlen».

Bei Proust beschwor Monsieur de Charlus erst, während seine Augen wie gebannt einem auf der Straße vorbeigehenden «Senegalesen» folgten, der indes «nicht zu bemerken geruhte, wie sehr er bewundert wurde», noch einmal den imaginierten Orient des französischen Klassizismus. Wenn er dann, ein paar Seiten weiter, in dem Etablissement darauf «bestand, dass man ihm um Hände und Füße Eisenringe von erprobter Festigkeit legte», und er nach ausgesucht «grausamen Instrumenten verlangte [...], so lag auf dem Grund von dem allem [...] sein ganzer Traum von Männlichkeit». Dagegen taten die jungen Arbeiter und Soldaten, die dort anschafften, mit ihm «sozusagen in aller Unschuld und für einen mittelmäßigen Lohn Dinge [...], die ihnen kein Vergnügen bereiteten». Doch sie «machten sich seit langem nicht mehr klar, was an dem Leben, das sie führten, moralisch oder unmoralisch sein mochte, weil es gleichzeitig das der Menschen ihrer Umgebung war». So lenkt Proust den Blick von den Projektionen einer lüsternen und gewalttätigen Fremde auf die triste Wirklichkeit der Gesellschaft, die sie hervorbringt. Er schließt mit der Überlegung, es könnte jemandem, der in ferner Zukunft «ihre Geschichte liest, so vorkommen, als tauche sie manche zarte und reine Gewissen in einen Lebensraum, der ungeheuerlich und verderblich erscheinen mag, in dem jene sich aber zurechtfanden».

Cem Yıldız fand sich zurecht. Es scheint, dass er auch jenseits des Rollenspiels, das er verkaufte, einer ist, der weiß, wo es langgeht.

Der Beitrag wurde zuerst gedruckt in *Rosige Zeiten* (http://www.Rosige-Zeiten.net) Nr. 128 (Juni/Juli 2010), Seiten 10–11. Dort finden sich auch die Zitat-Nachweise. Großen Dank an den Autor und die Redaktion für die Wiederabdruck-Genehmigung.
KYG

Queer-Imperialismus
Eine Intervention in die Debatte über «muslimische Homophobie»
Dr. Jin Haritaworn, mit Tamsila Tauqir und Dr. Esra Erdem

«Suddenly everybody wants a piece of the Paki pie.»[1]

«Taking the historic struggle to end oppression based on sexuality, gender and sex out of the world context of today's battle by formerly colonized countries against imperialism will not advance the goal of sexual and gender liberation [...] nor will it build genuine international ties of solidarity. In fact, it misdirects the struggle into alignment with the worldwide goal of imperialism.»[2]

Wie lässt sich die derzeitige Omnipräsenz (einiger) Queers of Colour[3] erklären?[4] Muslimische Schwule und Lesben erhalten ihr Debüt in Fernsehprogrammen, Zeitungsartikeln, Forschungsprojekten und politischen Veranstaltungen. Auf den ersten Blick ist diese Entwicklung neu und willkommen. Sie bricht mit dem aufgezwungenen Schweigen derer, die aufgrund ihrer mehrfachen Minorisierung aus den Repräsentationsrastern der einfachen Identitätspolitiken herausfallen. In der Öffentlichkeit fehlen jedoch weiterhin die Stim-

[1] Jaheda, Out of Place Konferenz in Lancaster, Nordengland, am 25. März 2006. «Paki» ist ein britisches Schimpfwort für südasiatische Leute, das oft synonym mit «muslimisch» und hier ironisch benutzt wird.
[2] Feinberg 2006.
[3] Da dieser Begriff hier auf die britische Situation bezogen ist, haben wir die englische Schreibweise verwendet.
[4] Wir verwenden den englischen Ausdruck «Queer» als koalitionären Überbegriff, den deutsche soziale Bewegungen um Sexualität und Geschlecht aus dem Anglo-Amerikanischen übernommen haben. Wir sind uns der Fallen dieses Begriffes bewusst. Erstens

men anderer Queers of Colour. Wie auch Leslie Feinberg, der/die weiße jüdische Aktivist/in, feststellt, entsteht das Interesse an muslimischen Schwulen und Lesben ferner innerhalb eines globalen Kontextes gewaltsamer Islamophobie. Dies lässt die Frage aufkommen, welche Geschichten in Umlauf gebracht werden und wie sie Rassismus hinterfragen oder verstärken. Ferner ist zu fragen, welches Interesse andere Akteur/innen an dieser neuen Politik der Queer of Colour-Repräsentierung haben, insbesondere weiße Schwule, Lesben, Feministinnen und Queers.

Unser Artikel konzentriert sich auf Britannien[5], wo «muslimisch» zunehmend mit «homophob» gleichgesetzt wird. Die zentrale Figur in diesem Prozess ist Peter Tatchell, der sich erfolgreich als der Experte zu und Befreier von muslimischen Schwulen und Lesben ausgibt. Dies unterstreicht die Probleme einer einfachen Repräsentationspolitik, die «schwullesbisch» mit weiß und «ethnisiert» mit heterosexuell gleichsetzt. Die Tatsache, dass Tatchells Gruppe *Outrage* als Emblem queerer und somit post-identitärer Politik in Britannien gilt, zeigt jedoch auch, dass wir Islamophobie nicht auf die Identitätskritik reduzieren können. Die aktive Teilnahme linker wie rechter, feministischer wie schwullesbischer, staatlicher wie ziviler Kräfte an der Islamophobie-Industrie stellt Rassismus deutlicher denn je als *weißes* Problem heraus, das andere soziale und politische Unterschiede überlagert.

Rassismus ist das Vehikel, das weiße Schwule und Feministinnen in den politischen Mainstream befördert. Die fragliche Amnesie, die der plötzlichen Behauptung einer europäischen «Tradition» anti-homophober und anti-sexistischer «Grundwerte» zugrunde liegt, entspringt weniger geschlechtlichen Fortschritten als rassistischen Rückschritten. Dies zeigt sich auch an der deutschen «Integrations»-Debatte um das Zuwanderungsgesetz, den sogenannten Ehrenmord an Hatun Sürücü und den «Muslim-Test». Wir hinterfragen die zentrale Rolle einzelner Migrantinnen wie Seyran Ateş und Necla Kelek, die in diesen Debatten als die bemerkenswerten Ausnahmen konstruiert werden, die die Regel unterdrückter orientalischer Weiblichkeit bestätigen. Eine weitere «Ausnahme-Muslimin» ist die lesbische Kanadierin Irshad Manji, deren Beliebtheit in Britannien und Deutschland die Transnationalität neuer weißer Identitäten unterstreicht. Dagegen zeigen wir auf, dass beide Figuren – die der bemerkenswerten Ausnahme und die des gesichtslosen, handlungsunfähigen Opfers – nur Sinn ergeben innerhalb ihres imperialistischen Kontextes. Wir beginnen mit einer ethnisierten Historiographie der britischen sexuellen Befreiungsbewegung.

Die Bedingungen der Queer of Colour-Repräsentierung in Britannien
Im britischen schwullesbischen Mainstream traten People of Colour lange nur als heterosexuelle Konkurrenten um öffentliche Ressourcen und Anerkennung auf. Im Gegensatz zu manchen Feministinnen identi-

---

wird er infolge der dominanten schwullesbischen Assimilierungsversuche zunehmend mit «schwullesbisch» gleichgesetzt. Aus demselben Grund sind schwullesbische Muslim/innen auch für den Mainstream interessanter als andere sexuell oder geschlechtlich minorisierte Muslim/innen. Imperialistische Subjektivität identifiziert sich nämlich durch die Ablehnung von Homophobie, nicht aber durch die Ablehnung anderer sexueller oder geschlechtlicher Unterdrückungsformen wie zum Beispiel Biphobie, Transphobie oder gar SM-Phobie und Sexarbeitsphobie. Zweitens – und wir problematisieren dies in unserem Artikel – verstehen sich viele Queers als post-identitär und somit jenseits von Rassismus und anderen Machtverhältnissen.
[5] Wir benutzen die Bezeichnung Britannien (Britain) anstatt Großbritannien (Great Britain), um die koloniale Bedeutung des letzteren Begriffes auch im Deutschen zu kennzeichnen. Vgl. Erel 1999.

fizierten sich die meisten weißen Schwulen nicht als Teil einer Subkultur, deren interne Heterogenität irgendeiner Rechtfertigung bedurfte. Vielmehr verorteten sie Fragen von Macht und Gerechtigkeit fest *außerhalb* ihrer Community.

In diesem Modell existierten People of Colour nur als heterosexuelle Täter. Lange Zeit war die einzige Schwarze Person, die im schwullesbischen Community-Blatt *Pink Paper* erwähnt wurde, Robert Mugabe, der Präsident Zimbabwes. Tatsächlich diente auch seine Erwähnung nur als Hintergrund für eine weitere weiße schwule Identitätsgeschichte: So unternahm Peter Tatchell mehrere gut publizierte Verhaftungsversuche[6] gegen Mugabe aufgrund dessen Homophobie. Dies unterstrich Tatchells heroische Rolle als furchtloser Verfechter des direkten schwulen Widerstands.

Wenn Schwarze und Asiatische Leute als (wiederum heterosexuelle) Opfer von Unterdrückung überhaupt Erwähnung fanden, wurden wir als relativ privilegiert dargestellt. Aussagen wie «Über einen Schwarzen könnte man so was nicht sagen» waren in der *Pink* weit verbreitet. Diese Darstellung erlaubte es weißen Schwulen und Lesben, sich als unschuldig und als marginalisiert zu fantasieren – nicht nur durch den Staat, sondern auch und vor allem durch diejenigen, deren Verdrängung aus der eigenen Community sie auf diese Weise ignorieren konnten. Dass dieser Ansatz zu mehrfachen Unterdrückungsverhältnissen in erster Linie narzisstisch war, wurde im April 1999 spürbar. Viele weiße Schwule und Lesben schienen fast erleichtert, als der faschistische Nagelbomber David Copeland nach seinen Anschlägen auf die Schwarze Gegend Brixton und die Asiatische Brick Lane einen dritten auf Soho, den schwullesbischen Kiez, unternahm.

Natürlich hatten Queers of Colour zu jener Zeit bereits eine Geschichte der Selbstorganisierung. Schwarze und Asiatische sexuelle Kultur erblühte in den 1980er Jahren unter dem linken *Greater London Council*.[7] Diese Etappe ging fast spurlos an der *Pink Paper* vorbei, die seit jeher fest in weißen Händen war. In der offiziellen schwullesbischen Geschichte gab es Queers of Colour einfach nicht. 2001 schien sich dies schlagartig zu verändern. Der Islam trat als der neue nationale und globale Feind hervor. Die Kriege gegen Afghanistan und den Irak fielen mit der Aufhebung des Homosexuellenverbotes im Militär zusammen. Die *Pink* feierte die Teilnahme vor allem schwuler Soldaten an diesen Kriegen als Menschenrechtssieg. Gerechtfertigt wurde die zivilisatorische Mission durch die «Befreiung» der hyperunterdrückten muslimischen Schwulen und Lesben in den angegriffenen Ländern. Weiße Schwule und Lesben erlangten auf diese Weise eine zentrale Rolle in den innerstaatlichen und internationalen «Kriegen gegen den Terror». In Anbetracht der Tatsache, dass die *Pink* sowohl weiß- als auch männlich-dominiert ist, erscheint es ironisch, dass ausgerechnet eine Frau in einer Burka ihren Titel schmückte.[8]

Unabhängig davon hatten muslimische Schwule und Lesben bereits damit begonnen, sich zu organisieren. Ermutigt durch ihre amerikanische Vorgängerin, gründete sich 1998 *Al Fatiha UK*, später in *Imaan* umbenannt. Tamsila Tauqir begründete 2001 das *Safra Project* für muslimische Lesben, bisexuelle Frauen und Transleute. Diese Entwicklungen wurden zunächst von den dominanten Organen übersehen, die sich jetzt, da die Hyper-Unterdrückten für sich selbst sprachen, weniger für sie zu interessieren schienen. So ignorieren die *Pink*-Herausgeber in der Regel die zahlreichen Leser/innenbriefe von Muslim/innen

---

[6] Zivile Verhaftung ist in Britannien unter bestimmten Umständen legal.
[7] Vgl. Mason-John & Khambatta 1993.
[8] Siehe Wages for Housework Campaign 2001.

und ihren Verbündeten, die gegen die schwullesbische Unterstützung des Krieges protestierten. Dann jedoch häuften sich die Interview-Anfragen, nicht nur seitens der schwullesbischen, sondern auch der Mainstream-Presse. Wir behaupten, dass dies keinen wirklichen Bruch mit der traditionellen Übergehung ethnisierter Queers darstellt. Vielmehr werden politische Veranstaltungen, akademische Forschungen und Medienproduktionen über muslimische Schwule und Lesben von weißen Leuten kontrolliert, die bestimmen, wer teilnehmen darf, welche Fragen sie beantworten und wie sie zitiert werden. Muslimische Queers können ironischerweise nur sprechen, wenn sie sich von weißen Leuten zum Schweigen bringen lassen. Zuletzt war dies der Fall im Januar 2006 im Zuge der Debatte um die homophoben Aussagen von Sir Iqbal Sacranie, dem Vorsitzenden des *Muslim Council of Britain* (Muslimischer Rat von Britannien). Im Lauf der folgenden Monate erhielt Tamsila Tauqir zahlreiche Anfragen, nicht nur von der *Pink, gay.com* und *Gay Times,* sondern auch von Mainstream-Medien wie der *Times.*

«Durchweg wollten die Journalist/innen, dass ich mich zu den ‹Schwierigkeiten›, lesbisch und muslimisch zu sein, äußere – sowie zur Homophobie der muslimischen Communities in Britannien und im Ausland. Oft schlug ich vor, den Fokus auf die bemerkenswerte Arbeit zu verschieben, die zum liberalen und progressiven Islam gemacht wird. Journalist/innen reagierten mit Schweigen, wenn ich sie dazu aufforderte, über progressive Imams zu berichten, die Nikahs (muslimische Heiratsverträge) für gleichgeschlechtliche Paare durchführen, oder über Eltern, die ihre schwullesbischen Kinder unterstützen.»

Dasselbe mangelnde Interesse an tatsächlicher muslimischer Handlungsfähigkeit zeigte sich kürzlich daran, wie *Gay.com* einen Artikel von Adnan Ali behandelte, dem Gründer von *Al Fatiha UK.*[9] Sein Artikel wurde ohne seine Erlaubnis stark bearbeitet und in ein Frage-Antwort-Stück umgewandelt. Auf diese Weise erschien er als andersartiger Exot, dessen Erfahrungen der Interpretation der Expert/innen bedürfen, statt als Autor und Aktivist, der in der Lage ist, seine eigene kritische Stimme zu vertreten. Im nächsten Teil stellen wir diese Repräsentationspolitik in ihren historischen Kontext.

Die Rolle der/s «schwullesbischen Muslim/in» im islamophoben Projekt
Jennifer Petzen hat die Politik des deutschen LSVD untersucht.[10] Dieser hat sich seit der erfolgreichen Durchsetzung der Eingetragenen Lebenspartnerschaft die «Integration von lesbischen und schwulen MigrantInnen» zum Ziel gesetzt. Petzen sieht hierin einen neuen Trend unter weißen Schwulen, im lukrativen Integrationsspiel mitzumischen und in die Mainstream-Politik einzutreten. Petzen zufolge erschaffen sich weiße Schwule weißen Heterosexuellen als ebenbürtig, indem sie sich als Experten bei der Zivilisierung «homophober Migranten» ausgeben.

Dass dies kein lediglich deutsches Phänomen ist, legen zwei Texte von Jasbir Puar, der nicht-muslimischen Queer of Colour-Theoretikerin, und Leslie Feinberg, der/dem berühmten kommunistischen Queer- und Trans-Aktivist/in, dar.[11] Beide untersuchen, wahrscheinlich nicht zufällig aus sicherer transatlantischer Distanz, die rassistische Politik des australisch-britischen Aktivisten Peter Tatchell und seiner Gruppe *Outrage.*

Tatchells Basis ist Britannien, wo er sich zum Vertreter schwullesbischer Belange erhoben hat. Wie bereits erwähnt, spezialisiert sich Tatchell auch seit längerem auf internationale Themen. Hierbei beruft

[9] Vgl. Mirza 2006.
[10] Vgl. Petzen 2006.
[11] Vgl. Puar 2006 und Feinberg 2006.

er sich auf die Sprachen des Internationalismus, des Anti-Faschismus und der Solidarität. Feinberg beschreibt Tatchell als Mit-Drahtzieher der Veranstaltung *Internationaler Tag der Aktion gegen homophobe Verfolgung im Iran* am 19. Juni 2006. Der Anlass war die Hinrichtung zweier vermeintlich schwuler Männer ein Jahr zuvor. Die Veranstaltung beruhte wahrscheinlich auf einer peinlichen Fehlübersetzung aus dem Persischen.[12] Der dürftigen Aktionsgrundlage zum Trotz rief Tatchell zu wirtschaftlichen, militärischen und diplomatischen Sanktionen gegen «die Islamo-Faschisten im Iran» auf.

Tatchells jüngste Erweiterungsbestrebung ist der *Peter Tatchell Human Rights Fund (PTHRF)*. In einem Artikel legitimiert er seine neue Organisation, indem er neben zwei liberalen Muslim/innen seinen eigenen Mitarbeiter zitiert:

«Peters Menschenrechtskampagnen sind global im Gange. Seine Erfolge bedeuten, dass er mit Hilfegesuchen von Aktivisten aus aller Welt überschüttet wird. Um diesen Forderungen gerecht zu werden, arbeitet er 16 Stunden pro Tag, sieben Tage die Woche. Diese immense Arbeitsbelastung schadet seiner Gesundheit und ist unhaltbar. Wir müssen genug Geld auftreiben, damit Peter ein voll ausgestattetes Büro und Unterstützung durch Vollzeitmitarbeiter erhält.»[13]

Solch eine Politik, die Sprachen der Emanzipation und der Verbündung vermarktet oder für einen Personenkult funktionalisiert, ergibt nur innerhalb eines neo-imperialistischen, islamophoben Kontextes Sinn, in dem sich die nordamerikanischen und westeuropäischen Länder erneut als die globalen Vorreiter der «Modernität» und «Zivilisation» positionieren. Schwule und lesbische Muslim/innen sind die ideologisierten Vorzeigeopfer, die mit politischer und militärischer Gewalt von ihrer «barbarischen, rückschrittlichen» Gesellschaft befreit werden müssen. Sie werden diskursiv muslimischen Frauen zugesellt, deren «Befreiung» die traditionelle Rechtfertigung für Imperialismus ist, wie dies postkoloniale Feministinnen seit langem beschreiben.[14]

Was an diesen Bildern so beunruhigt, ist nicht nur, dass sie queere Muslim/innen als handlungsunfähige Opfer darstellen, die sich nicht selbst vertreten können. Vielmehr speisen diese Bilder direkt anti-muslimische Gewalt. Dies geschieht innerhalb einer neuen Weltordnung, in welcher «der Islam» und «die Muslime» den Ost-Block und «den Kommunismus» als neue globale Feinde ersetzt haben. Dessen Differenz besteht vermeintlich nicht nur in politischen Unterschieden, sondern viel tiefergehend in seiner «unzivilisierten, vor-modernen Kultur».

Das Konstrukt der «muslimischen Homophobie» liegt im Zentrum der «Sicherheits- und Werte-Debatte» des neuen Europa. Es legitimiert repressive Anti-Terrorismus-Maßnahmen, Attacken auf Staatsbürgerschafts-, Einwanderungs- und Aufenthaltsrechte und den erschreckenden

---

[12] Feinberg zitiert einen Bericht der *Human Rights Watch*, demzufolge die zwei hingerichteten Männer wahrscheinlich gar nicht schwul waren. Neben *Outrage* beteiligten sich auch die etablierten internationalen Organisationen *International Gay and Lesbian Human Rights Campaign, International Lesbian & Gay Association, Amnesty International* und *Human Rights Watch*. Die *Human Rights Watch* zog ihre Beteiligung später zurück. Dass dies inoffiziell geschah, unterstreicht die Macht Tatchells sowie die Zögerlichkeit vieler weißer Aktivist/innen, sich öffentlich mit anti-rassistischen *Queers of Colour* zu solidarisieren.
[13] Tatchell 2006b, Übersetzung d. Verf.
[14] Siehe auch Yeğenoğlu 1998; Razack 2004.

derzeitigen Niederriss sozialer Rechte und ziviler Freiheiten. Neben Terrorismus sind Geschlecht und Sexualität die Grundlagen, auf denen die islamophoben Kämpfe im In- und Ausland ausgefochten werden.[15]

In Januar 2006 wurde in Deutschland der diskriminierende «Muslim-Test» eingeführt. Er gilt ausschließlich für Bewerber/innen, die Staatsangehörige eines als «muslimisch» betrachteten Landes sind. Die 30 Fragen des Tests drehen sich zur einen Hälfte um Terrorismus, zur anderen um Geschlecht und Sexualität. So werden Bewerber gefragt, was sie davon halten, ihre Frau zu schlagen oder ihre Tochter einzusperren, und was sie tun würden, wenn ihr Sohn ihnen sagen würde, er sei schwul.

Dies markiert eine Veränderung in der Konstruktion «europäischer» Identitäten, die neben «Demokratie» nunmehr «Geschlechtergleichheit» und «Schwulen- und Lesbenfreundlichkeit» als Symbole für ihre überlegene «Modernität» und «Zivilisation» behaupten.[16] Geschlecht und Sexualität treten als neue Terrains der Mainstream-Politik in Erscheinung. Während wir diese Entwicklung begrüßen, stellen wir fest, dass sie kaum auf einem Fortschritt in der Frauen-, Schwulen- und Lesbenpolitik beruht. Ihre Basis ist vielmehr der Rückschritt in der Migrationspolitik.

Die postkoloniale Feministin Chandra Talpade Mohanty beschrieb, wie weiße Leute zu bestimmten Zeiten beginnen, sich für orientalisierte Geschlechter- und Sexualitätssysteme zu interessieren. Diese fallen weniger mit Veränderungen in der «anderen» Kultur als mit Veränderungen in der eigenen Kultur zusammen.[17] Ein Beispiel ist die Annahme der Schwulen- und Lesbenfreundlichkeit als britischer «Grundwert».

Dieser «Wert» entwickelte sich infolge der Debatte über die homophoben Aussagen Sir Iqbals, und zwar lediglich fünf Jahre nach der Angleichung des Schutzalters für schwulen an heterosexuellen Sex und gerade mal drei Jahre nach der Aufhebung von *Section 28*. Dieser berüchtigte Absatz des *Local Government Act* hielt viele Lehrende davon ab, in ihrem Unterricht Homosexualität überhaupt zu erwähnen. Der britische Widerstand gegen homosexuelle Gleichheit zeigt sich auch im Umstand, dass die Labour-Regierung den *Parliament Act* benutzen musste, um *Section 28* aufzuheben. Das *House of Lords*, jene Säule englischer Tradition, hatte seine Aufhebung wiederholt überstimmt. Und während im Winter 2005/2006 die Debatte um Sir Iqbal tobte, schaffte es der zeitgleiche homophobe Mord an einem Schwulen in London kaum in die Medien.

Die zeitlich und inhaltlich parallele Debatte in Deutschland um den «Muslim-Test» war von ähnlichen Widersprüchen und Amnesien gekennzeichnet. Meinungsmacher wie der *taz*-Journalist Jan Feddersen (dessen schwules Gedächtnis besser sein sollte) unterstützten den Test, indem sie auf die deutsche «Tradition» der Schwulen- und Lesbenfreundlichkeit hinwiesen, die gegen die muslimischen Migrant/innen verteidigt werden müsse. Dies unterschlug, dass Schwule und Lesben in Deutschland erst vor kurzer Zeit Rechte wie etwa die Eintragung gleichgeschlechtlicher Lebenspartnerschaften (2001) erlangten.

Das Konstrukt der «muslimischen Homophobie» etabliert die eigene Identität als höherwertig und ist zudem eine wichtige Quelle politischen Kapitals. Seine größten Nutznießer/innen sind weiße Frauen und weiße Schwule. Die Situation von Frauen of Colour und Queers of Colour dagegen stagniert bzw. verschlechtert sich gar. Im Namen des Schutzes muslimischer Frauen reichen sich weiße Feministinnen wie Alice Schwarzer heute die Hand mit jenen, die

---

[15] Vgl. Fekete 2006.
[16] Esra Erdem, Vorlesung im *Intersections*-Seminar, Humboldt Universität zu Berlin im Januar 2006.
[17] Vgl. Mohanty 1991.

sie dereinst als das Zentrum des Patriarchats beschrieben und von denen sie im Gegenzug als hysterische Männerhasserinnen verlacht wurden. Ihren Frieden haben beide Seiten geschlossen, indem sie «das Patriarchat» unverrückbar woanders verorten. Die Repräsentierung muslimischer Frauen gibt weißen Feministinnen die einmalige Gelegenheit, in die Mainstream-Politik einzutreten.[18]

Auf ähnliche Weise erhalten weiße Schwule die Hauptrolle in der Repräsentierung muslimischer Schwuler und Lesben. Wir haben bereits gesehen, wie Peter Tatchell und der LSVD Ressourcen und Anerkennung für sexuelle Politiken der Islamophobie und des Imperialismus beanspruchen.[19] Im Gegensatz zu Figuren wie Schwarzer und Feddersen richtet sich Tatchells Politik sowohl an den Mainstream als auch an queere und linke Szenen. Tatchells *Outrage* gilt als Vorreiterin queerer Politik.[20] So rief im Frühling 2006 der queere Club *Wotever* seine lesbischen, Drag-King, genderqueer und transsexuellen Besucher/innen auf einem Flyer dazu auf, Tatchells Arbeit durch Spenden zu unterstützen.

Tatchells Erfolg in alternativen Szenen beruht unter anderem auf seiner rhetorischen Solidarität, deren Empfänger/innen jedoch selten Muslim/innen sind. Im Gegenteil treten diese in seinen Artikeln zumeist als Täter/innen auf, und oft tituliert er sie sogar als «Nazis». Neben der iranischen Regierung bezeichnete Tatchell auch Sir Iqbal und den *Muslim Council of Britain (MCB)* als faschistoid. In einem Artikel über Sir Iqbals Teilnahme an einem Gewerkschaftskongress benutzt Tatchell gleich sechs Vergleiche zwischen dem *MCB* und der neo-nazistischen *BNP (British National Party)*:

«*In einer hetzerischen Sprache, die sich kaum von den homophoben Tiraden der neo-Nazi BNP unterscheidet, dämonisiert die Webseite des Muslim Council of Britain gleichgeschlechtliche Partnerschaften als ‹anstößig›, ‹unmoralisch› und ‹widerwärtig›.*»[21]

Der Vergleich mit der *BNP* dient nicht nur dazu, den *MCB* zu diskreditieren. Er setzt die Subjekte und Objekte des Rassismus rhetorisch gleich, um (weiße) Schwule und Lesben als die unterdrückteste aller Gruppen zu konstruieren, die von den Linken zugunsten der ethnisierten Konkurrenz vernachlässigt wird. Dies zeigt sich auch am folgenden Zitat:

«*Unite Against Fascism würde keinen Redner einladen, der sagt, dass Schwarze Leute unmoralisch und gefährlich sind oder Krankheiten verbreiten, oder der jüdische Leute als anstößig oder widerwärtig verunglimpfen würde. Warum geben sie dann einem Dummkopf eine Plattform, der diese Dinge über Schwule und Lesben sagt?*»[22]

Ethnisierte und Queers werden hier erneut als nicht-überlappende Gruppen konstruiert, die in Konkurrenz zueinander stehen. Schwullesbische und liberale Muslim/innen finden nur kurz in einem Nebensatz und als verallgemeinerte Gruppen Erwähnung. Selbst die Person Sir Iqbals, um die es ja vorgeblich geht, scheint so austauschbar, dass sein Nachname im Titel und Untertitel des Artikels gleich zweimal falsch geschrieben ist. Der Haupteffekt des Artikels ist, eine grundsätzliche Äquivalenz zwischen

---

[18] Vgl. Fekete 2006; Haritaworn 2005a.
[19] Tatchell stellt sich nicht nur als Schutzengel von Muslim/innen dar, sondern auch als der von Schwarzen Schwulen und Lesben. Im Februar 2006 behandelte ein Großteil der Artikel auf seiner Webseite muslimische Homophobie, knapp gefolgt von Homophobie in der Ragga Musik.
[20] Vgl. Smyth 1996.
[21] Tatchell 2006a, Übersetzung d. Verf.
[22] Ebenda, Übersetzung d. Verf.

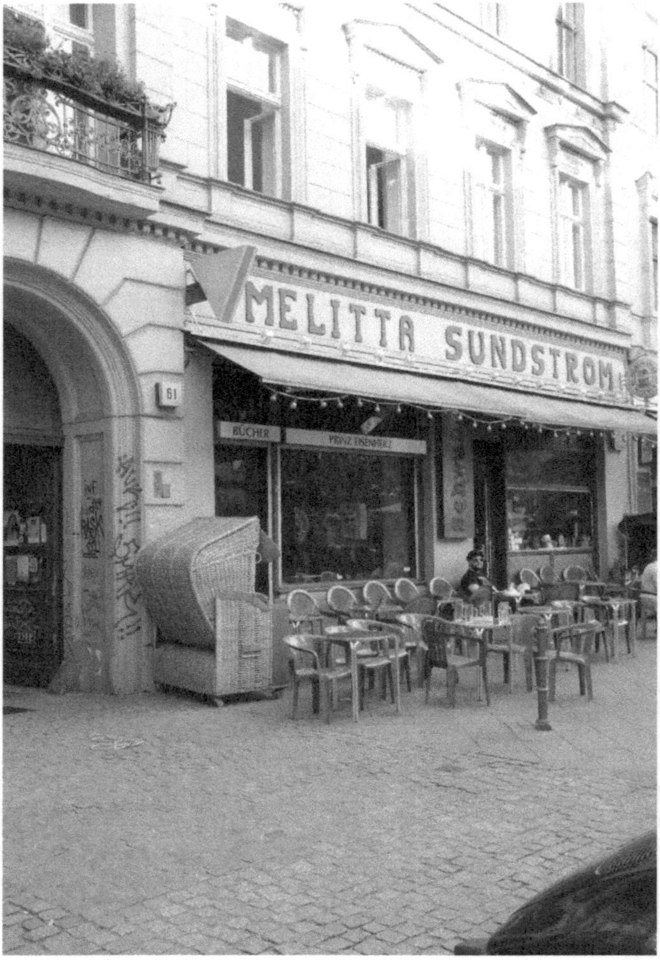
MELITTA SUNDSTROM
61
BÜCHER
PRINZ EISENHERZ

«Das *Silverfuture* besteht seit 2007. Wir haben den Laden eröffnet, weil wir in Neukölln leben, mit unseren damaligen Arbeitssituationen unzufrieden waren und uns eine queere Bar in der Nähe fehlte. Wir wurden von Anfang an von den damaligen Anwohner_innen und Geschäftsleuten sehr gut angenommen. Vom Trödler, der uns eine Sitzgarnitur schenkte, bis hin zu den Besitzern des Shisha-Cafés, die uns bei kleineren und größeren Problemen des Alltags unterstützten. In den Jahren hat sich die Weserstraße jedoch stark verändert – Kontakt zu den neuen Bars in der Straße haben wir keinen. Abgesehen von jung-dynamischem Partyvolk, das mittlerweile die Weserstraße an den Wochenenden frequentiert und es spannend findet, ähnlich wie bei einem Zoobesuch, auch einmal in eine «Gay Bar» zu gehen und dies mit «witzigen» Sprüchen kommentiert, einem Eintrag in der Feindesliste einer Naziseite und ein paar hin und wieder pöbelnden pubertierenden Jungmännern, haben wir bis jetzt keine Probleme. Wenn sich Nazis und Rassisten de-materialisieren würden, das Partyvolk freie Eintrittskarten für den Berliner Zoo bekommen würde und es in Drogerie-Märkten einen Lufterfrischer gegen Mackertum und für Wohlbefinden zu kaufen gäbe, wäre die *Silverfuture*-Welt eine noch glitzerndere Welt!»

Audrey ist Mitbegründerin des *Silverfuture* (http://Silverfuture.net) und dortselbst Tresenhase.

«Muslim = Nazi» und «Muslim = böse» zu erzeugen, in der spezifische Personen, Beziehungen und Begebenheiten letztlich austauschbar sind.

Dies steht in direktem Widerspruch zu Tatchells eigener Bereitschaft, mit der extremen Rechten zusammenzuarbeiten. Am 25. März 2006 nahm Tatchell neben mehreren rassistischen und faschistischen Gruppen am *March for Free Expression* teil. Eine weitere teilnehmende Organisation war die *Gay and Lesbian Humanist Association (GALHA)*, die berüchtigt wurde für ihre islamophobe Presseerklärung nach den Anschlägen vom 7. Juli 2005 auf das öffentliche Verkehrsnetz Londons.

Sowohl Tatchell als auch *GALHA* berufen sich gegenüber ihren anti-rassistischen Kritiker/innen auf ihre Meinungsfreiheit. Doch Tatchells hoher Status in der Queer-Szene, der übrigen Linken und der Mainstream-Presse macht die Kritik an ihm gefährlich. Die zwei wichtigsten Kritiken von Puar und Feinberg – beide US-amerikanisch – haben wir bereits erwähnt.[23] In Europa sind weiße Verbündete, die bereit sind, eine ähnliche Kritik in ihrem eigenen Namen zu leisten, leider rar. Nicht zufällig sind die alleinigen Zielscheiben seiner vernichtenden Offensive bislang queere muslimische Aktivist/innen aus Britannien, die sich weigern, ihre Ausnahme-Rolle in Tatchells islamophobem Theater einzunehmen.[24] Tatchell setzte Einschüchterungen und aggressive Teile-und-herrsche-Taktiken gegen queere Muslim/innen, progressive Muslim/innen und die *Inter-Faith-Community*[25] ein. In einer typischen Umkehrung der tatsächlichen Machtverhältnisse versucht er, diejenigen zu diskreditieren, die sich seiner Patronage verweigern, indem er ihren Widerstand als Angriff und sich als ihr Opfer darstellt.

Tatchells Missbrauch der Solidaritätsrhetorik wird klar, wenn wir die negativen Folgen seiner Politik auf queere Leute in muslimischen Communities untersuchen. Anstatt sie zu verbessern, haben Politiken wie die Tatchells die Situation für die Mehrheit muslimischer Queers verschlechtert. Es wird immer schwieriger für Gruppen wie das *Safra Project*, die sich im Kreuzfeuer der Kämpfe um Homophobie und Islamophobie befinden, Fehlvorstellungen in unseren muslimischen Communities anzufechten und für Verständnis und Toleranz zu kämpfen. Der Dialog, den *Safra* und andere muslimische Queers hierüber seit langem mit potenziellen weißen Verbündeten suchen, bleibt bislang unbeantwortet. Auf ihrer Suche nach dem eigenen Vorteil zeigen sich weiße queere Aktivisten wie Tatchell gleichgültig gegenüber dem Umstand, dass ein Großteil des Schlammes, den sie auf muslimische Communities werfen, auf muslimischen Queers landet.

Befreite Muslim/innen? Oder: «Die Ausnahme bestätigt die Regel»
Während die Marginalisierung der Mehrheit muslimischer Frauen und Queers zunimmt, ist es einigen wenigen gelungen, persönlichen Nutzen aus der neuen (Miss-)Repräsentationspolitik zu ziehen. In kolonialer Vorzeigemanier werden Individuen dazu eingeladen, das vorherrschende Programm mit assimilationistischen Argumenten zu unterstützen. Auf den ersten Blick erscheinen solche Einladungen oft als willkommene Anerkennung der Handlungsfähigkeit mehrfach Minorisierter. Jasbir Puar zufolge ist diese Anerkennung jedoch fester Bestandteil eines Ausnahme-Diskurses (*ex-*

---

[23] Siehe auch Whitaker 2006 sowie eine leider inoffizielle Erklärung der *Human Rights Watch*, auf die sich Feinberg bezieht.
[24] In einem offenen Brief vom 13. April 2006 (Haritaworn & Tauqir 2006) haben wir hierauf aufmerksam gemacht. Die betreffenden Individuen bleiben aus Sicherheitsgründen anonym.
[25] «Inter-Faith» beschreibt die Zusammenarbeit zwischen Christ/innen, Juden/Jüdinnen und Muslim/innen.

ceptionalism), der bestätigt statt anficht, dass «der Islam» die sexistischste und homophobste aller Kulturen sei.²⁶

In Deutschland lässt sich dies anhand der «Integrations»-Debatte um das Zuwanderungsgesetz erhellen, das im Januar 2005 in Kraft trat. Mit dem «Ehrenmord» an Hatun Sürücü im Februar 2005 wurde die sexuelle Unterdrückung von Frauen, Mädchen und Schwulen in muslimischen Familien zu einem Dauerbrenner dieser Debatte, deren Grundtenor die Medienpräsenz zweier Migrantinnen bestimmte. In zahlreichen Interviews und Aufsätzen prangerten Necla Kelek und Seyran Ateş die Konsequenzen an, die das Fehlen einer fordernden, sich an den Grundwerten der deutschen Gesellschaft orientierenden Integrationspolitik mit sich gebracht hätten. Dieses Versäumnis habe zur Etablierung von migrantischen «Parallelgesellschaften» geführt, in denen eine Kultur der Gewalt gegen Frauen vorherrsche.

Damit entfachten Kelek und Ateş eine Diskussion, die weit über die Frage hinausgeht, inwiefern Migrantinnen tatsächlich von Gewaltsituationen betroffen sind.²⁷ Besonders kontrovers ist, dass sie sich im Namen der Frauenrechte migrationspolitisch auf konservativem Terrain positioniert haben.²⁸ Dass ihre Polemik hauptsächlich an die Grünen und die Linken adressiert ist, unterstreicht diesen politischen Eindruck. Und weil Kelek und Ateş Gewalt gegen Frauen ausschließlich auf kulturelle Motive zurückführen, wundert es nicht, dass ihre Forderungen vor allem ausländerrechtlicher Natur sind. So unterbreitete Ateş in einem Interview den Vorschlag: «Männer, die einen gesicherten Aufenthaltsstatus haben und ihre Frauen schlagen, sollten mit ausländerrechtlichen Folgen rechnen müssen.»²⁹ Damit unterstützt Ateş als Feministin und Anwältin die diskriminierende Auffassung, dass bei der Festlegung des Strafmaßes die Nationalität des Straftäters zu berücksichtigen sei. Sie bewegt sich damit bewusst oder unbewusst politisch auf demselben Terrain wie die CSU, die «Schnupperhaft» bzw. die Ausweisung «nichtintegrierbarer», sprich straffälliger Jugendlicher mit Migrationshintergrund fordert.

Auch der geschlechtspolitische Fokus der baden-württembergischen Vorlage zum Einbürgerungstest hängt eng mit dem integrationspolitischen Diskurs und dem neuen Selbstbild der Mehrheitsdeutschen zusammen. Eberhard Seidel hat es treffend formuliert: Der Test *«[...] bringt derzeit wohl am besten auf den Punkt, wie sich die Deutschen selbst gern sähen: das Denken frei von Sexismus, Antisemitismus und Rassismus; blind gegenüber Geschlecht, sexueller Orientierung und Ethnie; das Handeln orientiert am kategorischen Imperativ von Kant.»*³⁰

Somit werden Repräsentationen des Anderen geschaffen, mittels deren sich die deutsche Mehrheitsgesellschaft – trotz aller Praktiken des Sexismus, Antisemitismus und Rassismus – als liberal und tolerant betrachten kann. Entsprechend unglücklich ist die Äußerung der Bundesintegrationsbeauftragten Maria Böhmer, die eine «Identifizierung mit *unseren* Werten»³¹

---

²⁶ Puar 2006. Die folgende Diskussion konzentriert sich auf den deutschen Kontext. Doch ist der Ausnahme-Diskurs kein nationales, sondern vielmehr ein westliches Phänomen. Vgl. Fekete 2006. Beispielsweise erfüllt Ayaan Hirsi Ali in den Niederlanden eine ähnliche Rolle wie Necla Kelek und Seyran Ateş in Deutschland.
²⁷ Terkessidis & Karakaşoğlu 2006.
²⁸ Erdem 2006.
²⁹ Ateş 2005: 4.
³⁰ Seidel 2006: 11.
³¹ Am Orde & Wallraff 2006: 3, Hervorhebung im Original.

als legitimen Bestandteil eines Einbürgerungstests betrachtet.

Sowohl Kelek als auch Ateş befürworten den Einbürgerungstest, weil er die geschlechtliche Gleichstellung als Grundwert deutscher Staatsbürger/innen thematisiert.[32] Laut Kelek gibt es «keinen Automatismus, Deutscher zu werden» – sprich, kein grundlegendes Anrecht der Migrant/innen auf die deutsche Staatsangehörigkeit; es handele sich vielmehr um ein Angebot zur Integration. Das klingt angesichts der langjährigen restriktiven deutschen Einbürgerungspolitik und der Tatsache, dass die Familien vieler Menschen mit nichtdeutschem Pass bereits vor drei Generationen eingewandert sind, besonders zynisch. Miltiadis Oulios weist zu Recht darauf hin, dass der Integrationsdiskurs vor allem das Demokratiedefizit in Deutschland verschleiert: «Durch die aktuelle Debatte wird eher davon abgelenkt, dass Bürgerrechte – und um deren Erwerb geht es bei der Einbürgerung – kollektive Rechte sind. Und kein Privileg, mit dem die besonders Angepassten belohnt werden sollen.»[33]

Im Diskurs über muslimische Homosexualität nimmt die muslimisch-kanadische Lesbe Irshad Manji dieselbe Ausnahmerolle ein. Dass ihre Beiträge auch in Deutschland und Britannien stark nachgefragt werden, zeugt nicht nur von Manjis Charisma, sondern auch von der Leichtigkeit, mit der Orientalismen – im Gegensatz zu den Subjekten, die sie beschreiben – von Metropole zu Metropole reisen. Manjis Beliebtheit in Deutschland zeigt ferner wieder einmal, dass die Subalterne für weiße Deutsche zumeist im Anderswo interessanter ist.

Manjis Argument ist etwas komplexer als Ateş' und Keleks. Einerseits vertritt sie die Idee, dass die muslimische Kultur ungewöhnlich homophob, sexistisch und antisemitisch sei. Andererseits befürwortet sie einen progressiven Ansatz zum Islam oder dem Ijtihad, der zeitgenössische Argumente benutzt, um Koranische Prinzipien im eigenen Leben anzuwenden. Zugleich bestätigt sie die Ausnahme-Narrative, indem sie sich selbst als die einzig wirklich progressive Verfechterin von Ijtihad darstellt. Ihre Handlungsfähigkeit beruht daher auf ihrer Verneinung der langen Geschichte und Gegenwart der weltweiten Bewegung für Ijtihad. Hierdurch schreibt Manji den Islam letztlich erneut als reaktionär fest.

Als gebildete Migrantin der zweiten Generation genießt Manji außergewöhnlichen Medienzugang, finanzielle Unterstützung durch internationale Organisationen und Anerkennung als die «Stimme muslimischer Schwuler und Lesben». Im Gegensatz hierzu haben muslimische Graswurzel-Organisationen, Lehrende, Forschende und Aktivist/innen große Schwierigkeiten, Gelder und Öffentlichkeit zu erlangen. Dies trifft besonders für diejenigen von uns zu, die sich weigern, kulturelle Stereotype zu wiederholen, und die vielen positiven Impulse im Islam als einem potenziell mitfühlenden, gerechten und für alle offenen Glauben aufzeigen. Uns ist klar, dass unsere Unsichtbarkeit in der Öffentlichkeit der Tatsache entspringt, dass unsere Darstellung von Islam, Sexualität und Geschlecht mehrdimensional und dadurch für weiße Mittelklasse-Nicht-Muslim/innen weniger leicht genießbar ist.

Dies gilt auch für anti-rassistische Feministinnen und Migrantinnen-Organisationen, die sich nicht im Stile Keleks und Ateş' in den Dienst repressiver Migrationspolitik stellen lassen, sondern vielmehr die gleichberechtigte Teilhabe von ethnisierten Frauen in allen Bereichen der Gesellschaft fordern. Der Beliebtheit des kulturalisierten Gewaltkonzepts steht die mangelnde Rezeption mehrdimensionaler Ansätze zu Ethnizität, Geschlecht und Klasse gegenüber, die uns vor allem durch die Arbeit

---

[32] Kelek 2006: 13; Am Orde & Bax 2006: 4.
[33] Oulios 2006: 12.

ethnisierter Theoretikerinnen seit nunmehr über zwanzig Jahren zur Verfügung steht.[34]

Queere muslimische Stimmen werden für eine «Homophobie»-Debatte benutzt, die größtenteils unter Weißen stattfindet. Obwohl einige Migrantinnen und muslimische Schwule und Lesben aus dem Ausnahmediskurs Nutzen ziehen, sind es vor allem weiße Schwule und Lesben, die von ihrer aggressiven (Fehl-) Repräsentierung muslimischer Schwuler und Lesben profitieren. Der nächste Abschnitt untersucht, welche politischen Konsequenzen sich hieraus ergeben.

Jenseits von Populismus und Anti-Essentialismus: Koalitionspolitik in der neuen Weltordnung
Die derzeitige Politik der (Fehl-) Repräsentierung von Queers of Colour deutet auf die Grenzen des populistischen Menschenrechtsdiskurses hin. Meinungsfreiheit, Demokratie, Anti-Sexismus und Anti-Homophobie werden allesamt angerufen, um Islamophobie zu legitimieren und die Rechte aller Migrant/innen anzugreifen.[35] Wie die Tötung des nicht-muslimischen Jean Charles de Menezes durch die Londoner Metropolitan Police im Juli 2005 zeigte, haben diese Angriffe direkte Auswirkungen auf das Leben aller Menschen of Colour, besonders auf diejenigen unter uns, deren Phänotyp als «muslimisch» gelesen wird.

Wir begrüßen das Anwachsen einer breiten Civil Liberties-Bewegung, die Entwicklungen wie die Anti-Terrorismus-Gesetzgebung, außergesetzliche Auslieferungen und Identitätsausweise bekämpft. Dennoch zeigt sich immer deutlicher, dass die Sprache, mit der über Rechte und Freiheiten gesprochen wird, selbst zutiefst rassifiziert ist. Zivile Rechte und Freiheiten werden als Errungenschaft des Westens gefeiert, die gewaltsam vor den fremden Eindringlingen beschützt werden müssen. Der Londoner March for Free Expression, an dem schwullesbische, queere und faschistische Gruppen gemeinsam teilnahmen, um eine Civil Liberties-Bewegung zu schaffen, zeigte, wie tief Schwule und Lesben in ein rassistisches Projekt verstrickt sind, das sich hauptsächlich gegen Muslim/innen richtet. Weiße feministische Argumente wie «Multikulturalismus ist schlecht für Frauen», auf die wir hier aus Platzgründen nicht näher eingehen, zeigen, dass dies auch für Feministinnen gilt.[36]

Progressive Intellektuelle haben sich Zeit gelassen, diesen Widersprüchen Sinn zu geben. Während die Rechte von Migrant/innen so schlimme Angriffe erfuhren wie nie, blieben wir in der Sackgasse der Identitätskritik stecken. Während Menschen aufgrund ihrer «Kultur» und ihres Aussehens überwacht, verhaftet, abgeschoben und getötet wurden, attackierten wir anti-rassistische Versuche, dies zu problematisieren, zunehmend als «essentialistisch». Wir haben zu lange ignoriert, wie bestimmte Körper – vor allem die dunklen, vor allem die androgynen – gelesen werden: als moralisch minderwertig, fehl am Platze und verzichtbar. Diese Lesarten sind keine intellektuellen Übungen: Sie übertragen sich in Ausschluss und Unterdrückung und reproduzieren und verstärken dominante Identitäten und Ideologien. Deshalb müssen wir die Machtverhältnisse bekämpfen, die ihnen zugrunde liegen.

Dies sollte nicht von der Tatsache ablenken, dass die anti-essentialistische Kritik historisch sehr wichtig war. Anfang der 1990er Jahre zeigten Floya Anthias und Nira Yuval-Davis, wie populistische Politiken zu «Schwarzen und Frauen» (und sie hätten «Schwulen und Lesben» hinzufügen sollen) diese erst als gegensätzliche

---

[34] Vgl. Crenshaw 1991; Erel et.al. 2007.
[35] Vgl. Fekete 2006.
[36] Vgl. Okin 1999; zu einer Kritik siehe Haritaworn 2005a.

Gruppen erzeugten.[37] Obwohl sie verfasst wurden, um Rassismus entgegenzuwirken, stärkten diese Politiken den rassistischen Glauben an ein authentisches Schwarzes Subjekt, dessen unveränderliche kulturelle Essenz unter anderem aus Sexismus und Homophobie besteht. Populistische Politiken brachten mehrfach Minorisierte zum Schweigen, indem sie Positionen wie die/den queere/n Muslim/in zu einer Unmöglichkeit machten. Sie erzeugten auf diese Art die Repräsentationsmacht weißer Queers.

Die anti-essentialistische Kritik ist weiterhin wichtig, wie mehrere Redner/innen auf der *Political Islam*-Konferenz am 29. Juni 2006 in London unterstrichen. Ein Beispiel war das britische Innenministerium, das versucht zu signalisieren, dass es nicht alle Muslim/innen für undemokratisch hält, indem es «gemäßigte muslimische» Gruppen unterstützt. Die unterstützten Gruppen sind jedoch keineswegs gemäßigt, und progressiven muslimischen Gruppen mangelt es weiterhin an Unterstützung und Anerkennung. Diesen politischen Praktiken liegt der von Anthias und Yuval-Davis bereits kritisierte Essentialismus zugrunde, der «muslimische Kultur» als grundlegend unvereinbar mit feministischen, anti-rassistischen und anderen progressiven Idealen konstruiert. Neu ist, dass nunmehr auch muslimische Feministinnen, Schwule und Lesben vereinzelt Anerkennung erhalten. Wie wir gesehen haben, fungieren diese jedoch als die Ausnahme, die dieselbe alte Regel bestätigt, dass Muslim/innen von Grund auf verschieden und rückständig sind.

Nichtsdestotrotz ist es wichtig, die anti-essentialistische Kritik in ihren derzeitigen Kontext zu setzen. Wie die Sprache von Rechten und Freiheiten kann auch der Anti-Essentialismus für progressive und regressive Zwecke verwendet werden. So werden migrantische Zusammenhänge viel öfter ins Kreuzfeuer genommen als dominante feministische und schwullesbische. Innerhalb der Letzteren werden zumeist ethnisierte Frauen und Queers of Colour als «essentialistisch» diskreditiert und selten das weiße Zentrum dieser Bewegungen selbst. Während Übereinstimmung darin herrscht, dass unterdrückte Menschen das Recht haben, sich selbst zu organisieren, statt sich von wohlmeinenden Mitgliedern der dominanten Gruppe bevormunden zu lassen, ist dieser «strategische Essentialismus» (Spivak) immer noch akzeptabler für weiße Frauen und Schwule als für Menschen of Colour, vor allem für jene von uns, die weiblich oder queer sind.[38]

Die Identitätskritik schont zu oft diejenigen mit den mächtigsten (und reaktionärsten) Positionen. Es besteht eine Doppelmoral, die besagt, dass in «Frauenfragen» «Frauen» für sich selbst sprechen und in «schwullesbischen Fragen» «Schwule und Lesben». In queeren muslimischen Fragen jedoch soll uns ein weißer Mann repräsentieren, obwohl es allein in England zwei etablierte Organisationen gibt, die für sich selbst sprechen können.

Dies zeigt, dass Anti-Essentialismus weder machtneutral ist noch *per se* progressiv. Als Theorie ist er ignorant gegenüber seinem politischen Kontext, der derzeit vom imperialistischen «Krieg gegen den Terror» bestimmt ist. So geschieht der sexuelle Einschluss nicht zufällig zeitgleich mit dem ethnischen Ausschluss. Jennifer Petzen zufolge ist Rassismus die Voraussetzung für die Assimilierung weißer Schwuler und Lesben.[39] Sie erhalten die moralische und rechtliche Mitgliedschaft in der Mehrheitsgesellschaft und liefern im Gegenzug die ideologische Legitimierung für den imperialistischen Krieg. Auch wir denken, dass es kein Zufall ist, dass sich immer mehr weiße Schwule und Lesben bereit erklä-

---

[37] Vgl. Anthias & Yuval-Davis 1992.
[38] Vgl. Haritaworn 2005b.
[39] Vgl. Petzen 2005.

ren, die brutale Geschichte europäischer Homophobie und ihre anhaltende Gewalt, Pathologisierung und Kriminalisierung zu verdrängen. Die Konstruktion der Muslime als den wirklichen Homophoben liefert weißen Schwulen und Lesben sowohl materielle als auch symbolische Ressourcen und ermächtigt ihre vormals viktimisierte Identität.

Die zentrale Rolle, die weiße Schwule und Lesben in der neuen – anti-muslimischen – Weltordnung erlangt haben, kontrastiert mit ihrem marginalen Platz in der alten – anti-kommunistischen – Weltordnung. Viele an der Spitze der alten schwullesbischen Bewegung identifizierten sich als Kommunist/innen und kämpften für eine radikale Umwandlung der Gesellschaft. Die Erfindung des Islam als neuem Feind und die historische Zentralität von geschlechtlichen und sexuellen Diskursen in ethnisierenden Ideologien fallen mit dem unhinterfragten Weißsein der schwullesbischen Bewegung zusammen. Die Bedingungen für die Assimilierung weißer Schwuler und Lesben sind somit zutiefst rassistisch.

Es muss unterstrichen werden, dass auch die anti-assimilationistischen Strömungen sexueller Politik nicht jenseits des imperialistischen Projektes existieren und oft sogar aktiv an diesem teilnehmen. Weiße Queers erzählen uns oft, dass sie keine Lust haben, die schwullesbische Spitze mit deren Rassismus zu konfrontieren, weil sie sich bereits von ihren Vorstellungen über Geschlecht und Sexualität distanzieren. Wir haben jedoch gesehen, wie stark die islamophoben Positionen des schwullesbischen LSVD sich mit der queeren Gruppe *Outrage* überlappen, und welch breite Unterstützung Tatchell in der radikalen queeren Szene genießt. Dies stellt das anti-essentialistische Feiern von Queer als Anti- oder Post-Identität, die Identitätsprobleme des alten Schwullesbisch überschreitet, in Frage. Es unterstreicht auch, wie wichtig es ist, dass alle Feministinnen, Schwulen, Lesben, Queers, Transleute und andere Akteur/innen der Geschlechter- und Sexualitätspolitik sich eindeutig gegen die Rolle positionieren, die ihnen das imperialistische Projekt anbietet.

Es ist wichtiger denn je, dass wir Koalitionen bilden. Neben dem Respekt dafür, dass wir unsere eigenen Themen benennen und uns aussuchen, wie wir uns organisieren und mit wem wir zusammenarbeiten, sollten diese Koalitionen auf der Bereitschaft zur ehrlichen Positionierung beruhen – sowohl in Bezug auf unsere unterdrückten als auch unsere dominanten Identitäten. Es ist nicht nur unerlässlich, dass wir die unterschiedlichen Zugänge erkennen, über die Koalitionspartner/innen hinsichtlich symbolischer und materieller Ressourcen verfügen, sondern dass wir diese aktiv und radikal umverteilen.

Ein/e Verbündete/r zu werden bedeutet Arbeit. Es reicht nicht, sich anti-rassistisch, pro-muslimisch oder links zu nennen, wenn man nicht bereit ist, mit sich selbst und anderen unbequem zu werden. Verbündetsein kann unter anderem heißen, Worten Taten folgen zu lassen und Macht zu teilen, sich der Kritik von unterdrückten Menschen auszusetzen und sich bei anderen privilegierten Leuten unbeliebt zu machen. So widmete Paulo Freire seine *Pädagogik der Unterdrückten* «Den Unterdrückten – und denen, die an ihrer Seite [nicht: an ihrer Statt, Anm. d.Verf.] kämpfen».[40]

Wir sind beispielsweise skeptisch gegenüber weißen Intellektuellen, die einen Artikel nach dem anderen über schwullesbische Migrant/innen produzieren, derweil sie die Arbeit ihrer ethnisierten Kolleg/innen erst plagiieren, dann ignorieren und wäh-

---

[40] Freire 1968. Für eine wunderbare Beschreibung einer Verbündetenperspektive siehe Pratt 1984.

renddessen harmonischste Beziehungen mit dem weißen Uni-Etablissement pflegen. Uns fällt es schwer, weiße Forscher/innen als Verbündete anzuerkennen, wenn sie unsere Erfahrungen erst für uns interpretieren und unsere Diskussionen dann als prä-theoretisches Material für ihre Vorlesungen oder Dissertationen verwerten. Wir sind skeptisch gegenüber weißen Lesben und queeren Frauen, die Rassismus in ihren Bewegungen in erster Linie als Männlichkeitsproblem sehen. Wir sind misstrauisch gegenüber denjenigen «Verbündeten», deren brennendes Interesse an Muslim/innen nicht mit einem Einsatz gegen andere Rassismen einhergeht. Wir heißen das neue Interesse an queerer Vielfalt willkommen; doch müssen sich weiße queere und feministische Aktivist/innen und Intellektuelle fragen, ob sie Islamophobie bekämpfen oder, in Tatchell'scher Manier, für eigene Zwecke ausschlachten.

Auch wir Ethnisierten müssen unsere Bündnispolitik überdenken. Migrantische und Queers of Colour, die nicht muslimisch sind, müssen Angebote ablehnen, die uns als «Expert/innen» für mehrfache Minorisierung in den Dienst des islamophoben Projektes stellen. Migrantische Männer und Heterosexuelle sind einem verständlichen Druck ausgesetzt, sich der öffentlichen Empörung über «Sexismus und Homophobie unter Migranten» anzuschließen. Doch erfordert die Verbündung mit «Frauen und Queers» mindestens genauso viel Verbündung mit *ethnisierten* Frauen und Queers. Wie dieser und andere Artikel[41] zeigen, widersetzen sich viele ethnisierte Feministinnen und Queers der uns zugeschriebenen Opferrolle. Wir wünschen uns progressive Verbündete, die nicht nur weißen Leuten gefallen wollen, sondern uns aktiv in unseren Communities unterstützen.

Die neue Weltordnung konfrontiert uns mit neuen Fallen und Formen des Teile-und-Herrsche. Der Untergang des Anti-Rassismus, die Vorherrschaft neoliberaler Politiken wie «Chancengleichheit» und Assimilierung sowie die Internalisierung dieser Ideologien durch die Minorisierten zwingen uns, über alte Ansätze wie Populismus und Anti-Essentialismus hinauszugehen. Dies kann nicht durch weniger, sondern nur durch mehr Beachtung mehrfacher Unterschiede erreicht werden – nicht durch den Niederriss schwer erkämpfter Rechte und Ressourcen, sondern durch ihre radikale Ausweitung und Umverteilung.

Der Beitrag wurde zuerst veröffentlicht in dem Sammelband: *re/visionen. Postkoloniale Perspektiven von People of Color auf Rassismus, Kulturpolitik und Widerstand in Deutschland,* **der von Kien Nghi Ha, Nicola Lauré al-Samarai und Sheila Mysorekar 2007 beim Unrast Verlag (Münster) herausgegeben wurde. Beim Wiederabdruck sind kleinere redaktionelle Änderungen vorgenommen worden. Großen Dank an die Autor_innen und den Verlag für die Wiederabdruck-Genehmigung.** *KYG*

---

[41] Vgl. z.B. Yılmaz-Günay 2006 und Fekete 2006.

Literatur

Am Orde, Sabine & Daniel Bax (30. Januar 2006): «Darf der deutsche Staat Gesinnungen überprüfen?» In: *tageszeitung*, Seiten 4–5.

Am Orde, Sabine & Lukas Wallraff (13. Februar 2006): «Ist ein Generalverdacht gegen Muslime nicht desintegrativ, Frau Böhmer?» In: *tageszeitung*, Seite 3.

Anthias, Floya & Nira Yuval-Davis (1993): *Racialized Boundaries. Race, Nation, Gender, Colour and Class and the Anti-Racist Struggle*. London: Routledge.

Ateş, Seyran (2005): «Seran [sic!] Ateş – eine türkische Alice Schwarzer» In: *Klartext – Die Zeitung der PDS in Friedrichshain-Kreuzberg* 4/2005, Seiten 3–4.

Crenshaw, Kimberlé Williams (1991): «Mapping the Margins: Intersectionality, Identity Politics, and Violence Against Women of Color» In: *Stanford Law Review* 43 (6), Seiten 1241–1299.

Erdem, Esra (2006): «Almanya'da Toplumsal Cinsiyet Tartışmaları» In: *Güncel Hukuk* 26 (2006), Seiten 28–29.

Erdem, Esra, Jin Haritaworn & Jennifer Petzen (2006): «Migrantinnenrechte und Repräsentationspolitik. Anti-rassistische Feministinnen diskutieren häusliche Gewalt, Feminismus und Multikulturalismus» In: *Next Genderation*, URL: http://www.nextgenderation.net/texts/hatunde.html (3. August 2006).

Erel, Umut (1999): «Grenzüberschreitungen und kulturelle Mischformen als antirassistischer Widerstand?» In: Gelbin, Cathy, Kader Konuk & Peggy Piesche (Hg.): *AufBrüche: Kulturelle Produktionen von Migrantinnen, Schwarzen und jüdischen Deutschen Frauen*. Königstein/Taunus: Ulrike Helmer, Seiten 172–194.

Erel, Umut, Encarnacíon Gutiérrez Rodríguez, Jin Haritaworn & Christian Klesse (2007): «Intersektionalität oder Simultaneität?! – Zur Verschränkung und Gleichzeitigkeit mehrfacher Machtverhältnisse – Eine Einführung» In: Hartmann, Jutta et al. (Hg.): *Heteronormativität. Empirische Studien zu Heterosexualität als gesellschaftlichem Machtverhältnis*. Wiesbaden: VS.

Feinberg, Leslie (2006): «Anti-Iran protest misdirects LGBT struggle» In: *Workers World* vom 17. Juli 2006, URL: http://www.workers.org/2006/us/anti-iran-0720/index.html (17. Oktober 2006).

Fekete, Liz (2006): «Enlightened Fundamentalism? Immigration, Feminism and the Right» In: *Race and Class* 48, Seiten 1–22.

Freire, Paulo (1968): *Pedagogy of the Oppressed*. New York: Continuum.

GLADT (2003): «Offener Brief an den LSVD».

Haritaworn, Jin: «Not in Our Name: Networking against the racist German Lesbian and Gay Association». Unveröffentlichtes Papier.

Haritaworn, Jin (2005a): «‹Der Menschheit treu›: Rassenverrat und Multi-Themenpolitik im derzeitigen Multikulturalismus» In: Eggers, Maisha Maureen, Grada Kilomba, Peggy Piesche & Susan Arndt (Hg.): *Mythen, Masken und Subjekte. Kritische Weißseinsforschung in Deutschland*. Berlin: Unrast, Seiten 158–171.

Haritaworn, Jin (2005b): «Am Anfang war Audre Lorde. Weißsein und Machtvermeidung in der queeren Ursprungsgeschichte» In: *Femina Politica* 1 (2005), Seiten 23–36.

Haritaworn, Jin & Tamsila Tauqir (2006): «Urgent Appeal: Support Victims of Queer Islamophobia» Offener Brief an die queere Community vom 13. April 2006.

Kelek, Necla (16. Januar 2006): «Der Pascha-Test» In: *tageszeitung*, Seite 13.

Mason-John, Valerie & Ann Khambatta (1993): *Lesbians Talk Making Black Waves*. London: Scarlet Press.

Mirza, Hassan (2006): «Adnan Ali speaks» In: Gay.com vom 23. August 2006, URL: http://uk.gay.com/article/4443 (23. August 2006).

Mohanty, Chandra Talpade (1991): «Under Western Eyes: Feminist Scholarship and Colonial Discourses» In: Mohanty, Chandra Talpade, Ann Russo & Lourdes Torres (Hg.): *Third World Women and the Politics of Feminism*. Indianapolis: Indiana UP, Seiten 51–80.

Okin, Susan Moller (1999): «Is multiculturalism bad for women?» In: Cohen, Joshua & Matthew Howard (Hg.): *Is Multiculturalism Bad For Women?* Princeton: Princeton UP, Seiten 7–26.

Oulios, Miltiadis (21. Februar 2006): «Wir sind auch Deutschland» In: *tageszeitung*, Seite 12.

Petzen, Jennifer (2005): «Wer liegt oben? Türkische und deutsche Maskulinitäten in der schwulen Szene» In: Ifade (Hg.): *Insider – Outsider: Bilder, ethnisierte Räume und Partizipation im Migrationsprozess*. Bielefeld: transcript, Seiten 161–181.

Pratt, Minnie Bruce (1984): «Identity: Skin Blood Heart» In: Bulkin, Elly, Minnie Bruce Pratt & Barbara Smith (Hg.): *Yours in Struggle: Three Feminist Perspectives on Anti-Semitism and Racism*. New York: Long Haul Press, Seiten 11–63.

Puar, Jasbir (2006): «On Terror: Queerness, Secularism, and Affect» Keynote Lecture bei der Konferenz *Out of Place: Interrogating Silences in Queerness and Raciality* in Lancaster/Nordengland, 24.–25. März 2006.

Razack, Sherene H. (2004): «Imperilled Muslim Women, Dangerous Muslim Men and Civilised Europeans: Legal and Social Responses to Forced Marriages» In: *Feminist Legal Studies* 12 (3), Seiten 129–174.

Seidel, Eberhard (14./15. Januar 2006): «Selektive Wahrnehmung» In: *tageszeitung*, Seite 11.

Smyth, Cheryl (1996): *Lesbians Talk Queer Notions*. London: Scarlet Press.

Tatchell, Peter (2006a): «Anti-Fascists Fete Sacrani [sic!]» In: PeterTatchell.net 14. Februar 2006, URL: http://www.petertatchell.net/politics/sacranie.htm (1. September 2006).

Tatchell, Peter (2006b): «Tatchell Backs Liberal Muslims» In: PeterTatchell.net 20. März 2006, URL: http://www.petertatchell.net/religion/pthrf2006.htm (1. September 2006).

Terkessidis, Mark & Yasemin Karakaşoğlu (2006): «Gerechtigkeit für die Muslime!» In: *Die Zeit* vom 1. Februar 2006, URL: http://www.zeit.de/2006/06/Petition?page=all (17. Oktober 2006).

Townley, Ben (2005): «Gay Muslims Call for Unity after Attacks» In: Gay.com vom 3. August 2005, URL: http://www.intl-uk.gay.com/news/article.html?2005/08/03/6 (3. August 2006).

Wages for Housework Campaign (2001): «Caring or Killing? The Choice is Yours» In: g3: a lesbian women's monthly guide to events (November 2001). URL: http://www.allwomencount.net/EWC%20LesbianBi/g3.htm (3. August 2006).

Whitaker, Brian (2006): *Unspeakable Love: Gay and lesbians in the Arab world*. Berkeley: University of California Press.

Yeğenoğlu, Meyda (1998): *Colonial Fantasies*. Cambridge: Cambridge UP.

Yılmaz-Günay, Koray (2004): «Weiß, aufgeklärt und zivilisiert» In: *Gigi – Zeitschrift für sexuelle Emanzipation* 29, Seiten 22–23.

Susan Arndt & Nadja Ofuatey-Alazard (Hg.)
Wie Rassismus aus Wörtern spricht
(K)Erben des Kolonialismus im Wissensarchiv deutsche Sprache. Ein kritisches Nachschlagewerk
Hardcover B5 | 786 Seiten | 29.80 Euro
ISBN 978-3-89771-501-1

Ein besonderes Wörterbuch, das eine analytische Offenlegung dessen betreibt, was ›unsere‹ Sprache an rassistischen Tradierungen enthält, die sie regelmäßig reproduziert und dabei durch Verleugnungsstrategien schützt.

Kien Nghi Ha, Nicola Lauré al-Samarai & Sheila Mysorekar (Hg.)
re/visionen
Postkoloniale Perspektiven von People of Color auf Rassismus, Kulturpolitik und Widerstand in Deutschland
456 Seiten | 24.00 Euro | ISBN 978-3-89771-458-8

Die politischen Analysen, literarischen Essays, Glossen sowie Gespräche machen selbstbestimmte Räume und solidarische Visionen sichtbar, welche die rassistische Logik des Teilens und Herrschens herausfordern und auf grenzüberschreitende Identitäten und Bündnisse zielen.

Maureen Maisha Eggers, Grada Kilomba, Peggy Piesche & Susan Arndt (Hg.)
Mythen, Masken und Subjekte
Kritische Weißseinsforschung in Deutschland
552 Seiten | 24.00 Euro | ISBN 3-89771-440-X

Mit seinem Fokus auf die Subjekte rassistischer Herrschaft entwirft das Buch neue kritische Perspektiven auf Debatten um Kolonialismus, Rassismus, Feminismus und Postkoloniliät. die deutsche Dominanzkultur und schafft zugleich einen schützenden Raum für alles Zwischenmenschliche.

UNRAST Verlag • Postfach 8020 • 48043 Münster
www.unrast-verlag.de • E-Mail: info@unrast-verlag.de

UNRAST

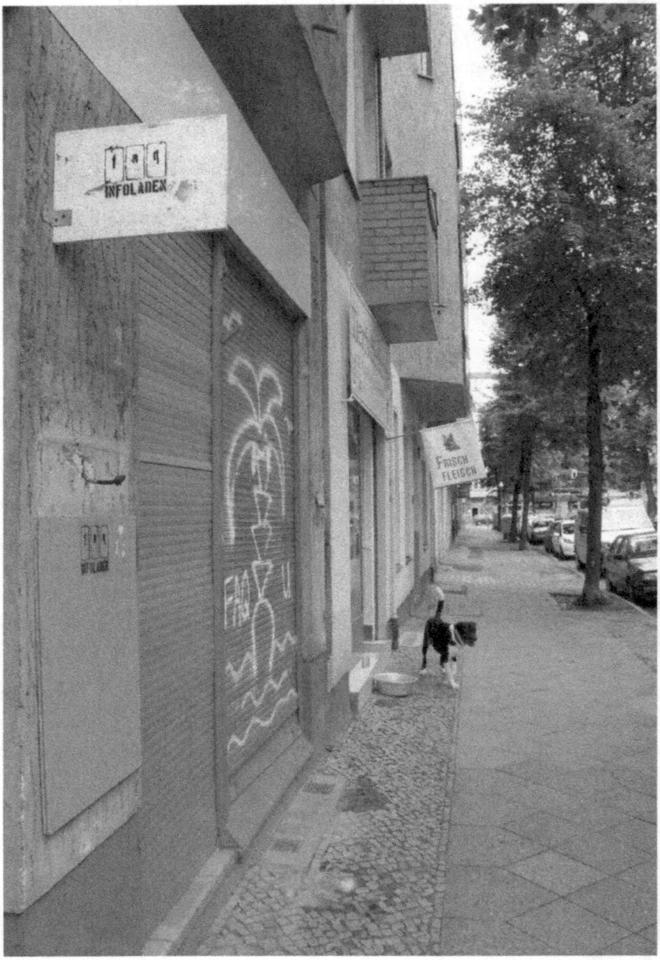
faq
INFOLADEN
FRISCH
FLEISCH

Bombenstimmung

Dirk Ruder

Wie schön, dass die Welt im Krimi so übersichtlich eingeteilt ist. Da hätten wir zunächst das Böse. Über das erfahren wir in Holger Möllenbergs *Bombenstimmung in Köln* dies: «Vor kaum zwei Wochen war ein aktualisierter Geheimbericht des Verfassungsschutzes in Nordrhein-Westfalen erschienen. [...] Auf mehreren Seiten waren auch Informationen über die *Heilige Islamische Front* zusammengetragen. Die Gruppe stand vor allem in Verdacht, von libanesischen und arabischen Fundamentalisten finanziert zu werden. Vereinzelt war sie auch in Deutschland gegen ‹Verräter› vorgegangen. Aber Attentate oder Übergriffe auf die deutsche Bevölkerung konnte man ihr bislang nicht nachweisen. Und spezielle Aktionen gegen Homosexuelle wurden in dem Bericht erst gar nicht erwähnt. Das musste aber nichts bedeuten», denn: Islamische Gruppen sind immer verdächtig.

Der *good guy* in dem Thriller ist – richtig – ein deutscher Polizist. Echte Cops mögen im Genre etwas aus der Mode sein, aber wir bewegen uns schließlich auf dem Terrain des *pink plots*, wie der Argument-Verlag seit 1997 seine Homo-Krimireihe nennt. Wer könnte schon einem jahrelang durch rot-grüne Gleichstellungspolitik verblödeten Männerpublikum idealtypischer den Terroristen jagenden und Schwule schützenden Staat verkörpern als ein Homo in Uniform? Jürgen Nelles heißt er und ist ein loyaler Ermittler der Kölner Polizei. Der Karnevalsmuffel muss ausgerechnet an den tollen Tagen zu einer rosa Narrensitzung anrücken, wo eine Bombenexplosion im Kellergeschoss ein Klo samt fickendem Männerpaar ins Jenseits befördert hat. Wer die Opfer vor weiteren Schunkelorgien bewahrte, scheint keine Frage: «Natürlich» ist jedem Bullen «seit den Anschlägen in

Amerika klar, wie gefährlich radikale Moslems waren».

Ei, wie schön das zum «gesellschaftlichen Anliegen» der *pink plot*-Reihe sowie zur «freigeistig-linken Tradition» des Hamburger Verlags passt! Denn im zweiten Nelles-Krimi bedient Möllenberg die wichtigsten derzeitigen Angstmuster der westlichen Hemisphäre: die angebliche Mord- und Terrorlaune der islamischen Welt und vor allem die religiöse Intoleranz. Und diese krude Klischee-Sammlung bricht der Autor an keiner Stelle. So heißen die mutmaßlichen Halunken des «fulminanten Karnevalskrimis» (Verlag) nicht Müller, Meier oder Möllenberg, sondern Ben Sadri, El Jussuf und Abdallah. Sie sind Türken, Syrer, Palästinenser oder schlicht «Nordafrikaner», schleppen Sprengstoff mit sich herum wie andere Leute Alditüten und legen in Hinterhofmoscheen geheime Waffenlager an. Solche Typen planen Attentate bestimmt «auch auf Deutsche», am liebsten auf wider Natur und Religion verkehrende. Ein bahnbrechendes Szenario, in dem freilich auch der «gute» Muslim Platz hat, sofern jung, hübsch und einem deutschen Kommissar unter Umständen sexuell zu Diensten. Diese perfide Logik ist keineswegs auf Möllenbergs Mist gewachsen: Gerade mit der Zurschaustellung ihrer meist dunkelhäutigen «Exoten» täuscht eine strukturell rassistische Homo-Community der Öffentlichkeit seit Jahren als Weltoffenheit und Toleranz vor, was eher in die Kategorie religiöser Fanatismus gehört.

Aber gemach, die «Orientalen» sind's, obwohl über 150 Seiten lang schuldig gesprochen, am Ende gar nicht gewesen. Die Vorliebe fürs Bombenbasteln ist ja bekanntlich Charakteristikum und Praxis bestimmter extremer Gruppen der christlichen Welt. Bevor das raus ist, gibt's reichlich Gelegenheit für Autors gewichtige Botschaften. So lernt der Krimifan, dass nur noch «Dummchen» glauben, die Polizei registriere Homosexuelle in speziellen Rosa Listen. Zu blöd, dass Schwulengruppen gerade in Köln nach einem Ermittlungsskandal deren tatsächliches Vorhandensein nachwiesen. Auch, dass Polizeiakten über Mordopfer was Gutes haben, lernt man in dem famosen Büchlein; «auf diese Weise blieb der Nachwelt immerhin mehr erhalten als von den Toten, die nicht einmal in irgendwelchen Dateien erfasst waren – also war es quasi eine Ehre, im Polizeiarchiv verewigt zu werden». Wem das Leben nichts schenkt, dem sei wenigstens im Tode die Totalerfassung gegönnt.

Am wenigsten stimmt an der Story jedoch das Personal. Gibt's fürs international seit mindestens dreißig Jahren erprobte Genre des Schwulenkrimis etwas Unsinnigeres und Langweiligeres als die Erfindung eines Polizeikommissars, der in einer «Dienststelle für Staatsschutz» sein Handwerk lernte und dem nach seinem Wechsel ans andere Ufer partout nichts Besseres einfällt, als eine bestürzend einfältige Quasi-Ehe mit einem Mann? Macken, Laster und Widersprüchlichkeiten der Akteure setzen die Beschreibung von Charakterzügen voraus. Die Helden dieses «Thrillers» warten indes immer nur aufs nächste Stichwort und agieren damit ungefähr so überzeugend wie das Personal jener Soaps, die der Autor vermutlich im Hauptberuf als TV-Redakteur zu verantworten hat. Ein «flotter neuer Krimi mit leichthändig-präzisem Reporter-Touch»? Ein Ermittler wie Nelles taugt allenfalls für Höhepunkte beim Verkehrsgericht.

Ein echtes Wagnis des Autors war es hingegen, den Helden ausgerechnet bei der Kölner Polizei anzusiedeln, die in der Vergangenheit wieder verstärkt mit Razzien gegen Homokneipen und Sextreffs auffiel. Entgegen gängiger Praxis werden bei Möllenberg schwule Etablissements nicht etwa von unauffälligen schwulen Beamten ausgekundschaftet, sondern von einer radikalislamischen Heilsfront, deren Name sich auch noch mit HIF abkürzt: Hieß so ähnlich nicht mal ein in Schwulenkreisen gefürchtetes Virus?

Kurzum: AIDS-Prävention, der Kampf gegen HIV-Infektionen und die üblen Machenschaften globaler Pharmakonzerne bei der Verbreitung verseuchter Blutkonserven sind passé, seit der Krieg gegen den Terror auf der Agenda nach oben rückte. Und zweifellos wären zu einem Thriller *dieser* Sorte andere Berater notwendig gewesen als «die beiden Hauptkommissare Alexander Gropp und Mike Mannheim», die laut Autor bei der Recherche behilflich waren. Mannheim ist übrigens Leiter der Polizeiwache am Kölner Flughafen und kennt sich aus mit südländischen Typen, denen Sprengstoffpakete die Hose an den falschen Stellen ausbeulen.

Der Beitrag erschien zuerst in *Gigi – Zeitschrift für sexuelle Emanzipation*, **Ausgabe 25 (Mai/Juni 2003). Die Schreibung wurde behutsam auf neue Rechtschreibung umgestellt. Großen Dank an den Autor und den Herausgeber für die Wiederabdruck-Genehmigung.** *KYG*

MÖBEL - OLFE

Opferlotto
Dirk Ruder

Auf der 2. MANEO-Werkstatt am 12. Mai [2007] im Rathaus Schöneberg warnte Bastian Finke, Leiter des Berliner Antigewaltprojekts, mal wieder vorm muslimischen Terror gegen Schwule. Viele hätten bisher die Augen vor einer «bestimmten Tätergruppe» verschlossen. Zwar wolle sich niemand gemein machen mit der von «Unverbesserlichen» verbreiteten Parole, die Ausländer seien schuld, jedoch: «Das liberale Nebeneinander – hier die Schwulen, da die Migranten – ist mittlerweile Geschichte.» Lesben und Schwule müssten nun selbst «das Problem in die Hand nehmen». Mythen der aktuellen Debatte über Gut und Böse demontiert **DIRK RUDER**

Höhepunkt des Workshops war die Präsentation einer von MANEO mit Fördermitteln der Deutschen Klassenlotterie Berlin realisierten Online-Studie. Zwar fiel die Pressekonferenz aus, weil keine Journalisten erschienen, aber MANEO hatte vorgesorgt, damit die Botschaft nicht untergeht. «Gewalt gegen Schwule ist alltäglich», titelte tags drauf der *Tagesspiegel* unter Berufung auf eine (im Vortext dieses Artikels und im Folgenden ausführlich zitierte) Pressemitteilung: «Schwule Männer in Deutschland sind häufiger Opfer von Gewalt als bislang angenommen.» Ein Drittel der rund 24 000 bundesweit Befragten sei Gewaltopfer geworden, «dreimal so viele wie bisher angenommen». MANEO-Leiter Finke wurde mit den Worten wiedergegeben: «Die Zahlen übertreffen unsere Erwartungen. [...] Wir haben nun das Wissen, dass Gewalt gegen Schwule in großem Maße in Deutschland vorkommt.» An anderer Stelle erklärte Finke, mit der im Dezember 2006 und Januar 2007 durchgeführten Studie empfehle sich

MANEO «als ein Projekt, das bemüht ist, wissenschaftliche Forschungen auf diesem Gebiet voranzubringen».

Dieses Bemühen beobachten Interessierte seit Jahren, denn MANEO hat noch keine einzige wissenschaftliche Studie vorgelegt, geschweige denn Statistiken, die auch nur annähernd wissenschaftlichen Ansprüchen genügen. Allerdings gehört die Selbstpreisung von jeher zur Existenzsicherung von Projekten wie MANEO, und ans Stochern im Ungefähren hat sich die Homoszene offenbar gewöhnt. Wer bisher welche Zahlen annahm (!) und was MANEO unter «Gewalt» versteht, ließ deshalb auch Finkes dem *Tagesspiegel*-Bericht zugrundeliegende Pressemitteilung unklar: «Es ist selbst für Experten in strafrechtlichen Fragen nicht einfach, einen Tatbestand einer Gewalttat eindeutig einer bestimmten juristisch relevanten Gewaltform zuzuordnen. Der juristische Unterschied beispielsweise zwischen einer Bedrohung, einer Belästigung oder Beleidigung ist erst recht für den Laien kaum nachvollziehbar», heißt es dort etwa. Strafrechtsexperten ordnen Bedrohung, Belästigung und Beleidigung eben nicht als Formen von Gewalt ein, in der polizeilichen Kriminalstatistik fehlen sie daher als Deliktarten. MANEO fasst dagegen den Gewaltbegriff derart weit, dass man auch das CSD-Bühnenprogramm darunter fassen und Finke nächstes Jahr wie bei der Präsentation der Online-Studie todernst raunen könnte: «Man kann als junger Schwuler in Deutschland offenbar nicht in Ruhe aufwachsen.»

«Vorläufige Ergebnisse»
Tatsächlich kann erneut kein Anstieg homophober Gewalt vermeldet werden, so sehr sich MANEO darum müht. Belegen lässt sich das am von Finke verfassten, vermutlich drei Wochen nach der MANEO-Werkstatt veröffentlichten regulären Jahresreport für 2006. Dem ist zu entnehmen: Von insgesamt 314 Fallmeldungen in Berlin stufte MANEO 197 Fälle (63%) eindeutig als solche antischwuler Gewalt (ASG) ein. Im Vorjahr wies MANEO von 296 Meldungen ebenfalls exakt 197 als ASG-Fälle aus (67%). Mit anderen Worten: Während trotz großzügiger Gewalt-Definition die Zahl der ASG-Fälle in beiden Jahren real gleich hoch blieb und bezogen auf die Gesamtzahl aller erfassten Fälle prozentual *gesunken* ist, erweckt MANEO weiterhin den Eindruck einer Zunahme. Hatte Finke bei der Präsentation schon verkündet, «die Ergebnisse der (Online-) Studie sind schlecht ausgefallen», heißt es schließlich im Jahresreport unter dem irritierenden Punkt «Vorläufige Auswertungsergebnisse» (die Zahlen des abgeschlossenen Zeitraums 2006 könnten sich also noch ändern?) auf Seite 13: «Im Vergleich zu 2005 ist die Anzahl der von uns erfassten Fälle weiter gestiegen.» Den Betrug zu durchschauen, muss man schon sehr genau hingucken und mitrechnen.

Die Online-Studie war bis Redaktionsschluss nicht verfügbar. Aber auch zum Jahresbericht nimmt MANEO keine Erläuterung seiner Zahlen vor. Der diesmal nur 14–seitige Bericht (2006 waren es noch 20) kreist mit Stichworten wie «Mitarbeiter», «Qualitätssicherung», «Reflexion» und «Finanzen» hauptsächlich um das Projekt selbst. Erst auf den letzten beiden Seiten werden fünf Schaubilder zu den gemeldeten Gewaltfällen dokumentiert, ehe der Bericht ohne Schlusswort abrupt endet. Geht er eigentlich noch weiter und ist nur der früher die Täterstatistiken enthaltende Teil wegen anhaltender Kritik aus der Szene nicht mehr für die Öffentlichkeit bestimmt? Dabei betonte doch MANEO stets, die Opfer- und Täterstatistiken dienten als Basis für Präventionsmaßnahmen. Was wird jetzt aus denen? Der Jahresreport 2006 lässt keinerlei Schlüsse für die Präventionsarbeit ersehen. Mehr noch: Ihm lässt sich überhaupt nichts Konkretes mehr entnehmen, nicht mal das Datum seiner Veröffentlichung. MANEO betreibt mit den Reports seit Jahren eine Art schwules Opferlotto, bei dem Lottofee Finke stets dieselben Zusatzzahlen zieht.

Zusatzzahl: 16 plus x
Weil das auf Dauer unspannend ist, musste Finke in seiner Presseerklärung zur MANEO-Werkstatt im Mai wieder verstärkt auf Stimmungsmache setzen. Dabei gab die Online-Studie durchaus Interessantes und Neues her: «Um die Tätergruppen stärker einzugrenzen, wurden die Befragten gebeten, eine [...] Differenzierung vorzunehmen. Unter vorgegebenen Antworten wurde am häufigsten (49 Prozent) die Kategorie ‹nicht weiter auffällig› angekreuzt. Weitere Nennungen waren ‹rechtsradikale Deutsche› (7 Prozent) und ‹Fußballhooligans› (2 Prozent). In einem offenen Feld haben dann 16 Prozent als Täter Personen ‹nichtdeutscher Herkunft› vermerkt.» Dass die gewalttätige Hooliganszene klar dem rechten Spektrum zuzurechnen ist, bedeutet, dass nach Angaben der Opfer fast zehn Prozent der Taten rechtsradikal motiviert wären. Diese Feststellung ist brisant und sollte Anlass zum Handeln geben, zumal schon vor Jahren eine vom LSVD veranlasste Studie ergab, dass vom Vernichtungswillen getriebene rechtsradikale Gewalttäter ihre Opfer wesentlich brutaler misshandeln als andere Täter oder Tätergruppen.[1]

«Unseriöse Schwachsinnsstudie»
Recht eigenartig wirkt es, wenn der MANEO-Chef sich angesichts dessen müht, ausgerechnet den Anteil nur vermuteter «nichtdeutscher» Täter nach oben zu deuten: «Ohne dass wir danach gefragt hätten, haben uns 16 Prozent von Tätern nichtdeutscher Herkunft berichtet. Hätten wir nach dieser Tätergruppe gefragt, hätten wir noch mehr Nennungen gehabt.» Mit Hätte-hätte kann man vieles zurechtbiegen. Das Thema «Migranten als Täter» sei angstbesetzt, so Finke. «Man muss in diesem Zusammenhang feststellen, dass nicht die Schwulen, die die Rückmeldung ‹nichtdeutscher Täter› gegeben haben, das Problem sind oder diejenigen, die diese Studie initiiert haben. Sondern die Täter, die Schwule zu Opfern machen. [...] Lassen Sie mich deutlich sagen: Der Respekt vor der Würde des Menschen ist nicht verhandelbar. Wir wollen hier mit allen in Frieden leben, egal welcher Herkunft.» Man beachte: Finke zielt mit dem Herkunftsverweis ausdrücklich nicht auf deutsche Täter. Zu gesellschaftlichen Outlaws möchte er ausschließlich Ausländer und Migranten erklärt wissen: «Wer [...] die Würde von Homosexuellen nicht anerkennt, der stellt sich selbst ins Abseits. Er steht damit außerhalb des Grundgesetzes und unserer Gesellschaft. Und damit ist klar: Dieses Verhalten muss sich ändern oder mit der vollen Härte des Gesetzes sanktioniert werden.» Bei der Bekämpfung homophober Gewalt müssten «den Worten auch Taten folgen».

Hatte bislang nur das *wissenschaftlich-humanitäre komitee* (whk) das MANEO-Lotto regelmäßig und öffentlich vernehmbar als unwissenschaftlich und rassistisch charakterisiert, regt sich in diesem Jahr erstmals auch außerhalb des whk Kritik. So stellt Norbert Blech, Ex-Mitarbeiter des nicht im Verdacht linker Gesellschaftsanalysen stehenden Organs *Queer.de*, die Arbeit von MANEO zwar nicht grundsätzlich in Frage, kommentiert aber den «MANEO-Unsinn» am 18. März in seinem Blog so: «Hier [in den Gewaltreports – D.R.] wird alles zusammengewürfelt, was irgendwie zum Thema Gewalt passt: Einzelne Beleidigungen sind für MANEO & Co genauso viel Gewalt wie eine schwere Körperverletzung. Auch von Strichern begangene Delikte kommen vor, ebenso wie Gewalttaten gegen Schwule, die nichts mit deren sexueller Orientierung zu tun haben, etwa Raubüberfälle auf offener Straße.» Entnervt fragt Blech: «Wie

---

[1] Christoph Josef Ahlers: *Gewaltdelinquenz gegen sexuelle Minderheiten*. In: *Haßverbrechen*, Köln 2000.

soll man mit diesem Statistik-Mischmasch ernsthaft etwas anfangen? [...] Soll ich ernsthaft zur Polizei gehen, nur weil mich im Vorbeigehen jemand Unbekanntes als ‹schwule Sau› bezeichnet hat?» Es könne, so Blech, doch nicht schwer sein, einen Fragebogen zu entwickeln, «der differenzierte Rückschlüsse auf tatsächliche körperliche und homophobe Gewalttaten zulässt». Erst dann ließe es sich «über bestimmte Tätergruppen und über die Ursachen für deren Handeln ernsthaft unterhalten. Denn das ist das Nervigste an all den Studien der letzten Jahre: wie pauschal jedem Ausländer unterstellt wird, ein potentieller homophober Gewalttäter zu sein. Wie sehr dieses Die-gegen-Wir-Denken, das nicht nach Ursachen für Gewalt fragt, auf die Szene übergegriffen hat, verdeutlicht die Studie indessen schon: 16 Prozent der Opfer gaben an, von vermeintlichen Ausländern ‹Gewalt› erfahren zu haben.»[2]

F*cking Queer, das Blog für sexuelle Desintegration, spricht gar von einer «Schwachsinnsstudie», über die «jetzt in einigen Medien berichtet wird und die doch so unseriös ist wie nichts!»[3] Den regelmäßig von MANEO beklagten angeblich hohen Ausländeranteil bei den Tätern entkräftet der Blogger mit simpler Mathematik. «Gewalttaten gehen vor allem von Gruppen 15– bis 25–jähriger Männer aus. [...] Doch es ist genau diese Kohorte [Jahrgänge in der Bevölkerung – D.R.], in der Migrant_innen überproportional vertreten sind. In einem traditionellen Schwulenkiez wie Kreuzberg könnte der Anteil junger Migrant_innen in ihrer Altersgruppe sogar an die 40 % betragen. Selbst wenn die Täter hier zu 30 % Menschen mit Migrationshintergrund wären, müsste der Befund lauten: Migranten sind bei Gewalttaten gegen Schwule eindeutig *unterrepräsentiert*.»[4] – Von Zahlenlogik ließ sich Finkes Opferlotterie allerdings noch nie beeindrucken.

Der Beitrag erschien zuerst in *Gigi – Zeitschrift für sexuelle Emanzipation*, **Ausgabe 50 (Juli/August 2007). Die Schreibung wurde behutsam auf neue Rechtschreibung umgestellt. Großen Dank an den Autor und den Herausgeber für die Wiederabdruck-Genehmigung.** *KYG*

[2] www.norbertblech.de/blog/?p=166.
[3] www.fqueer.blogsport.de/2007/05/24/maneo-unsinn.
[4] www.fqueer.blogsport.de.

Mit Islamophobie contra Homophobie?
Georg Klauda

Am 10. Dezember 2003 veröffentlichte die linke Wochenzeitung *Jungle World* ein Pamphlet der beiden französischen Journalistinnen Caroline Fourest und Fiammetta Venner, das eine Abwehrfigur enthielt, die Karriere machen sollte: Mit ihrer Behauptung, dass der Begriff «Islamophobie» im Jahr 1979 von den iranischen Mullahs geprägt worden sei, um Frauen zu denunzieren, die sich weigerten, den Schleier zu tragen, versuchten die Autorinnen der beginnenden Auseinandersetzung um antiislamischen Rassismus einen begrifflichen Riegel vorzuschieben. Selbst die Richtigstellung, die Bernhard Schmid eine Woche später in derselben Zeitung veröffentlichte, konnte den Siegeszug dieser kleinen Propagandalüge nicht mehr stoppen. Seit über drei Jahren wiederholen «islamkritische» Autor_innen diesen gefälschten historischen Verweis mit einer Beharrlichkeit, als könne sie die schlichte Tatsache, dass der nach europäischen Wortbildungsregeln konstruierte Terminus «Islamophobie» weder im Persischen noch im Arabischen existiert, überhaupt nicht erschüttern.

Tatsächlich erhielt die Vokabel, die sich erstmalig 1922 in Etienne Dinets *L'Orient vu de l'Occident* belegen lässt, ihre klassische Definition durch einen Bericht des *Runnymede Trust* mit dem Titel *Islamophobia: A Challenge for Us All* (1997). Der antirassistische Think Tank aus Britannien legt darin einen bis heute tauglichen Katalog von Kriterien vor, mit denen seriöse Verwendungsweisen des Begriffs von islamistischer Propaganda unterschieden werden können. Denn natürlich wird der Begriff auch von Europa-basierten fundamentalistischen Gruppen wie der englischen Hizb ut-Tahrir missbraucht, um sich den Zumutungen der Kritik zu entziehen. Doch solchen Instrumentalisierungen unterliegen auch andere solcher Begriffe, wie etwa die regelmäßige und pauschale Denunziation von Kritiker_innen der israelischen Siedlungs- und Besatzungspolitik als vermeintliche «Antisemit_innen» beweist.

Es ist also sinnvoll, Begriffe der Vorurteilsforschung im Kontext realer Konflikte und Auseinandersetzungen so weit einzugrenzen, dass ihrer beliebigen denunziatorischen Verwendung Grenzen gesetzt sind. Nach der Definition des *Runnymede Trusts* liegt Islamophobie unter anderem dann vor, wenn

1. der Islam als ein monolithischer Block betrachtet wird, der statisch und unempfänglich für Veränderungen sei;

2. er als gesondert und «anders» gesehen wird, ohne gemeinsame Werte mit anderen Kulturen und ohne von diesen beeinflusst zu sein oder diese zu beeinflussen;

3. er als dem Westen unterlegen, barbarisch, irrational und sexistisch konstruiert wird und

4. er ausschließlich als gewaltsam, aggressiv, bedrohlich, terroristisch und kulturkämpferisch wahrgenommen wird.

Die islamophobe Szene

Es wäre nun völlig verfehlt, mit diesem Katalog im Rücken Meinungsumfragen à la Wilhelm Heitmeyer zu konzipieren, um die quantitative Verbreitung von Islamophobie in der deutschen Bevölkerung zu eruieren. Denn was man dort erfasst, ist noch immer mehrheitlich völkischer Nationalismus und vulgärer Ausländerhass. Islamophobie hat, zumindest hierzulande, seine Bedeutung nicht als Massenphänomen, sondern als Elitendiskurs, der es beträchtlichen Teilen der linken, liberalen und konservativen Intelligenz ermöglicht, Ressentiments gegen Migrant_innen und Antirassist_innen in einer Form zu artikulieren, die sie selbst zugleich als glühende Verfechter_innen der alteuropäischen Aufklärung erscheinen lässt. Was Islamophobe türkisch- und arabischstämmigen Menschen zum Vorwurf machen, ist etwas, was die Mehrheit der Deutschen ohne Migrationshintergrund vermutlich gar nicht als solchen begriffe: gegen Jüd_innen und Israel zu sein, Schwule nicht zu mögen und Frauen sexistisch herabzustufen – alles gängige Formen der deutschen Alltagspraxis, die im islamophoben Diskurs aber als spezielle Eigenschaften muslimischer Einwander_innen konstruiert werden und sie als Mitglieder der deutschen Gesellschaft disqualifizieren sollen.

Charakteristisch ist hierbei der Einsatz verschwörungstheoretischer Bilder, etwa wenn die ex-linke italienische Starreporterin Oriana Fallaci, einer der Köpfe der islamophoben Bewegung, muslimische Migrant_innen in Europa als Vorhut einer geplanten Invasion begreift[1] oder die frühere *Kalaschnikow*[2]-Redakteurin Gudrun Eussner die Riots in den französischen Banlieues als eine von Islamist_innen gelenkte «Vorstadt-Intifada»[3] konstruiert. Im März 2006 war Eussner auch Teilnehmerin an einem internationalen Symposion des konservativen *Front Page Magazine*, einer in der deutschen islamophoben Szene vielzitierten Internet-Zeitung, die von dem ehemaligen Marxisten und heute prominenten US-Rechten David Horowitz herausgegeben wird. Bereits einleitend heißt es in dem Transkript[4]:

---

[1] «Europa ist nicht mehr Europa, es ist Eurabien, eine Kolonie des Islam, wo die islamische Invasion nicht nur physisch voranschreitet, sondern auch auf geistiger und kultureller Ebene.» (www.optionjournal.com, 23. Juni 2005)
[2] Bei der *Kalaschnikow* handelte es sich um ein ursprünglich in der Linken angesiedeltes Querfront-Magazin.
[3] http://Eussner.net/Artikel_2005-11-05_21-10-50.html.
[4] http://www.FrontPageMag.com/Articles/ReadArticle.asp?ID=21502.

«Eine muslimische Vergewaltigungsepidemie fegt über Europa – und über viele andere Nationen, die Gastgeber für Immigranten aus der islamischen Welt sind. Die direkte Verbindung zwischen den Vergewaltigungen und dem Islam ist unabweisbar, da Muslime unter verurteilten Vergewaltigern und Vergewaltigungsverdächtigen signifikant überrepräsentiert sind.»

Die Logik ist bestechend dumm, so als könne eine statistische Korrelation – die ja auch zwischen Schuhgröße und Einkommen besteht – den Beweis für einen kausalen Zusammenhang liefern. Soziale Faktoren wie Arbeitslosigkeit, Armut oder patriarchale Rollenbilder werden von vornherein zugunsten einer religiösen Interpretation ausgeklammert. Doch damit nicht genug, im Verlauf des Symposions stellt Eussner die Vergewaltigungen als Teil einer konzertierten dschihadistischen Strategie dar, mit der die Expansion des Islam nach Europa bewerkstelligt werden solle. Nicht-muslimische Frauen würden dafür bestraft, dass sie sich nicht gemäß dem Koran verhielten. Hinter allem aber stünde der Softcore-Islamist Tariq Ramadan, der diese Vergewaltigungen initiiert habe, als er vorschlug, Europa nicht mehr als das «Haus des Krieges» (dessen Gesetzen man sich still unterordnen müsse, solange man in der Minderheit sei), sondern als das «Haus der Einladung zum Islam» zu betrachten.

Für Islamophobe ist der Hass gegen Muslim_innen offenbar eine Art Antisemitismus-Ersatz. Sie mobilisieren ähnliche verschwörungstheoretische Mechanismen, wie sie dort traditionell wirksam sind, allen voran das, was Horkheimer und Adorno «pathische Projektion» nannten: Ein Phänomen wie Vergewaltigung wird herausgegriffen, systematisch ethnisiert und schließlich anhand von Koran-Zitaten bzw. der Zuschreibung einer arabischen Kollektivpsyche entweder als hinterhältiges, planmäßiges Vorgehen zur Eroberung Europas oder als essentialistischer Ausdruck einer mit dem Westen nicht vereinbaren «Kultur» interpretiert. Die eingeforderten Konsequenzen sind Abschiebung, gesellschaftlicher Ausschluss, Verweigerung von Grundrechten oder die Verschärfung der Zuwanderungsgesetze – wie dies etwa der islamophobe Autor Horst Pankow in der «linken» Zeitschrift *konkret* (3/2006) fordern durfte. Manchmal werden auch offene Pogromphantasien ins Spiel gebracht, etwa wenn Oriana Fallaci in ihrem Buch *Die Wut und der Stolz* von ihrer Drohung gegenüber der Polizei spricht, Flüchtlingszelte mit afrikanischen Muslim_innen in Brand zu stecken, weil diese das Baptisterium in Florenz vorsätzlich bepissten[5] – und dafür den Beifall des Freudomarxisten Uli Krug (*Bahamas* Nr. 39, 2002) erhält.

Mit Religionskritik hat das grundsätzlich nichts zu tun, auch wenn das von einigen «linken» Vertreter_innen der islamophoben Szene anfangs noch vorgeschoben wurde. Doch mittlerweile prangt selbst auf der Titelseite der *Bahamas* (Nr. 51, 2006) ein Foto des fundamentalistischen Katholiken Joseph Ratzinger, der dort als Held im Kampf gegen die «islamische Invasion» gefeiert wird. Und auch eine Zeitung wie die *Jungle World* weiß anlässlich der Ausführungen Benedikts XVI. über den Islam von der «erstaunliche[n] Nähe von Kritischer Theorie und päpstlicher Philosophie» zu berichten[6] – die man polemischerweise wohl am ehesten in der von beiden vertretenen Homophobie erkennen darf.[7]

---

[5] Oriana Fallaci, *Die Wut und der Stolz*. München 2002, Seite 133.
[6] http://www.Jungle-World.com/Seiten/2006/38/8502.php.
[7] Vergleiche Randall Hall: «Zwischen Marxismus und Psychoanalyse: Antifaschismus und Antihomosexualität in der Frankfurter Schule». In: *Zeitschrift für Sexualforschung* 9 (1996), Seiten 343–357.

Kulturalisierung von Homophobie

Damit kommen wir zu einem Thema, das vor allem für linke Islamophobe einen Vorwand liefert, ihre Ressentiments als politisch korrekte, ja als emanzipatorische Haltung zu verkaufen. Während Pauschalvorwürfe wie der des Antisemitismus auch sachlich ins Leere laufen, da etwa französische Muslim_innen, denen man dies während der Vorstadt-Riots Ende 2005 wiederholt anzudichten versuchte, trotz des Nahostkonflikts in überwältigender Mehrheit (71%) eine «positive Meinung von Juden» haben,[8] scheint an der Konstruktion einer spezifisch islamischen Homophobie, glaubt man einer neuen Gallup-Studie,[9] tatsächlich etwas dran zu sein. Während so 66% aller Brit_innen homosexuelle Handlungen mittlerweile für «moralisch akzeptabel» halten, sind es unter Londoner Muslim_innen gerade einmal 4%. Auch in Berlin, wo Muslim_innen erheblich liberaler eingestellt sind – obwohl ihnen Religion nicht minder wichtig ist als ihren Glaubensgenoss_innen in der britischen Hauptstadt –, sind es immerhin noch 26% versus 68%. Doch schon bei näherem Hinsehen erweist sich dies als Teilaspekt eines größeren Zusammenhangs: Londons Muslim_innen beispielsweise sind auch in anderen Fragen wie Sex außerhalb der Ehe, Abtreibung und dem Betrachten von Pornographie wesentlich konservativer eingestellt. Tatsächlich ist das der einzige Bereich, in dem Gallup wesentliche Einstellungsunterschiede festzustellen vermochte. Denn was Gewalt, Selbstmordattentate, sogenannte Ehrenmorde oder gar die Todesstrafe angeht, sind Muslim_innen entweder genauso skeptisch oder übertrumpfen ihre nichtmuslimischen Landsleute sogar in ihrer Ablehnung.

Aber was bedeuten diese Zahlen überhaupt und worauf lassen sie schließen? Für Islamophobe ist klar, dass hier «Kulturen» aufeinanderprallen. Jedoch allein der Unterschied zwischen Berliner und Londoner Muslim_innen straft diese Auffassung Lügen. Ähnlich große Differenzen gibt es im Übrigen auch zwischen Deutschen und Französ_innen. Nur ist das den Kommentator_innen ebenso wenig eine Zeile wert wie, sagen wir, die erwartbaren Unterschiede, die sich bei einer vergleichenden Umfrage zwischen Pol_innen und Dän_innen ergäben. Was nämlich im Fall der Muslim_innen hinzutritt, ist die Tendenz zur Essentialisierung von «Andersheit»: Ihre Haltung gilt, im Unterschied zu der von weißen Europäer_innen, als statisch und unveränderbar, frei von äußeren Einflüssen und eingeschmolzen in die Grunddoktrinen ihrer Religion.

Doch sind solche Meinungserhebungen überhaupt wirklich indikativ für die Verbreitung von Homophobie? Kehren wir zur Beantwortung dieser Frage noch einmal zurück in das Jahr 1991. Bereits damals stimmten zwei Drittel der Deutschen dem Statement zu: «Die sexuelle Orientierung von Menschen ist mir gleichgültig; warum sollte ich mich daran stören?»[10] Damit setzten sie sich eindeutig von jenem Drittel ab, das Ansichten vertrat wie: «Was die Homosexuellen treiben, ist doch eine Schweinerei; sie sollten kastriert werden» oder: «Man muss alles tun, um die Homosexualität einzudämmen, auch unter Erwachsenen. Wir brauchen daher wieder strengere Strafvorschriften». 1974 standen diese beiden Blöcke sich noch ungefähr im Verhältnis 50:50 gegenüber. Ein eindeutiger Fortschritt, wie es scheint.[11]

---

[8] http://PewGlobal.org/Reports/Display.php?ReportID=253.
[9] http://www.GallupWorldPoll.com/Content/?ci=27397.
[10] Vergleiche Michael Bochow: «Einstellungen und Werthaltungen zu homosexuellen Männern in Ost- und Westdeutschland». In: SVD-NRW (Hrsg.); Günter Dworek (Bearb.), *Gefahr von rechts: Gibt es eine antischwule Trendwende?* Köln 1993, Seite 48.
[11] Ebd., Seiten 54 f.

Allerdings ergab die Umfrage eine Reihe weiterer interessanter Befunde. Obwohl die Mehrheit angab, sich nicht an der sexuellen Orientierung von Menschen zu stören, plädierten gleichzeitig über 70% der Westdeutschen für eine Diskriminierung von Homosexuellen in Gestalt von Zugangsbeschränkungen zu politischen Ämtern oder zum Beruf der Lehrkraft (1974 waren es an die 90%). Mehr noch aber signalisierten fast zwei Drittel, dass sie soziale Kontakte mit homosexuellen Männern meiden möchten. Circa 40% erklärten gar, dass ihnen in der Gegenwart solcher Personen «körperlich unwohl» würde. Und auffälligerweise hat sich gerade in diesem Bereich, der dem Item «Homophobie» von allen am nächsten kommt, zwischen 1974 und 1991 fast überhaupt nichts getan.

Offenbar hat es durch die «sexuelle Befreiung» einen ideologischen Einstellungswandel in der deutschen Gesellschaft bezüglich der moralischen Akzeptanz «devianter» Sexualpraktiken gegeben. Aber an der homophoben Formkonstitution des bürgerlichen Subjekts hat sich dadurch praktisch nichts verändert. Denn Homophobie ist nicht die moralische Bewertung homosexueller Handlungen, es ist die Furcht vor gleichgeschlechtlicher Intimität, die sich projektiv auch darin niederschlägt, mit «Homosexuellen» lieber nicht in Berührung zu kommen oder sie für ihr «Sosein» bestrafen zu wollen. Dass es sich dabei weniger um eine bewusste Einstellung als um einen Akt der Verdrängung handelt, belegt eine experimentalpsychologische Studie aus dem Jahr 1993, der zufolge homophobe Männer überdurchschnittlich häufig (80%) selbst von schwuler Pornografie erregt werden, verglichen mit 34% der nicht-homophoben Männer – dass sie diese Tatsache aber zugleich beharrlich verleugnen.[12]

Homophobie als soziale Struktur
In unserer Gesellschaft ist die Erfahrung gleichgeschlechtlicher Liebe und Lust an die Übernahme einer verachteten und als «abartig» betrachteten homosexuellen Rolle gebunden. Wer in diese identitäre Rolle nicht hineinschlüpfen möchte, ist wohl oder übel darauf angewiesen, diesbezügliche Wünsche vor sich und anderen zu verbergen. Das hat mit reformierbaren ideologischen Haltungen wenig zu tun. Ein Grund, warum das Syndrom der Homophobie den tiefreichenden Einstellungswandel im Rahmen der «sexuellen Revolution» unbeschadet überstehen konnte.

Mehr noch: Betrachtet man die Entwicklung von Homophobie als objektiver sozialer Form über längere Zeiten und größere Räume hinweg, lässt sich gut argumentieren, dass sich diese Struktur im 20. Jahrhundert weniger durch eine ideologische Abschwächung als vielmehr durch innere und äußere Expansion auszeichnete: im Innern durch die Ausweitung auf Frauen und Jugendliche[13] – Gruppen, deren romantische Freundschaftsbeziehungen bis dahin kaum problematisiert wurden –, im Äußern durch die zunehmende Einbeziehung der nicht-westlichen Welt. Für Ersteres mag als Beispiel eine im Abstand von 20 Jahren wiederholte Studie zur Jugendsexualität genügen. Danach ist die Zahl der 16– bis 18–jährigen Jungen, die angaben, gleichgeschlechtliche sexuelle Erfahrungen gemacht zu haben, zwischen 1970 und 1990 – also mitten in der Phase «sexueller Befreiung» – von 18 auf zwei

---

[12] Henry E. Adams u. a.: «Is Homophobia Associated With Homosexual Arousal?». *Journal of Abnormal Psychology* 105 Nr. 3 (1996), Seiten 440–445.
[13] Vergleiche Ulfried Geuter: *Homosexualität in der deutschen Jugendbewegung*. Frankfurt am Main 1994; Lilian Faderman: *Surpassing the Love of Men: Romantic Friendship and Love Between Women from the Renaissance to the Present*. New York 2001.

Prozent gefallen.[14] Die zunehmende Angst, als «Schwuler» angesehen zu werden, wenn man einem anderen Jungen zu nahe tritt, lässt sich in den USA mittlerweile sogar an der Entstehung neuer urbaner Idiome ablesen – etwa dem «*I'm not gay» seat*.[15] Gemeint ist der Sessel, den zwei Jungen zwischen sich frei lassen, wenn sie gemeinsam ins Kino gehen; wer sich drauf setzt, ist schwul! Dies zeigt sehr deutlich, dass es sich bei Homophobie nicht nur um eine individuelle Disposition, sondern um eine gesellschaftliche Formmatrix handelt, die «Schwule» als eine abweichende Subjektposition überhaupt erst hervorbringt.

Ein sehr schönes Beispiel dafür ist – und hier kehren wir wieder zu unserem Ausgangspunkt zurück – die sogenannte islamische Welt. Im klassischen Arabisch gibt es kein Wort für «Schwuler», und trotzdem ist es keine Übertreibung zu behaupten, dass wohl nahezu die Hälfte aller klassischen arabischen Liebesgedichte von männlichen Autoren für Personen desselben Geschlechts verfasst wurde. Dies galt selbst den Frömmlern nicht als anrüchig – auch wenn sie den Akt des Analverkehrs für eine schwere Sünde hielten. Als der marokkanische Gelehrte Muhammad as-Saffar in den 1840er Jahren Paris besuchte, stellte er verwundert fest: «Tändeleien, Romanzen und Umwerbungen finden bei ihnen [den Franzosen] nur mit Frauen statt, denn sie tendieren nicht zu Knaben oder jungen Männern. Vielmehr gilt ihnen das als extrem schändlich.»[16]

Von da betrachtet, erscheint es wie eine Ironie der Geschichte, dass ausgerechnet arabische und türkische Muslim_innen heute dafür herhalten müssen, Europäer_innen eine Selbstrepräsentation als tolerante Anwält_innen der «Homosexuellen» zu ermöglichen, die sie in einem jahrhundertelangen Normalisierungsprozess doch überhaupt erst als distinkte «Minderheit» produziert und ausgesondert haben.

Der Beitrag erschien zuerst in *arranca!* #37 (Oktober 2007). Beim Wiederabdruck sind kleinere redaktionelle Änderungen vorgenommen worden. Die Originalversion kann hier eingesehen werden: http://arranca.org/Ausgabe/37/Mit-Islamophobie-contra-Homophobie. Großen Dank an den Autor für die Wiederabdruck-Genehmigung. *KYG*

---

[14] Vergleiche Gunter Schmidt: «Gibt es Heterosexualität?». *taz Magazin* Nr. 6399, 17. März 2001; Volkmar Sigusch: «Jugendsexualität – Veränderungen in den letzten Jahrzehnten». *Deutsches Ärzteblatt* 95 (1998): A-1240–1243 [Heft 20]. http://www.BVVP.de/Artikel/Jugendsex.html.
[15] http://www.UrbanDictionary.com/define.php?term=I'm+not+gay+seat.
[16] Zitiert nach Khaled El-Rouayheb: *Before Homosexuality in the Arab-Islamic World, 1500–1800*. Chicago 2005, Seite 2 (Übers.).

Parallele Erfahrungen von Diskriminierung und Gewalt
Gedanken nicht nur zu Rassismus und Transphobie in Szene-Kontexten
Saideh Saadat-Lendle

Im November 2010 sind wir anlässlich der Veranstaltung «Verbindung sprechen – Rassismus und Transphobie in Lesben-, Schwulen-, Bisexuellen-, Trans*- und Intergeschlechtlichen (LSBTI) Kontexten» zusammengekommen, um uns über szene-interne Ausschlüsse, Vorurteile und Diskriminierungs- und Gewalterfahrungen aufgrund von Mehrfachzugehörigkeiten auszutauschen.

Der Fokus der Auseinandersetzung lag bei der Veranstaltung auf Rassismus und Transphobie. Unsere langjährige Erfahrung zeigt uns, dass Rassismus und Transphobie nicht nur von der sogenannten Mehrheitsgesellschaft ausgehen, sondern dass sie ebenso in LSBTI-Kontexten vorhanden sind. So wissen wir sicher, dass zur «Szene» zu gehören nicht heißt, dort keiner Diskriminierung und Gewalt ausgesetzt zu sein! Insbesondere für mehrfachzugehörige Menschen bieten LSBTI-Zusammenhänge in Bezug auf verschiedene Formen von Gewalt und Diskriminierung nicht unbedingt geschützte Räume; Gewalt und Diskriminierung wird auch hier immer wieder neu reproduziert. Unsere Erfahrungen zeigen uns darüber hinaus auch die Schwierigkeiten, szene-interne Erfahrungen in einer Atmosphäre von Vertrauen, Zuversicht und Verantwortung für sich selbst und füreinander zum Schwerpunkt der Diskussion zu machen.

Es ist aber sehr notwendig, diese Atmosphäre zu schaffen, um möglichst gemeinsam gegen Strukturen von Gewalt und Diskriminierung vorgehen zu können und an einer menschenwürdigeren und gewaltloseren Gesellschaft mitzuwirken. Grundlage für LesMigraS hierbei ist die tiefe Überzeugung, dass Gewalt und Diskriminierung nicht primär die Böswilligkeit einzelner Menschen zugrunde liegt, sondern dass sie gesellschaftlich strukturell organisiert und reproduziert wird. Durch Gewalt und Diskriminierung werden gesellschaftliche Positionen geschaffen und/oder aufrechterhalten, mittels deren Menschen als privilegierte oder benachteiligte Subjekte positioniert werden und sich immer wieder selbst neu positionieren. Unterschiedliche Lebens- und Diskriminierungserfahrungen basieren auf unterschiedlichen gesellschaftlichen Positionen. Wir sind davon überzeugt, dass wir als Menschen die Möglichkeit haben, dieses System zu erkennen, uns bewusst darin zu positionieren und Strategien in Richtung von Veränderung bzw. Abschaffung von Privilegien und Benachteiligungen nicht nur im Rahmen eigener Betroffenheit zu entwickeln. Was verursacht es aber immer wieder, dass trotz durchaus ähnlicher, also potentiell verbindender Erfahrung von Diskriminierung auf verschiedenen Ebenen diese Verbindung kaum gespürt und entsprechend kaum gemeinsam agiert wird?

So kamen wir ins Gespräch, um besser zu verstehen, was uns in der Tat miteinander verbindet und was uns vor dem Hintergrund dieses Systems von Privilegien und Benachteiligung voneinander trennt.

Wir wollten uns in der Veranstaltung so unter anderem konkret darüber austauschen, in welcher Form Rassismen in der lesbischen, schwulen, bisexuellen und Trans*-Szene existieren und wie reflektiert in der Szene damit umgegangen wird. Uns bewegten Fragen danach, wie wir Rassismen in der Szene gemeinsam sichtbar machen können, thematisierbar und reflektierbar? Kann es gelingen, gemeinsam sowohl szene-internen, aber auch gesamtgesellschaftlichen Rassismen die rote Karte zu zeigen? Wir wollten wissen: Wie setzen sich Lesben und Schwule mit Trans*-Identität und Trans*-Lebensweisen auseinander?

Wie können wir die Geschlechter-Binarität in Frage stellen und neue offenere Ordnungen entwickeln, ohne gleich gänzlich die geschützten Frauen-, Lesben- oder auch Schwulenräume aufgeben zu müssen? Welche Auseinandersetzungen und Änderungen bräuchten wir dazu, um die seit Jahrtausenden bestehenden binären Schranken in unseren Köpfen zu öffnen? Wie erfahren und verarbeiten mehrfachzugehörige Lesben, Schwule, trans*- und intergeschlechtliche Menschen verschiedene Formen von Rassismen und Transphobie bzw. wie erfahren sie deren Verwobenheit und Überlappung? Wie können wir uns selbst gegen Gewalt und Diskriminierung stärken und gegenseitig unterstützen? Welche Handlungsstrategien haben einzelne von uns, um sich gegen Diskriminierung und Gewalt zu wehren, und welches Potential von Empowerment ermöglicht auch die eigene Mehrfachzugehörigkeit, die eigene Lebensweise?

Wir wollten ebenso Argumente und Grundlagen zu gemeinsamen persönlichen und kollektiven Unterstützungsstrategien entwickeln, um uns und unseren Widerstand damit zu stärken. Wir wollten auch konkret wissen, welche Unterstützungen sich Betroffene im Umgang und in der Auseinandersetzung mit den Erfahrungen von Diskriminierung und Gewalt im Kontext LSBTI wünschen? Wie können sich Freund_innen und nahestehende Personen sowie Unterstützer_innen und Multiplikator_innen als Verbündete gegen Transphobie und Rassismus engagieren?

Ergebnisse: Ähnlichkeiten von Mechanismen und Erfahrungen bei unterschiedlichen Diskriminierungs- und Gewalterlebnissen

Nach den gehaltenen Beiträgen zeigen die Erfahrungen von Diskriminierung und Gewalt marginalisierter Gruppen häufig enorme Ähnlichkeiten der Unterdrückungs- und Ausgrenzungsmechanismen und Erfahrungen auf.

Folgende Mechanismen werden benannt:

– Zum einen Kategorisierung, Markierung, Stigmatisierung, Stereotypisierung, Homogenisierung. Hierbei wird in Abgrenzung zu herrschenden normativen Kategorien eine fremde, eine «andere» als eine relativ homogene Gruppe mit bestimmten – nicht oder schwer veränderbaren Zuschreibungen konstruiert.

– Zum anderen werden die zugeschriebenen Eigenschaften in ein hierarchisches Verhältnis zu normativen Kategorien gestellt. Mit diesen Unterscheidungen werden Polarisierung und Stigmatisierung verbunden und Minderwertigkeit assoziiert und bewertet.

– Letztlich werden diese Stigmatisierungen, Stereotypisierungen und Abwertungen zur Legitimierung der Machtverhältnisse und Diskriminierungsmechanismen und Aufteilung der materiellen, politischen, gesellschaftlichen und symbolischen Privilegien benutzt bzw. bilden deren Grundlage.

Jeder schwule Mann, jede lesbische Frau und jeder Trans*- oder intergeschlechtliche Mensch mit oder ohne Rassismus-Erfahrungen, mit oder ohne Erfahrungen von Diskriminierung und Gewalt auf Grund von Alter, Beeinträchtigungen, Bildungsstatus, sozialer Zugehörigkeiten und anderem kennt alltägliche Situationen, wo ihre/seine Lebensweise verzerrt, verkürzt, negativ bzw. stereotypisiert dargestellt wird. Die Bilder von schwulen Männern als pervers und unmoralisch, als von unverbindlicher Sexualität besessen; von Lesben als aggressiven Einzelgängerinnen; von Trans*-Menschen bzw. Schwulen als geschlechtlich gestörten, zu «weichen» Menschen mit untauglicher Leistungsfähigkeit – sind nur einige wenige, mit denen wir alltäglich konfrontiert sind. Wenn auch noch die Kategorien Migrationshintergrund, Hautfarbe, Beeinträchtigung oder Alter dazu kommen, vervielfachen sich diese Zuschreibungen und Bewertungen. Dies sind beispielsweise Bilder von aggressiven und unkontrollierbaren Migrant_innen und Schwarzen. Oder von gesellschaftlich nicht leistungsfähigen Älteren, Migrant_innen, Schwarzen und Beeinträchtigten.

In Abgrenzung zu diesen Bildern von normativ nicht konformen Menschen haben sich die Bilder und Positionen von Normalität und Konformität in Jahrhunderten geformt und gefestigt. Die damit verbundenen Privilegien sind unter anderem im Bereich Familienrecht das Recht auf Heirat, Kinderadoption, Kinderpflege und Dienstleistung. Im Bereich Aufenthaltsrecht sind es das Recht auf Papiere, das heißt auf einen legalisierten Status, das Recht auf ein Minimum an kostenloser gesundheitlicher Versorgung, das Wahlrecht, Aufenthaltsrecht, das Recht auf Bestimmung über den Wohnort. Im Bereich materielle Zugänge liegen die Privilegien im Steuerrecht, Erbrecht, im einfacheren Zugang zu Arbeit und Ausbildung, im Bereich symbolischer Anerkennung in der Zugehörigkeit zur Gruppe der «normalen», in Abgrenzung zu «den Anderen» gesünderen, angepassteren und kompatibleren bzw. leistungsfähigeren Menschen – um nur einige wenige Beispiele zu benennen.

Auf der anderen Seite sind es nicht nur die direkten gemeinsamen gesellschaftlich marginalisierten Positionen und Erfahrungen, die Lesben, Schwule und Trans*-Menschen miteinander verbinden, sondern auch und gerade Mehrfachidentitäten, wo sich Lebensweisen bzw. Diskriminierungserfahrungen in unterschiedlicher Art und Weise miteinander überkreuzen und verbinden. Denn nicht wenige Lesben, Schwule, Bisexuelle und Trans*-Menschen demonstrieren intersektionell nicht normative Geschlechtlichkeit, sind mit Ras-

CAFE Kelli

Frühstück
Cocktail
Wein

café

Lasan Restaurant
(Orientalische Küche)

Biryani Reis mit Hähnchenkeule 7,90	Biryani Teller 5,50
Biryani Reis mit ganze Qozi 9,90	Biryani Reis mit halbe Qozi 8,9

«Das *Café Kotti* soll ein Begegnungsraum der Vielfalt sein, in dem ich meine Theorie der ‹Vielfalt als Ressource› verwirklichen möchte. Bisher fehlte Kreuzberg meiner Meinung nach ein solcher Raum. Begegnungen zwischen Menschen sind allzu oft geprägt von Vorurteilen und Schubladendenken gemäß Kategorien wie Nationalität, Glaube, Geschlecht oder sexueller Orientierung, was das Sprechen auf gleicher Augenhöhe verhindert. Anstatt aber den Fokus auf die Unterschiede zu legen, soll es an diesem Ort darum gehen, Gemeinsamkeiten zu erkennen und danach zu handeln. Auch wenn viele Menschen hier im Kiez unterschiedlichste soziale Kompetenzen besitzen, haben sie es doch oft lediglich geschafft, sich ihre eigenen Räume zu schaffen, und jede_r konnte weiterhin mit den Vorurteilen gegenüber anderen leben. 50 Jahre nun ist es uns nicht gelungen, die existierende Vielfalt gemeinsam zu nutzen – dem will ich ‹Vielfalt als Ressource› entgegenstellen. In Kreuzberg leben Menschen, die 130 unterschiedliche Sprachen sprechen, Heteros, lesBischwule, Trans, Queers – Menschen mit unterschiedlichsten Lebensentwürfen. Wir müssen Kreuzberg als vielfältigen Stadtteil begreifen und gemeinsame Begegnungsräume schaffen. Im *Café Kotti* passiert das auf der Basis eines gemeinsamen Konsenses, der neben dem Tresen in verschiedenen Sprachen an die Wand geschrieben steht:

‹Im *Café Kotti* *wird kein verbaler oder physischer Übergriff rassistischen, homophoben, sexistischen oder transphoben Inhalts toleriert. Wer einen solchen Übergriff ausübt, wird des Raumes verwiesen. Jede_r, die/der sich in diesem Raum aufhält, trägt dafür Verantwortung.*›

Auf dieser Grundlage kann das *Café Kotti* zu einem Begegnungsraum werden, in dem die Menschen vor Ort Freund_innen werden können, wo sich Menschen zu Hause fühlen können sollen. Definitionen, die gesellschaftlich vorgegeben werden, betonen zu oft die Unterschiede – hier dagegen sollen sich Menschen selbst definieren und als Individuen gemeinsam diesen Raum gestalten können. Dieses Konzept befindet sich weiterhin im offenen Prozess und entwickelt sich kontinuierlich weiter, zum Beispiel mit der Gestaltung des Cafés durch die Gäste. Alle können ohne jegliche Vorgaben Deckenplatten bemalen und somit ihren eigenen Raum schaffen. Dieses Projekt stellt innerhalb des Cafés die ‹Vielfalt als Ressource› künstlerisch dar. Die Integrationsdebatte wird überflüssig gemacht, und Menschen – unabhängig welchen Geschlechts, Glaube, Nationalität usw. treffen sich auf gleicher Augenhöhe. Sie können anhand gemeinsamer Interessen Gespräche führen und gemeinsam handeln. Mit diesem Projekt wird auch deutlich, dass Menschen auch ohne eine gemeinsame Sprache miteinander kommunizieren können. Zuschreibungen, was vermeintliche kulturelle Unterschiede anbelangt, sind hier fehl am Platz.

Im *Café Kotti* sollen alle Menschen, die sich mit diesem Raum definieren wollen, die Möglichkeit haben, in Begegnungen ihr Schubladendenken abzubauen und ihre sozialen Kompetenzen gemeinsam weiterzuentwickeln, um Kreuzberger_innen, Berliner_innen, Deutschländer_innen, Europäer_innen und Weltmenschen zu werden. So werden wir auf alle Ungerechtigkeiten weltweit als Humanist_innen reagieren können und nicht mehr in Kategorien denken, die unser Handeln bestimmen.»

Ercan Yaşaroğlu ist Sozialarbeiter und Lehrbeauftragter der Alice Salomon Hochschule für transkulturelle Sozialarbeit. Er ist seit 1974 aktiv im antirassistischen Widerstand und Besitzer des *Café Kotti*.

sismus konfrontiert, sind älter, sind durch eine oder mehrere Beeinträchtigungen gesellschaftlich in vielerlei Hinsicht behindert, sind immer wieder selbst oder in der Familie von Armut und Arbeitslosigkeit betroffen.

Die Ähnlichkeiten dieser Mechanismen und Erfahrungen sind so enorm, dass es doch eigentlich ein Leichtes sein könnte, als gesellschaftlich marginalisierte Menschen die zahlreichen Verbindungen zueinander wahrzunehmen und sich gestärkt und entschieden gegen jede Form von Diskriminierung und Gewalt zu positionieren – nach dem Motto: «Geteiltes Leid ist halbes Leid».

Um diesen Schritt der Solidarisierung gehen zu können, ist es aber mitunter notwendig, eigene Privilegien in Frage zu stellen, und dies ist oft umso schwerer gerade wenn der Mensch selbst von Ausgrenzung betroffen ist: Die Teilhabe an Privilegien auf anderen Ebenen scheint die eigene Marginalisierung auszugleichen nach dem leidvoll bekannten Motto: «Teile und herrsche».

In so einem System von Markierung vs. Normalisierung, Marginalisierung vs. Dazugehörigkeit, Abwertung vs. Aufwertung, Ausgrenzung vs. Öffnung, Vorurteilen vs. symbolischer Anerkennung, Diskriminierung vs. Privilegien steht keine_r von uns auf einer neutralen und von Anderen unabhängigen Seite. Während beispielsweise gerade weiße, deutsche, junge schwule Männer in bestimmten gesellschaftlichen Bereichen als potenziell finanziell starke Klientel und Kapitalbesitzer durchaus symbolische Anerkennung genießen, werden beeinträchtigte, ältere, sozial schwächere weiße oder Schwarze Schwule, Lesben oder Trans*-Menschen bzw. Lesben, Schwule und Trans*-Menschen of Color als finanziell oder kulturell ungenügende Personen markiert, marginalisiert und abgewertet. Nur eine gemeinsame Übernahme der Ver-antwortung für eine Veränderung dieses Systems kann Diskriminierung und Gewalt ernsthaft und grundlegend etwas entgegensetzen. Ein Engagement explizit nur in Teilbereichen beschränkt und reproduziert letztlich die herrschenden Verhältnisse. So könnten uns nicht nur parallele Erfahrungen von Diskriminierung und Gewalt, sondern gerade die unterschiedlichen gesellschaftlichen Positionen und die damit verbundene Aufteilung von Macht und Privilegien mit einem bewussten Blick darauf durchaus miteinander verbinden und im gemeinsamen Verständnis stärken.

Die Auseinandersetzung mit eigenen und szene-internen Rassismen und Transphobie im Rahmen dieser Veranstaltung sollte ein Schritt in dieser Richtung sein.

Auch wenn sich im Rahmen ähnlicher Auseinandersetzungen in all diesen Jahren viele Partnerorganisationen der Lesbenberatung Berlin, darunter GLADT, ReachOut, ADNB des Türkischen Bundes in Berlin-Brandenburg, Schwulenberatung Berlin und auch viele Einzelpersonen, viele Aktivist_innen mit uns verbündet haben, fehlen uns immer wieder, gerade in konkreten Fällen, größere Bündnisse und breitere gemeinsame Überlegungen und Auseinandersetzungen. Wir erhoffen uns durch diese Veranstaltung auch neue Perspektiven für eine engere zukünftige Zusammenarbeit und neue Bündnisse.

Der Beitrag beruht auf dem Begrüßungs- und Einleitungsvortrag, den die Autorin bei der Tagung «Verbindungen sprechen – Empowerment-Veranstaltung zu Rassismus und Transphobie in LBTI-Kontexten» am 18. November 2010 gehalten hat. Die Texte zur Veranstaltung und weitere Informationen zu LesMigraS finden Sie hier: www.LesMigraS.de. Großen Dank an die Autorin und die Lesbenberatung Berlin (www.Lesbenberatung-Berlin.de) für die Wiederabdruck-Genehmigung. *KYG*

«Kultur» statt «Rasse»
Das Phänomen des antimuslimischen Rassismus
Yasemin Shooman

Im August 2010 erschien Thilo Sarrazins Buch *Deutschland schafft sich ab. Wie wir unsere Zukunft aufs Spiel setzen*. Darin heißt es: «Ich möchte nicht, dass das Land meiner Enkel und Urenkel zu großen Teilen muslimisch ist, dass dort über weite Strecken Türkisch und Arabisch gesprochen wird, die Frauen ein Kopftuch tragen und der Tagesrhythmus vom Ruf der Muezzine bestimmt wird. Ich möchte nicht, dass wir zu Fremden im eigenen Land werden.» (Sarrazin 2010: 308) Nicht zum ersten Mal machte der Ex-Politiker mit solch dezidiert antimuslimischen Äußerungen von sich reden und handelte sich den Vorwurf des Rassismus ein. Diesen wiesen er und die Publizistin Necla Kelek, die sein Buch im Haus der Bundespressekonferenz vorstellte, mit ähnlichen Argumenten zurück: So sagte Sarrazin, er sei kein Rassist, da sein Buch nur mit dem Merkmal der «Kultur» argumentiere. Und auch Kelek äußerte, es sei absurd, Sarrazin des Rassismus zu bezichtigen, «denn der Islam ist keine Rasse sondern Kultur und Religion». (*Bild am Sonntag* vom 29. August 2010)

Zwar ist Kelek beizupflichten, denn in der Tat stellt der Islam keine «Rasse» dar – doch trägt diese Argumentation nicht weit, denn genauso wenig gehören Schwarze oder Jüd_innen einer «Rasse» an, weil es überhaupt keine genetisch unterscheidbaren menschlichen Rassen gibt. Diese Erkenntnis, wonach es sich bei «Rassen» um soziale und politische Konstrukte handelt, aber vor allem die Erfahrung des Holocausts führten zwar dazu, dass Rassentheorien nach dem Ende des Zweiten Weltkrieges in Europa – außer bei Rechtsextremen – offiziell auf breite Ablehnung stießen. Damit verschwanden aber keinesfalls rassistische Denk- und Handlungsweisen, die Menschen kategorisieren und diese Kategorien mit unterschiedlichen Wertungen versehen. Ausgehend von solchen Anpassungen in der Argumentation, die nun auf den expliziten Rasse-Begriff häufig verzichtet, wird in der Forschung seit mindestens zwei Jahrzehnten unter dem von Étienne Balibar und Stuart Hall geprägten Schlagwort vom «Rassismus ohne Rassen» eine zunehmende Verschiebung von dem biologistisch argumentierenden Rassismus hin zu einem Neo- bzw. Kulturrassismus diskutiert. Um eine solche Form des Kulturrassismus handelt es sich auch beim antimuslimischen Rassismus. Grundlage dieser Art des Rassismus ist der Glaube an eine historisch gewachsene sowie unausweichliche Differenz und Hierarchie der «Kulturen», wobei diese als essentialistische, also als in ihrem Wesen unwandelbare und somit statische Konstrukte zu verstehen sind. Damit einher geht eine quasi Naturalisierung kultureller Eigenschaften. Hierbei werden bestimmte Merkmale allen Personen einer kulturell definierten Gruppe zugeschrieben, sie wird also als homogen begriffen. Derartige Annahmen rekurrieren implizit auf einen Kollektivcharakter.

Die von Sarrazin und anderen beklagte Gefährdung des europäischen Kultur- und Zivilisationsniveaus durch Einwanderung und überdurchschnittliche Vermehrung der vermeintlich unterentwickelten Muslim_innen weist strukturelle Ähnlichkeiten mit den Ängsten vor der Vermehrung «minderwertiger Rassen» auf, wie sie im biologistischen Rassismus existieren (vgl. Gaitanides 1994). Demnach könne der Fortschritt der Menschheit nur durch die Dominanz der überlegenen «weißen Rasse» sichergestellt werden. In der neorassistischen Meistererzählung ist hingegen die überlegene «westliche Zivilisation» durch die Ausbreitung «fremder» und inkompatibler «Kulturen» gefährdet. In Sarrazins Buch liest sich das wie folgt: «Demografisch stellt die enorme Fruchtbarkeit der muslimischen Migranten eine Bedrohung für das kulturelle und zivilisatorische Gleichgewicht im alternden Europa dar», denn «kulturell und zivilisatorisch bedeuten die Gesellschaftsbilder und Wertvorstellungen, die sie vertreten, einen Rückschritt» (Sarrazin 2010: 267). Sarrazin geht also von einer klar abgrenzbaren islamischen Kultur aus, deren Träger_innen – die Muslim_innen – durch ihre physische Vermehrung zu einer existentiellen Gefahr für die europäische Kultur werden. Konstitutiv für den antimuslimischen Rassismus, wie er im Verhältnis von nichtmuslimischen Mehrheitsgesellschaften und als muslimisch markierten Minderheiten bedeutsam wird, ist eine dichotome Konstruktion von «westlicher», soll sein «christlich-abendländischer», und «islamischer» Kultur, die einander als statische Entitäten gegenüberstehen und als unvereinbar angesehen werden. Üblicherweise wird bei einer solchen bipolaren Sicht auf «Islam» und «Westen» Letzterer als emanzipativ, aufgeklärt und fortschrittlich beschrieben, während «der Islam» als rückständig, unwandelbar, irrational und gewaltbereit gilt. Womit wir bei einem wesentlichen Aspekt angelangt wären, dass nämlich die Fremddämonisierung häufig mit einer Selbstidealisierung einhergeht, die Abwertung des Anderen also der Aufwertung des Eigenen dient.

Im antimuslimischen Rassismus wird die Hybridität und Dynamik kultureller Identitäten geleugnet, stattdessen wird jedes Verhalten von Menschen, die als Muslim_innen markiert sind, auf «den Islam» zurückgeführt. Der argumentative Rückgriff auf die Religion der Muslim_innen wird nicht selten zur Abwehr des Rassismusvorwurfs benutzt, schließlich handle es sich ja lediglich um die Ablehnung eines Glaubens, und den dürfe man doch wohl kritisieren, so das Standardargument. Dabei wird der Begriff der Religion in einer ähnlich deterministischen Art und Weise verwendet wie der Kulturbegriff: Aus einer oftmals selektiven und wortwörtlichen Lektüre des Korans werden pauschale Rückschlüsse auf das soziale Verhalten der Muslim_innen gezogen und damit unterstellt, diese seien in ihrem Handeln vorrangig und eindeutig von ihrer Religion bestimmt, und zwar ohne dass eine von Raum und Zeit abhängige Aneignung der religiösen Schriften stattfände. In diesem Zuschreibungsprozess, der auf ein vermeintlich zeitloses «Wesen» des Islam abhebt, aus dem sich das Denken, Fühlen und Handeln jedes Muslims und jeder Muslimin ableiten ließe, wird die Selbstverortung des Individuums ausgeblendet. Zudem treten seine sonstigen Identitäten – die sich zum Beispiel aus dem Geschlecht, dem Alter, der politischen Einstellung, dem Beruf etc. ergeben – zugunsten einer Markierung als Muslim_in in den Hintergrund. Hierbei können auf der Ebene der sozialen Interaktion sowohl religiöse Kleidung (wie das Kopftuch) als auch ein bestimmtes Äußeres (schwarze Haare, ein Bart etc.) oder lediglich der Name zum Stigma werden.

Wie bei anderen Formen des Rassismus auch, lässt sich antimuslimischer Rassismus nicht allein als ein Phänomen individueller Einstellungen verstehen. Daneben sind insbesondere all jene Instanzen von Bedeutung, die gesellschaftliches Wissen, sprich Diskurse und mit ihnen Bilder und Stereotype produzieren: die Medien, die Wissenschaft, die Werbung, die Filmindustrie usw. Diese Diskurse werden wiederum auf einer strukturellen bzw. institutionellen Ebene wirksam, indem sie beispielsweise in Gesetze einfließen oder eine Benachteiligung auf dem Wohnungs- bzw. Arbeitsmarkt und im Bildungswesen generieren.

Die Gründe für die Diskriminierung von Muslim_innen sind häufig nicht auf ein einziges Merkmal zurückzuführen. Vielmehr findet im antimuslimischen Rassismus eine Amalgamierung von kulturell-religiösen und ethnischen Kategorien statt. Dies zeigt sich sowohl in der synonymen Verwendung der Bezeichnungen «Muslim» und «Türke» oder «Araber», als auch in einer Islamisierung der Debatten rund um das Thema Integration. Durch die Fokussierung auf den Islam wird dabei der Eindruck zementiert, dass Einwander_innen aus Ländern mit muslimischer Bevölkerungsmehrheit und ihre Nachkommen ein primär von der Religion determiniertes Kollektiv seien – was man getauften Menschen wahrscheinlich nicht per se unterstellen würde. Darüber hinaus suggeriert die häufige Gleichsetzung von Muslim_innen und Zuwander_innen, die eine Ethnisierung der Kategorie «Muslim_in» zur Folge hat, dass das «Muslim-Sein» und das «Deutsch-Sein» etwas Gegensätzliches wären.

Eine wesentliche Funktion des Rassismus liegt darin, dass er Zugehörigkeit und Nichtzugehörigkeit regelt. Nicht umsonst heißt es bei Sarrazin: «Ich möchte nicht, dass *wir* zu Fremden im *eigenen* Land werden.» – Das imaginierte «Wir», von dem er hier spricht, ist ein «Wir» der weißen, christlichen Deutschen. Zu diesem «Wir» können Muslim_innen aus Sarrazins Sicht per definitionem nicht dazugehören. Es geht beim Rassismus also nicht nur um Abwertung, sondern ebenso um die Wahrung von Privilegien mittels Exklusion. Deshalb artikuliert er sich häufig gerade im Kontext des sozialen Wandels, der durch eine sich vollziehende Integration ausgelöst wird: Es sind ja eben nicht die Hinterhofmoscheen, die Abwehr hervorrufen, sondern repräsentative Gotteshäuser, die Muslim_innen als im Stadtbild dokumentierte Mitglieder der Gesellschaft ausweisen. Auch entzündete sich kaum Streit an den Kopftüchern von Putzfrauen, während das Streben junger Akademikerinnen mit Kopftuch in den Staatsdienst in Deutschland eine Reihe gesetzlicher Bestimmungen nach sich zog, die solche Karrieren massiv erschweren.

Im Kontext einer durch Einwanderung und Einbürgerung brüchig werdenden «Abstammungsgemeinschaft» wird verstärkt das Merkmal der «Kultur» als neue Grenzmarkierung zwischen Eigenem und Fremdem bemüht (Stichwort Leitkultur). Der Rassismus dient aber nicht nur einer Abgrenzung nach außen, sondern immer auch einer Selbstvergewisserung und Identitätsstiftung nach innen. Das Thema Islam scheint dabei auch auf einer supranationalen Ebene eine besonders integrierende Funktion bei der Anrufung einer gemeinsamen europäischen Identität zu besitzen, wie man am Beispiel der rechtspopulistischen Parteien Europas sieht. Bei sogenannten Anti-Islamisierungskongressen und Anti-Minarett-Konferenzen kommen Vertreter_innen der deutschen Pro-Bewegung mit Mitgliedern des belgischen Vlaams Belang, der italienischen Lega Nord und der österreichischen FPÖ zusammen. Die religiös aufgeladene antimuslimische Rhetorik dient ihnen dabei als Modernisierungsstrategie und hat vielfach die Parole «Ausländer raus» abgelöst. Wie Meinungserhebungen des Bielefelder Instituts für interdisziplinäre Konflikt- und Gewaltforschung belegen, verspüren in Europa aber keinesfalls nur Rechtspopulist_innen ein Unbehagen angesichts des Vorhandenseins muslimischer Minderheiten: Insgesamt stimmten bei einer aktuellen Untersuchung in acht EU-Mitgliedsstaaten über 44 % der Befragten der Aussage zu, in ihrem Land lebten zu viele Muslim_innen (vgl. Zick/Küpper/Hövermann 2011: 70). Selbst in Ländern, in denen weit weniger als ein Prozent der Bevölkerung muslimisch ist, wie in Polen oder Ungarn, existiert eine massive Ablehnungshaltung vonseiten der Mehrheitsbevölkerung. Daraus folgt, dass der Rassismus also einerseits auch ohne seine realen Objekte auskommt – und dass es andererseits falsch ist, ihn nur am rechten Rand zu verorten, wie das in Deutschland häufig geschieht.

Neben dem Überfremdungstopos zeichnet sich der antimuslimische Rassismus durch ein Anknüpfen an emanzipative Diskurse aus. Häufig wird die Aversion gegen Muslim_innen beispielsweise mit dem Eintreten für Frauenrechte begründet. In der soeben zitierten Studie der Sozialforscher_innen Andreas Zick und Beate Küpper konnte jedoch gezeigt werden, dass solche Argumente oftmals nur vorgeschoben sind. In Deutschland stimmten 76,1 % der Befragten der These zu «Die muslimischen Ansichten über Frauen widersprechen unseren Werten». Aus demselben Sample der Befragten waren jedoch 52,7 % gleichzeitig der Meinung «Frauen sollten ihre Rolle als Ehefrau und Mutter ernster nehmen» (ebd.: 70–72). Es gilt also genau hinzusehen, wenn Menschenrechte ins Feld geführt werden, um die Ablehnung einer Gruppe als Kollektiv zu legitimieren. Denn auch paternalistische Fürsorge, die in einem Erziehungsauftrag gegenüber den «zu Zivilisierenden» mündet, ist ein traditionsreiches Motiv im Repertoire rassistischer Diskurse.

Der Beitrag wurde zuerst veröffentlicht in analyse und kritik – zeitung für linke debatte und praxis (www.akweb.de), Nr. 555 vom 19. November 2010. Beim Wiederabdruck sind kleinere redaktionelle Änderungen vorgenommen worden. Großen Dank an die Autorin und die Redaktion für die Wiederabdruck-Genehmigung. KYG

Literatur

Gaitanides, Stafan (1994): Rechtspopulismus und Neorassismus. In: *Sozialmagazin* 12. Jg., Seiten 52–62.

Sarrazin, Thilo (2010): *Deutschland schafft sich ab. Wie wir unser Land aufs Spiel setzen.* München: Deutsche Verlags-Anstalt.

Zick, Andreas/Küpper, Beate/Hövermann, Andreas (2011): *Die Abwertung der Anderen. Eine europäische Zustandsbeschreibung zu Intoleranz, Vorurteilen und Diskriminierung.* Berlin: Friedrich-Ebert-Stiftung.

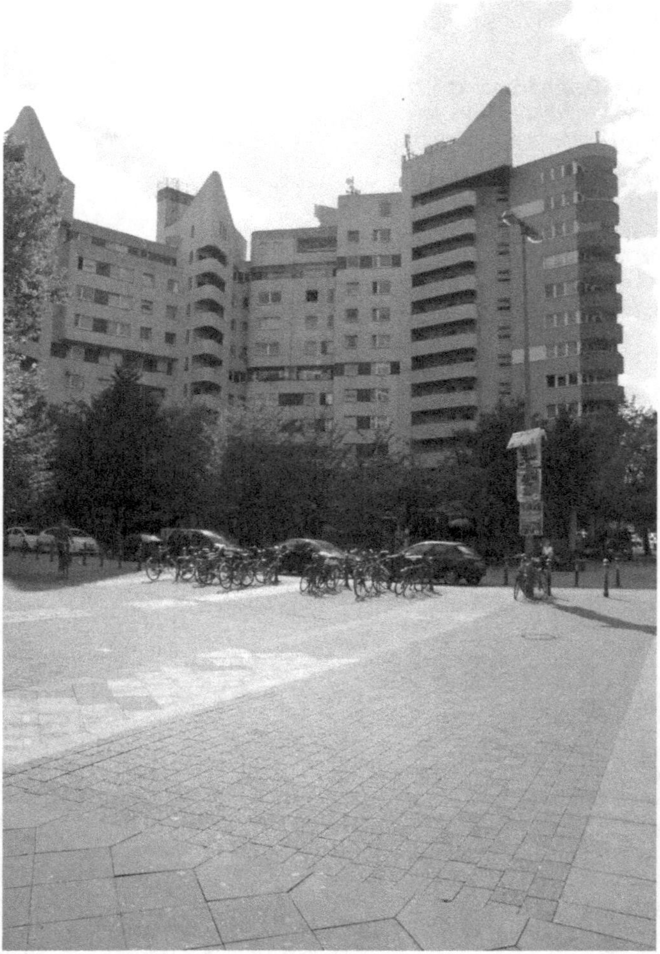

Lob und Notwendigkeit der Asymmetrie
Zur nationalen Funktion der Islam-Debatten in Deutschland
Koray Yılmaz-Günay

Ob es ein Gesicht ist, das uns in der U-Bahn gegenübersitzt, oder unser eigenes im Spiegelbild: Wir sind oft geneigt, ein Ebenmaß zu suchen, das uns die Orientierung, die Einordnung, die Kategorisierung erleichtert. Räume, Plätze, unsere Paar-Beziehungen, die Anordnung der Möbel, alles scheint geprägt vom Wunsch, der vielleicht schon unsere ersten Zeichnungen noch vor der Schulzeit geleitet hat: dem Bestreben, es möge irgendwie zueinander passen, was auf den beiden Seiten einer fiktiven Achse liegt. Alles soll symmetrisch sein, alles soll sich so fügen, dass es sich zur Not zweidimensional in einem Schaubild darstellen lässt. Alles andere ist uns irgendwann nicht mehr erträglich. Je weniger sichtbar die Verwerfungen des Alltags und der Realität sind, desto bequemer lässt es sich leben. Im Schema. Je eng der Horizont, desto Schublade die Wahrnehmung der Welt.

Alle Debatten, die hiesig um «den Islam» geführt werden, sind geprägt von dieser im Kern langweiligen Wahrnehmung der Welt und ihrer Zusammenhänge. Es sind vielleicht gelangweilte Menschen, die sich zu lang den Kopf zerbrochen haben über die «Dritte Welt», den Feminismus oder die Rechte von Schwulen und Lesben – und die einfach Lust drauf haben, keine Lust mehr zu haben. So ein Krieg strapaziert die Geduld, die Nerven – und irgendwann auch die Kapazitäten der Wahrnehmung. Ist die Frau mit Kopftuch freier oder unfreier als die ohne? Ist der islamistische Terror die neue Sowjetunion, und wir leben in einer Blockkonfrontation, in der Grün ist, was Rot vorher war? Sind Muslim_innen schwulenfeindlicher als wir? Sollen in der Schweiz Minarette gebaut werden dürfen? Gehört die Türkei in die EU? Geht das Abendland unter, wenn in Berlin muslimische Eltern vor Gericht verlangen, dass ihr Sohn in der staatlichen Schule beten können muss? Was werfen die Muslim_innen in die andere Waagschale für die Integrationshände, die wir ihnen entgegengestreckt haben? All diese Fragen und die noch zahlreicheren, die sie stellen und beantworten, profitieren von unserer Schwäche für die Anordnung von Gegebenheiten und Argumenten nach simplen Regeln.

Auf die Argumente, die ins Feld geführt werden, ließe sich in jedem Fall eine Entgegnung finden, die reales Gegengewicht erzeugen kann – wenn es sich tatsächlich um Waagschalen handelte, mit denen wir es hier zu tun haben. Haben wir aber nicht. Es interessiert die Argumentierenden nicht, dass es in der Türkei mehr gutbezahltes weibliches Lehrpersonal in ingenieurwissenschaftlichen Fächern gibt als in der Bundesrepublik, dass das staatliche Verbot von Homosexualität erst mit den Kolonialherren in die Kolonien Englands kam, die heute wieder gewaltvoll «zivilisiert» werden sollen, damit sie irgendwann auch schwule Helden in der Sitcom oder Frauen im Militär haben können, dass, dass, dass…

Tendenziell christlich
In der Bundesrepublik sind Staat und Kirchen massiv miteinander verfilzt. Trotz der im Grundgesetz festgeschriebenen Trennung subventioniert der Staat die christlichen Kirchen, denen auch laut aktuellem Koalitionsvertrag «eine unverzichtbare Rolle bei der Vermittlung der unserem Gemeinwesen zugrunde liegenden Werte» zukomme, mit Milliarden.[1] Zu staatlichen und semi-staatlichen Anlässen gibt es ökumenische Gottesdienste, ohne dass die Frage auftauchte, wer denn Teil dieser Ökumene sein soll. Die Frage ist seit mehreren Jahrhunderten entschieden und muss offensichtlich nicht neu debattiert werden. Krankenhäuser, Senior_innenheime, Kindergärten, Schulen, Beratungsstellen und viele andere Einrichtungen werden vom Staat finanziert, ohne dass er sich dafür interessierte, wie dort die Curricula und Angebote konzipiert sind.[2] Als sogenannte «Tendenzbetriebe» haben die christlichen Kirchen als Arbeitgeber«innen» jetzt explizit das Recht, bestimmte Menschen zu diskriminieren, nicht trotz, sondern gerade wegen des ansonsten so «Allgemeinen» Gleichbehandlungsgesetzes (AGG, § 9). Kein Problem, wenn da Frauen mit Kopftuch, Nicht-/Andersk onfessionelle oder Homosexuelle mit Eingetragener Lebenspartnerschaft nicht arbeiten dürfen, weil die Arbeit als «verkündungsnah» definiert wird. Kein Problem zumindest für die Bundesrepublik, die die Antidiskriminierungsrichtlinien der EU ohnehin nur sehr zögerlich und auf Sparflamme umgesetzt hat. Ähnlich weitreichende Ausnahmen für Parteien, Gewerkschaften oder etwa

---

[1] Aus dem 10. Abschnitt «Religion, Geschichte und Kultur; Sport/Religionsgemeinschaften» des Koalitionsvertrags zwischen CDU, CSU und FDP: «Den Christlichen [Großschreibung im Original] Kirchen kommt eine unverzichtbare Rolle bei der Vermittlung der unserem Gemeinwesen zugrunde liegenden Werte zu. Wir wissen, dass auch andere Religionen Werte vermitteln, die einen positiven Einfluss auf unsere Gesellschaft haben. Wir achten alle Religionszugehörigkeiten. Besondere Verantwortung tragen wir für die jüdischen Gemeinden als Teil unserer Kultur. Wir werden den Dialog mit den Kirchen, Glaubensgemeinschaften und religiösen Vereinigungen noch stärker betreiben.»
[2] Die Liste der Privilegien der christlichen Großkirchen ist lang und wäre mehrere eigene Artikel wert. Von der Besoldung von Bischöfen, Domherren etc. durch Steuergelder der Allgemeinheit (nicht: Kirchensteuer) über die Förderung von Kirchentagen und Priesterseminaren, Militär-, Gefängnis- und Polizei-Seelsorge bis hin zum Religionsunterricht an staatlichen Schulen, der vom Staat bezahlt wird… Statt das «Reichskonkordat» zwischen Hitler-Deutschland und dem Heiligen Stuhl aufzulösen, wie es etwa Italien und Spanien getan haben, hat sich die Bundesrepublik entschlossen, es nach dem Krieg einfach auf andere Religionen (die protestantischen vor allem) auszuweiten.

Medien, für die weltanschauliche Fragen ja auch nicht uninteressant sind, gelten laut AGG nicht.

Mithin stellen die christlichen Großkirchen in der Bundesrepublik sozial und politisch, vor allem aber ökonomisch einen wichtigen Machtfaktor dar. Theologische Argumente zählen schon längst nicht mehr, genauso wenig wie die tatsächliche Zahl der Kirchenmitglieder. Keine Partei, die in einem Landesparlament oder im Bundestag vertreten ist, propagiert die Entflechtung – denn statt den Politikteil in den Zeitungen mit diesem unappetitlichen Thema zu füllen, bei dem nicht absehbar ist, wie die Mehrheit der Wahlberechtigten tickt, bieten sich vermeintlich wichtigere Debatten viel vordringlicher an: «der Islam», dieser und jener Preis für Necla Kelek, der «interreligiöse Dialog» und natürlich die Grundfesten «unserer Kultur». Aber bitte im Kulturteil.

«Wenn die schlecht sind, müssen wir gut sein.»
Die Rede über die «Anderen» erspart der Mehrzahl die Beschäftigung mit sich selbst. Sie «weiß» meistens nicht einmal, dass sie weiß, christlich sozialisiert, nicht «behindert», heterosexuell und an maskulinen Wertvorstellungen orientiert lebt. Wer «Ehrenmorde» zu debattieren hat, braucht sich keine Gedanken darüber zu machen, dass 80% aller ermordeten Frauen von ihren (Ex-) Partnern oder Familienmitgliedern ermordet werden. Nur ist es dann die Tat eines vermeintlichen Einzeltäters und nicht einer «Kultur» oder «Religion». Obschon «Familientragödien» oder «Eifersuchtsdramen» ähnlich unabwendbar scheinen wie «Ehrenmorde», wissen alle, was schwerer wiegt. Wer anklagend oder Sozialarbeit fordernd arabisch-stämmige Jugendliche besprechen kann, muss sich irgendwann vielleicht nicht mehr erinnern, dass die Polizei auch schon vor der zweiten Intifada vor jüdischen Einrichtungen überall in der Bundesrepublik postiert war – und zwar nicht aus «[b]esondere[r] Verantwortung [...] für die jüdischen Gemeinden als Teil unserer Kultur», sondern aus Angst vor schlechter Presse im Ausland, falls die Volksgemeinschaft mal wieder *tabula rasa* machen will. Wer so tut, als gäbe es «unsere Gesellschaft» mit «unseren Werten» ohne ihre parzellierten Interessengruppen und ihre sozialen Disparitäten, braucht nicht zu sagen, ob Menschen, die einwandern, sich an antisemitischen Stammtischen beteiligen oder lieber philosemitische Sonntagsreden hören sollen – vielleicht sogar aber auch: beides. Das Bekenntnis zur «Integration» muss reichen. Den Rest besprechen wir am Sankt-Nimmerleins-Tag. – Vielleicht bei einem Erfrischungsgetränk im Augsburger Zoo, wo noch im Jahr 2005 – gerade war die Bundesrepublik offiziell zum «Zu-» Wanderungsland geworden – die besonders originelle Idee aufkam, ein «African Village» zu installieren, in dem Schwarze inmitten anderer kurioser Geschöpfe «die Atmosphäre von Exotik» vermitteln sollten. Im Zoo.

«Integration» und «Islam» sind die zwei Begriffe, anhand deren systemimmanente («wesentliche») Missstände ganz bequem ausgeblendet werden. Der verkürzende Diskurs über Einwanderung, der in diesen Abstrusa in Reinform vorliegt, erspart der ganzen Gesellschaft qualvolle Debatten darüber, was sie jenseits ihrer fiktiven ethnischen Homogenität denn sein will. Die Gemeinschaft der «Deutschen» stellt auch über 60 Jahre nach der Republikgründung einen größeren Wert dar als irgendein gesellschaftliches Ideal.[3]

---

[3] Die Volksgemeinschaft, die sich heute nicht mehr so nennen möchte, besteht nach wie vor aus einer bestimmbaren Gemeinschaft von «Deutschen». Je höher es in ihren Hierarchien geht, desto weniger Frauen, ethnische, religiöse und andere «Minderheiten» kommen in ihr vor. Politik, Medien, Wirtschaft, Gewerkschaften, Wissenschaft und viele andere zentrale Bereiche sind sehr homogen organisiert – auch wenn

Symmetrie hat ihren Preis. Vielleicht sogar mehrere.
Der Islam als Religionsgemeinschaft ist nicht homogen – und noch weniger ist es die Schar der «Muslim_innen». Da es religionsimmanent keine formalisierte Mitgliedschaft gibt, wird zunächst einmal jedes Kind von Muslim_innen als muslimisch betrachtet – und wenn eine Person sich entscheidet, nicht (mehr) «muslimisch» zu sein, ist sie es nicht. Kein Amtsgericht entscheidet in keinem Land darüber, wer, warum, ab wann «nicht mehr muslimisch» ist. Was das heißt, muslimisch sein oder nicht sein – sozial, politisch, theologisch, lebensweltlich –, ist damit längst nicht gesagt: «Der» Islam existiert nicht – es sei denn, das Innenministerium möchte, dass «er» existiert – mit einer Adresse und mit einer Telefonnummer. Aber selbst die von Wolfgang Schäuble einberufene Islamkonferenz ist dem Begriff der Religionsgemeinschaft abgekupfert, der an christlicher Religionsorganisation gebildet ist. Symmetrie hat ihren Preis. Das Besondere hat in «unserer» Kultur von jeher keinen Platz.

Es existieren international Konflikte, die von manchen als «anti-imperialistischer Kampf» und anderen als «Zusammenprall der Zivilisationen» gehandelt werden. Hamas und die Huntington-Schule verfolgen – wie die anderen an den Polen positionierten Akteure – manifeste Interessen jenseits von «Kultur» und «Zivilisation». Beide «Seiten» tun so, als gebe es nur ihre oder die andere Position, entweder «den Westen» oder «den Islam». Nicht anders ist es auf einzelstaatlicher Ebene.

Während die Debatten im Vereinigten Königreich und in Frankreich immer auch Auseinandersetzungen mit der eigenen Kolonialgeschichte darstellen, haben sie in den Niederlanden, in Dänemark, in der Schweiz, in Österreich und vor allem in Deutschland eine nationale Funktion. Sie sind immer eine Aussage zum Selbstbild des Nationalstaats mit überkommener Homogenitätsvorstellung. Anhand dieser Debatten entscheiden sich Fragen von Zugehörigkeit, hieran entscheiden sich Einschränkungen elementarer Rechte (Wen darf ich heiraten? Wann/durch wen darf meine Wohnung/mein PC durchsucht werden? Welche Sprache darf ich auf dem Schulhof sprechen? usw.), hieran entscheidet sich, wie wir, alle wie wir sind, miteinander zusammenleben wollen – unabhängig von Herkunft, Religion oder Weltanschauung.[4]

Ethno-Muslim_innen: nichts Neues
Wir sind hierzulande noch sehr einer Gruppen-Soziologie verhaftet. Die Selbstzuschreibungen («Wir» und alles mit «unsere») und alle Fremdzuschreibungen gehen aus von «Ethnien» – und «die Muslim_innen» werden im Diskurs so behandelt, als seien sie eine eigene «Ethnie».

Selbstabsonderung, «Parallelgesellschaften» etc. gern als Erfindung von Einwanderungs-Communities aus bestimmten Ländern diskutiert werden. Die Zugehörigkeit entscheidet sich nach Konjunkturen, die vielleicht nicht einmal den (potentiell) Zugehörigen klar sind. Geht es um ein «Islam»-Bashing, darf gern Henryk M. Broder dabei sein, der ansonsten durch die binäre Einteilung in «Deutsche» oder «Juden» durchfallen würde. Es ist geradezu betörend, wie durch die «Islam»-Debatten eine friedvolle christlich-jüdische Geschichte konstruiert wird, die gänzlich ohne Pogrome, Vertreibungen und Shoa auskommt.

[4] Längst überschneiden sich die Kategorien, weil weiße deutsche Konvertit_innen zum Islam als «Migrant_innen» wahrgenommen werden – genauso wie alle Menschen aus mehrheitlich muslimischen Ländern, Schwarze und *People of Color* unabhängig von ihrer Religion als «Muslim_innen». Es ist, wie so oft, nicht die individuelle Zugehörigkeit, sondern die kollektive Zuschreibung, die sozial über Gruppenzugehörigkeit entscheidet. Theologische Erwägungen sind dabei gänzlich irrelevant; es sind gesellschaftliche und politische Identitäten, von denen gesprochen wird, wenn es um «christlich-abendländisch» oder «muslimisch» geht.

Im Zweifelsfall reichen schon dunkle Haare, um die vermeintliche Zugehörigkeit zu ihr zu bestätigen. Statt allerdings konsequent von «Rassismus» zu sprechen, wie es dann geboten wäre, lautet der allzu schnell gefundene Begriff, der die Diskriminierung bezeichnet, «Islamophobie» oder «Islamfeindlichkeit». Dabei käme es darauf an, diese im Kern rassistische Konstruktion von «Wir» und «die Muslim_innen» endlich loszuwerden. Restlos. Wir müssen lernen zu fragen, unter welchen Bedingungen, auf welche Weisen und warum es sich «lohnt», die Welt ethnisierend (und in der Folge auch ethnisiert) zu deuten. Die alte Macht-Frage also, die bei allen Formen des Rassismus gern ignoriert wird – im Mainstream nicht mehr, aber auch nicht weniger als in der politischen Rechten oder zum Teil auch in der Linken.

Denn das Problem beginnt nicht beim antimuslimischen Rassismus und seinen Protagonist_innen[5], es entsteht bereits vorher, bei der Einteilung der Welt in «Muslim_innen» und «Nicht-Muslim_innen», die selbst rassistischer Kategorienbildung folgt. Ob die Gemeinschaft «der Muslim_innen» vom Islamismus, von «besorgten» Moscheebau-Gegner_innen oder aus der diskursiven «Mitte der Gesellschaft» hergestellt wird – immer homogenisiert sie eine außerordentlich heterogene und heterodoxe Zahl von über einer Milliarde Menschen: Zwischen dem bevölkerungsreichsten «muslimischen» Land (Indonesien) und Indien, wo mehr Muslim_innen leben als in der Türkei, sowie Saudi-Arabien oder Bosnien-Herzegowina gibt es nennenswerte Unterschiede in allen politischen, sozialen, ökonomischen und sonstigen Bereichen, ganz zu schweigen von den Unterschieden zur Lebensrealität von «Migrant_innen», die als Repräsentant_innen dieser vermeintlich einen Religion/Kultur wahrgenommen werden.

Es geht in allen Debatten über «den Islam» grundsätzlich um mehr: Es geht ums Ganze, das ganz und gar nicht symmetrisch organisiert ist. Wenn das Gespräch um Frauen mit Kopftuch kreist, geht es um alle Geschlechter-Konstruktionen – weiße deutsche Weiblichkeiten/Männlichkeiten werden implizit mit konstruiert, hetero- wie homosexuelle: «Natürlich» sind diese aufgeklärt(er) und emanzipiert(er), ihr Lebensstil («westlich») ist per se selbstbestimmt. Da es keine Kolonien mehr gibt, müssen die Objekte, die «uns» zu Subjekten machen, jetzt im Inland gesucht werden. Dieser Mechanismus ist heute um nichts origineller als vor 200, 150 oder 100 Jahren.

Es geht um die Bedingungen von Bildung, Ausbildung und Arbeit für alle, auch wenn es auf der Oberfläche um die «Bildungsferne» von Migranten-Jugendlichen geht oder ihre «nicht-produktive» Funktion, die nur zum Handel mit Naturerzeugnissen reicht. Anders sind die aktuellen Diskussionen ums Bildungswesen nicht zu erklären.[6] Es geht um den Einsatz der Bundeswehr im Ausland (gerechtfertigt u.a. mit Hin-

---

[5] «Protagonist_innen» sind hier u.a. rechtspopulistische Parteien und «Bewegungen» wie auch gewisse so genannte «Antideutsche», feministische oder schwule Aktivist_innen, die sich durch die Beschwerde über «den Islam» oder «die» Muslim_innen das Eintrittsticket für die Mitte der Gesellschaft sichern wollen. Es ist zwar absehbar, dass dort alle Logenplätze bereits vergeben sind, aber vielleicht lassen sich nach dem Hype in den hinteren Reihen doch noch Bestände sichern…

[6] Während die «(integrierte) Gesamtschule» von nicht wenigen als kommunistisches Machwerk verschrien war und keine Chance auf flächendeckende Einführung gehabt hätte, sind «Gemeinschaftsschulen» und eine zweigliedrige Oberschulstruktur ohne Hauptschule jetzt en vogue. Es sind auch hier die gerade noch funktionierenden Eliten der weißen Mittelschicht, die zum Trost gern wenigstens die Zusage hätten, dass ihre Kinder nach wie vor in homogen weißen Klassen unterrichtet werden können.

weis auf die Menschenrechte von Frauen und Homosexuellen), das Strafrecht und Sicherheitsmaßnahmen im Anti-Terror-Kampf und um vieles, vieles mehr, was gesamt-gesellschaftlich relevant ist.

Die Ungleichheit von Arm und Reich wird derweil immer eklatanter. Die Ungleichheit von Frauen und Männern sowie insgesamt traditionelle Geschlechter- und Familienkonstruktionen werden in Zeiten ökonomischer Krisen wieder und wieder aufs Neue begründet. Die Andersartigkeit von Homosexuellen wird durch das Zweite-Klasse-Sonderrecht der Eingetragenen Lebenspartnerschaft nicht aufgehoben, sondern zementiert. – Die Aussicht auf Chancengleichheit rückt für die unterschiedlichsten Bevölkerungsgruppen immer weiter außerhalb ihres Horizonts, ganze Landstriche und Bevölkerungsgruppen werden abgehängt. Vor dem Hintergrund einer immer komplexer werdenden Welt und auf nationalstaatlicher Ebene gesamtgesellschaftlicher Desintegration bevorzugen wir, eine Ersatzdebatte am Leben zu erhalten, die die Bevölkerung in künstliche Blöcke einteilt – hier die soziale und politische Einheit «der Muslim_innen» – dort, unmarkiert, «wir». Wann lernen wir, über unsere realen Asymmetrien zu sprechen?

Der Beitrag ist zuerst erschienen in *ZAG – Antirassistische Zeitschrift*, Ausgabe 56/2010, Seiten 9–11. Beim Wiederabdruck sind nur kleinere redaktionelle Änderungen vorgenommen worden. Die Originalversion kann hier eingesehen werden: http://www.ZAG-Berlin.de/Antirassismus/Archiv/56Koray.html. Großen Dank an die Redaktion für die Wiederabdruck-Genehmigung. *KYG*

Eine ökonomische Macht, die auf Normalisierung abzielt
«Gemachte Andere» zwischen Homophobie und antimuslimischem Rassismus

Zülfukar Çetin

Die Diskriminierungen auf Grund unterschiedlicher zugeschriebener Merkmale hängen vor allem mit der Macht des Diskurses zusammen. Es geht immer darum, wie ethnische Zugehörigkeiten konstruiert werden, wie die Geschlechter gemacht und wie die Klassen und Körper erzeugt und darüber hinaus wahrgenommen werden. All diese Konstruktionen dienen der Diskriminierung der «gemachten» Menschen. Der Schwerpunkt dieses Beitrages basiert auf meiner qualitativen Studie über Mehrfachdiskriminierungen am Beispiel binationaler schwuler Partnerschaften in Berlin.[1]

Mehrfachdiskriminierungen vollziehen sich dadurch, dass Menschen auf Grund mehrerer zugeschriebener Persönlichkeitsmerkmale auf verschiedene Art und Weise ausgegrenzt, benachteiligt und herabgewürdigt werden. Diskriminierungen geschehen durch die soziale Konstruktion von Identitäten, die aus sozialen, historischen, politischen und kulturellen Zusammenhängen erzeugt werden. Alle diese «Identitätskategorien» werden im Alltag, in der Wissenschaft, in der Wirtschaft, in der Politik und in vielen anderen Lebensbereichen innerhalb der Machtverhältnisse konstruiert. Die Konstruktion der «Anderen» dient einerseits der Privilegierung einer bestimmten Gruppe, andererseits der Benachteiligung einer anderen Gruppe, der bestimmte Merkmale zugeschrieben werden. Die Mehrfach- und mehrdimensionalen Diskriminierungen werden in den Ungleichheitsforschungen auch als intersektionelle Diskriminierungen bezeichnet,

[1] Çetin, Zülfukar (2012): *Homophobie und Islamophobie: Intersektionale Diskriminierungen am Beispiel binationaler schwuler Paare in Berlin*. Bielefeld: transcript Verlag.

darunter werden jedwede Kombinationen von unterschiedlichen Erscheinungen (mehrfach, überlappend, überschneidend) und Formen von Diskriminierung (direkt/indirekt, institutionell/individuell) verstanden, die sich gleichzeitig wechselseitig beeinflussen. Durch diese Zusammen- und Wechselwirkung entsteht eine sehr spezifische Form von Diskriminierung.

Die zentrale Frage der Studie ist es, welche Erfahrungen binationale schwule Paare mit Diskriminierungen in ihrer Biographie machen und gemacht haben und wie sie diese wahrnehmen, verarbeiten und mit ihnen umgehen. Gegenstand meiner Untersuchung waren einerseits schwule Männer, die aus anderen Ländern nach Deutschland gekommen sind oder von einer Migrant_innen-Familie in Deutschland abstammen. Die Homosexualität und die «ausländische» Herkunft bzw. «abweichende» religiöse oder kulturelle Zugehörigkeit bilden meistens die (imaginären) «Gründe» für strukturelle und institutionelle Diskriminierungen. Während die ausländischen oder als ausländisch angesehenen Interviewpartner rassistische Diskriminierungen im Einwanderungsland erfahren, sind sie in ihrem alltäglichen Leben auch mit homophoben Diskriminierungen konfrontiert. In diesem Zusammenhang war das Ziel der Studie, institutionelle und strukturelle Diskriminierungen im biographischen Verlauf der untersuchten ausländischen oder als ausländisch angesehenen schwulen Männer aufzuzeigen.

Andererseits waren die deutschen schwulen Männer, die in einer (Lebens-) Partnerschaft mit einem ausländischen oder als ausländisch angesehenen Schwulen leben, ein weiterer Teil des Untersuchungsgegenstandes. Auf Grund der kulturellen, nationalen oder religiösen Herkunft ihres ausländischen oder als ausländisch angesehenen Partners können auch sie durch ihre Familie und Verwandten, den Freundes- und Bekanntenkreis Diskriminierungen ausgesetzt sein. Demgemäß entstand diese Studie aus der rekonstruktiven Analyse ausgewählter biographisch-narrativer Interviews mit Männern, die in einer binationalen/interkulturellen schwulen Partnerschaft in Berlin leben. Alle sechs Interviews wurden zuerst einzelfallorientiert textanalytisch ausgewertet und in ihrer Eigenheit rekonstruiert. In diesem Beitrag liegt der Fokus auf zwei Interviewten, die sich hinsichtlich der Forschungsfrage voneinander unterscheiden.

Ziel dieses Beitrages ist es, aufzuzeigen, dass die Diskriminierung, egal welcher Art, auf Ausschlussmechanismen basiert. Die Kategorisierungen als Schwuler oder Einstufungen nach der Staatsangehörigkeit fungieren dabei als Instrument des Ausschließens, denn die Menschen werden hierbei als Teile oder Repräsentanten der positiv oder negativ bewerteten Kategorien angesehen.

Im Folgenden unterscheide ich fünf Diskriminierungsebenen, die anhand der Erzählungen von Arda und Can veranschaulicht werden (die Namen sind anonymisiert worden).

Kurzer Überblick über die Biographien von Arda und Can
Arda wird auf Grund seiner Herkunft, seiner Sozialisation sowie seiner gesamten Lebensgeschichte sowohl juristisch als auch sozial als Migrant oder Ausländer angesehen. Er stammt aus der Türkei, zum Zeitpunkt des Interviews lebt er in einer binationalen/interkulturellen Lebenspartnerschaft.

Obwohl Can in Deutschland geboren und sozialisiert ist und darüber hinaus die deutsche Staatsangehörigkeit besitzt, wird er als Ausländer, Migrant oder Mensch mit Migrationshintergrund angesehen.

Diese Fremdbestimmungen beeinflussen das Leben der beiden Interviewten so stark, dass sie in Deutschland (fast) täglich Diskriminierungen ausgesetzt sind, darunter leiden und sich unter Umständen dagegen wehren müssen. Von dieser Konfrontation sind die jeweiligen Partner bzw. Partnerschaften ebenso betroffen.

Diskriminierungsebene I: Soziale Herkunft – Klassismen
Artikel 3 Absatz 3 des Grundgesetzes verbietet die Diskriminierung auf Grund der sozialen Herkunft und sieht die Gleichstellung aller Menschen vor. Die EU-Charta verbietet 13 Arten der Diskriminierung; im Gegensatz dazu gibt es im Allgemeinen Gleichbehandlungsgesetz nur sechs Diskriminierungsgründe, schicht- und klassenspezifische Diskriminierung fallen nicht darunter. Die Analyse der Interviews zeigt eindeutig, dass die Interviewpartner auch wegen der sozialen Herkunft in unterschiedlichem Maß Diskriminierungen erleiden.

Arda musste sich schon seit Beginn seines Aufenthaltes in Deutschland auf Grund seiner geographischen, nationalen und «ethnisierten» Herkunft mit klassenspezifischen Diskriminierungen auseinandersetzen. Unter dem Vorwand mangelnder Sprachkenntnisse sowie angeblich niedriger Berufsqualifikationen musste er schlecht bezahlte Jobs annehmen. Die aus dem strukturellen und institutionellen Rassismus entstehenden Ungleichbehandlungen führen zu sozialen Ungleichheiten in der Mehrheitsgesellschaft. In dieser Situation konnte ihn auch sein deutscher Partner nicht unterstützen. In vielen Arbeitsverhältnissen wurde Arda ausgenutzt und schlecht behandelt. Somit befand er sich in der Situation einer gesetzlich und sozial eingeschränkten Handlungsfähigkeit. Dieser Prozess beeinflusste auch seine Partnerschaft negativ. Durch sein geringes Einkommen und den unsicheren Aufenthaltsstatus war seine Beziehung von einem Ungleichgewicht bedroht, was in der Partnerschaft belastend empfunden wurde. Während er von seinem Partner sowohl aufenthaltsrechtlich wie auch finanziell abhängig war, war sein Partner nicht mit derartigen rechtlichen und ökonomischen Komplikationen konfrontiert. Dieses fremdbestimmte Leben und dessen destruktive Rolle sowohl im partnerschaftlichen als auch im gesellschaftlichen Leben empfand Arda als inakzeptabel. So bemühte er sich kontinuierlich um einen besseren wirtschaftlichen, rechtlichen und sozialen Status. Er strebte an, in der Partnerschaft eine Balance herzustellen und in der Einwanderungsgesellschaft seine Zukunftsperspektive zu verwirklichen, indem er sich in verschiedenen politischen und sozialen Bereichen engagierte.

Im Gegensatz zu Arda ist Can Diskriminierungen auf Grund der sozialen Herkunft insofern verstärkt ausgesetzt, als ihn seine binationalen Eltern wegen seiner Homosexualität ablehnen. Zur Zeit des Interviews ist er im Pflegebereich und in der Gastronomie tätig. Diesen Tätigkeiten geht er aus gesellschaftlichen Zwängen nach. Da er in seinem erlernten Berufsfeld bisher keinen Job finden konnte, muss er sich auf prekäre Beschäftigungsverhältnisse einlassen. Er befindet sich in einer Auswegslosigkeit und schöpft keine Kraft, sich neue Alternativen zu schaffen. Dies ist nicht nur auf seine Hoffnungslosigkeit zurückzuführen, sondern auch auf die prekären sozialen Bedingungen in der Mehrheitsgesellschaft. Diese manifestieren sich in der ungleichen Verteilung von sozialen, wirtschaftlichen und kulturellen Ressourcen. So ist beispielsweise sein Partner in einer Behörde als Beamter tätig und dadurch in einer besseren wirtschaftlichen und sozialen Lage. Obwohl beide Partner ähnliche Berufsausbildungen haben, verfügen sie in unterschiedlichem Maß über soziale, wirtschaftliche und kulturelle Ressourcen. Der finanzielle Unterschied beim Einkommen löst Konflikte innerhalb der Beziehung aus. So verweigert der deutsche Partner ökonomische und soziale Solidarität mit Can und fordert ihn auf, seine wirtschaftliche Situation zu verbessern. Dabei beabsichtigt er nicht direkt eine soziale Besserstellung Cans, sondern die Absicherung seiner eigenen finanziellen Lage. Can fühlt sich in dieser Situation von seinem Partner herausgefordert. Dennoch kann er ihn nicht davon überzeugen, dass er auf Grund rassistischer und heteronormativer sozialer Zuschreibungen nicht die gleichen Chancen hat. In dieser Situation muss sich Can neben erlebten Diskriminierungen zusätzlich gegen seinen Partner behaupten, der Can in seiner Situation allein lässt und Unterstützungen verweigert.

Schlussfolgerung: Der Hinweis auf die Verwobenheit der Diskriminierungsmechanismen ist ein zentraler Aspekt der Studie. Während die «ausländischen» und binational sozialisierten schwulen Männer besonders auf dem Arbeitsmarkt geringe Chancen haben, gehen ihre deutschen Partner sicheren Berufen nach. Das liegt zweifellos auch daran, dass Ausländer und als «Ausländer» angesehene Menschen in der Aufnahmegesellschaft wenig Chancengleichheit und Zugang zu wirtschaftlichen und sozialen Ressourcen haben. Auf Grund der ungleichen Verteilung dieser Ressourcen sind auch die Lebensbedingungen der Interviewten verschieden. Die wirtschaftlichen und sozialen Unterschiede führen dazu, dass sich die ausländischen oder als ausländisch angesehenen Partner in einer Lage der wirtschaftlichen, sozialen und juristischen Abhängigkeit vom deutschen Partner befinden, was innerhalb der Partnerschaft Ungleichheit und Machtgefälle hervorruft und deshalb in der Beziehung ein ernsthaftes Konfliktpotential darstellt. Davon sind besonders die Interviewpartner betroffen, die keine deutsche Staatsangehörigkeit besitzen, durch Lebenspartnerschaftsschließungen nach Deutschland einreisen und deren Aufenthaltstitel von einer bestehenden Lebenspartnerschaft abhängt.

Diskriminierungsebene II: Rassismen
Die «ethnisierte» Herkunft spielt bei den Diskriminierungserfahrungen der Interviewten eine weitere charakteristische Rolle. Diese Art der Diskriminierung ist unter «Rassismus» einzuordnen. Nicht nur die ausländischen schwulen Männer, die in ihrem Herkunftsort sozialisiert sind, stoßen auf Rassismus. Auch diejenigen, die von binationalen Eltern in Deutschland abstammen und «nicht deutsch genug» aussehen, werden als «Ausländer» oder «Migranten» bezeichnet. Sie werden zum Beispiel «Deutsch-Türken» genannt, und ihnen werden weitere rassistische Merkmale zugeschrieben. Auf Grund ihres «nicht-deutschen» oder «südländischen» Erscheinungsbildes sind sie mit rassistischen Zuschreibungen konfrontiert und werden von sozialen, kulturellen und wirtschaftlichen Ressourcen ausgeschlossen. Rassismus hat für die Betroffenen meist auch soziale Konsequenzen. Der Ausschluss vom Arbeitsmarkt und von sozialen Beziehungen, die Ausübung unterbezahlter Beschäftigungen, die nicht ihren Qualifikationen entsprechen, sind nur einige davon.

Arda nahm unmittelbar nach seiner Ankunft in Deutschland rassistische Diskriminierungen wahr. Seine Ausdrucksweise im Gespräch entspricht offensichtlich nicht seinen Empfindungen. Das Gefühl der «Heimatlosigkeit», der Status als Migrant und unzureichende Zugangsmöglichkeiten zu Ressourcen veranschaulichen seine Situation. Trotz der anfänglichen Barrieren beim Zugang zu sozialen, wirtschaftlichen und politischen Ressourcen stößt er wegen seiner «Andersartigkeit» als türkischer Schwuler auf so genannten «positiven Rassismus». Während seine Homosexualität in der Aufnahmegesellschaft positive

Resonanz erfährt, fühlt er sich im Gegensatz hierzu von Rassismus betroffen: In Deutschland erfährt er als türkischer Schwuler Sympathie und Aufmerksamkeit, wird aber auf Grund seines türkischen Hintergrundes allein negativ bewertet sowie diskriminiert.

Cans Biographie ist häufig von Fremdzuschreibungen und -bestimmungen geprägt. Trotz seiner Sozialisation in der Mehrheitsgesellschaft und seiner binationalen Erziehung wird er in Deutschland als Ausländer bzw. Deutsch-Türke angesehen und mit anderen Gesellschaften, die ihm nicht weiter vertraut sind, in Verbindung gebracht. Rassismus gehört zu seinem Alltag. Die rassistischen sozialen Konstruktionen kristallisieren sich in den Interaktionen mit dem Partner, dessen Familienangehörigen sowie mit ihm unbekannten Personen in der Öffentlichkeit heraus. Rassistische Beleidigungen, Vorwürfe, Zuschreibungen sowie die zahlreichen Formen der Ausgrenzung empfindet Can als nicht zu überwindende soziale Probleme, die sein individuelles Leben in vielen Bereichen beeinträchtigen. So befindet sich Can in einer schwierigen Situation, in der er in seinem Geburtsland, Deutschland, mit Ungleichbehandlungen auf Grund seines «nicht-deutschen Aussehens» konfrontiert wird. Da diese Konfrontationen biographisch verankert sind, sieht er keinen Ausweg, sie zu bewältigen. Can fühlt sich in Deutschland dem Rassismus und dessen Folgen unterlegen und findet keine institutionelle Unterstützung zur Lösung dieses sozialen Problems, was zur Handlungsunfähigkeit bei der Bewältigung führt. Seine binationale Sozialisation und die hieraus gewonnenen Ressourcen, zum Beispiel seine Bilingualität, finden weder Akzeptanz noch Respekt.

Schlussfolgerung: Die Erfahrungen der Interviewten verweisen vorwiegend auf ökonomische Seiten des Rassismus. Darüber hinaus zeigen die Fallanalysen jedoch, dass rassistische Handlungen nicht allein aus ökonomischen Gründen entstehen, sondern Teil eines Geflechtes von Machtverhältnissen und Ideologien sind. So ist Rassismus auch mit Nationalismus, Klassismus, kultureller Hegemonie und Heteronormativität verwoben. Beispielhaft für die Verwobenheit des Rassismus mit anderen Machtverhältnissen sind die naturalisierende Differenzierung und negative Wertung bzw. Hierarchisierung der Betroffenen als Angehörige einer unterlegenen Gruppe. Auch wenn die binational sozialisierten Interviewpartner, wie zum Beispiel Can, in Deutschland aufgewachsen sind, unterstellt man ihnen in der Mehrheitsgesellschaft mangelnde Deutschkenntnisse. Ferner werden sie mit dem Islam in Verbindung gebracht, auch wenn sie nicht zwangsläufig muslimisch sind.

Diskriminierungsebene III: Antimuslimischer Rassismus
Das Grundgesetz verbietet neben Diskriminierungen auf Grund der «Rasse»[2] und der sozialen Herkunft Diskriminierung, die auf der Glaubensrichtung und der Religionszugehörigkeit basiert, und gewährt allgemeine Religions- und Glaubensfreiheit. Die ausländischen und binational sozialisierten schwulen Interviewpartner werden häufig und insbesondere aufgrund der Annahme, sie gehörten dem Islam an, diskriminiert. Islamfeindliche Positionen in der Aufnahmegesellschaft und die damit verbundenen Diskriminierungspraxen werden durch beide Fallanalysen ersichtlich. Sowohl die Art der antimuslimischen Diskriminierung als auch deren Wahrnehmung und Verarbeitung sind bei beiden aber unterschiedlich.

---

[2] Es ist hier anzumerken, dass der Begriff «Rasse» in der deutschen Sprache ausschließlich als biologische Kategorie bzw. als biologisches Merkmal verwendet wird. Im Gegensatz dazu wird der Begriff «race» im anglo-amerikanischen Zusammenhang oft als kulturelle Kategorie aufgefasst. Ich setze diesen Begriff in Anführungszeichen, um mich von der biologistischen Verwendung in den deutschen Gesetzen und im Sprachgebrauch zu distanzieren.

Wie im vorangegangenen Abschnitt bereits erwähnt, ist Arda meist mit «positivem Rassismus» konfrontiert. In Bezug auf Erfahrungen mit islamfeindlichen Positionen liefert er zwar keine konkreten Informationen, dennoch beschreibt er bestimmte Situationen als türkischer Schwuler in seinem Bekannten- und Freundeskreis, in denen er mit dem Islam in Verbindung gebracht wird. Die Betrachtungsweise seiner Person durch Bekannte und Freund_innen als *exotisch* empfindet er als störend, und die daraus entstehenden Konfrontationen bereiten ihm Unbehagen. Obwohl er den Islam nicht praktiziert, wird er einerseits als Muslim betrachtet, andererseits werden ihm «positive» Merkmale zugeschrieben, da er als schwuler Muslim eine «Besonderheit» darstelle. Für die Akzeptanz seiner muslimischen Herkunft spielt seine Homosexualität eine wichtige Rolle. Auch wenn die direkte Konfrontation mit Islamfeindlichkeit und «positivem Rassismus» im Fall Ardas keine ausführliche Erwähnung findet, thematisiert sein Partner Kai die daraus resultierenden Auseinandersetzungen innerhalb der Partnerschaft. Die Erfahrungen mit rassistischen und antimuslimischen Diskriminierungen, die Arda in der Aufnahmegesellschaft macht und im Interview nur skizzenhaft zur Sprache bringt, beeinflussen seine binationale Partnerschaft negativ.

Ungeachtet der ambivalenten Erfahrungen Ardas mit antimuslimischem Rassismus zeigt die Studie, dass Can stärker von islamfeindlichen Handlungen betroffen ist. Er befindet sich in der Mehrheitsgesellschaft in einer spezifischen Position, in der er sich ständig gegen Vorurteile und Diskriminierungen wehren muss. Zu Beginn seiner Partnerschaft erfuhr Can islamfeindliche Diskriminierungen durch Familienangehörige des Partners.

Da Can auf Grund seines «nicht-deutschen» Erscheinungsbildes und seiner vermeintlichen Islamzugehörigkeit ständig Konflikte mit seinem deutschen Partner und dessen Mutter hatte, wurde er bei familiären Zusammenkünften nicht akzeptiert und ausgeschlossen. Auch hier zeigt sich die Verwobenheit mehrerer Diskriminierungsformen deutlich. Nicht nur das «ausländische» Aussehen und der unterstellte religiöse Hintergrund, sondern auch die Homosexualität führten zur Ablehnung seitens der Mutter seines Partners, die auch die Homosexualität des eigenen Sohnes nicht akzeptiert. Zudem ist Can häufig von rassistischen Reaktionen in der Öffentlichkeit betroffen, wenn er zum Beispiel «zurück» in die Türkei verwiesen wird, obwohl er in keiner biographischen und institutionellen Verbindung zur Türkei steht.

Schlussfolgerung: Obwohl Arda und Can mit dem Islam nichts «zu tun haben», werden sie als praktizierende Muslime betrachtet, und ihnen werden negative bzw. exotisierende Merkmale zugeschrieben. Auf Grund islamfeindlicher Einstellungen in der Aufnahmegesellschaft befinden sich diese Interviewpartner in einer Situation sozialer Verunsicherung. Wie der biologistische Rassismus bildet auch der antimuslimische Rassismus eine Barriere, die die Interviewpartner daran hindert, in der Aufnahmegesellschaft soziale, kulturelle und wirtschaftliche Netzwerke aufzubauen. In dieser Hinsicht sind sie von Bildungs-, Arbeits- und politischen Ressourcen ausgeschlossen.

Auf der Vergleichsebene des antimuslimischen Rassismus lässt sich eine Verwobenheit des kulturalistischen und des biologistischen Rassismus erkennen. Menschen, die als «Nicht-Deutsche» angesehen werden, werden besonders dann diskriminiert, wenn sie als «Türken» oder «Araber» eingeordnet werden. Türkische Herkunft und Islamzugehörigkeit werden in der Mehrheitsgesellschaft oft miteinander assoziiert.

Diskriminierungsebene IV: Staatsangehörigkeit – Institutioneller Rassismus
Auch die Staatsangehörigkeit spielt bei der Diskriminierung der interviewten Schwulen eine wichtige Rolle. Die Akteure dieser Diskriminierungsart sind nicht nur Bürger_innen, sondern auch der Gesetzgeber sowie Beamt_innen und Angestellte, die die Gesetze korrekt oder willkürlich umsetzen. Besonders die ausländischen Interviewpartner, die durch eine Eingetragene Lebenspartnerschaft nach Deutschland kamen, erleiden institutionellen Rassismus auf Grund ihrer Staatsangehörigkeit. Während die EU-Bürger_innen als Bürger_innen «höherer Klasse» anerkannt werden, sind die Nicht-EU-Bürger_innen als Angehörige von «Drittländern» kategorisiert. Aus dieser Hierarchisierung der in Deutschland lebenden Ausländer_innen resultiert auf der ersten Ebene eine institutionelle rassistische Diskriminierung und auf der zweiten Ebene soziale Ungleichheit innerhalb der gesamten Gesellschaft. Die im Herkunftsland erlangten Qualifikationen werden in Deutschland oft nicht anerkannt, und so droht ein sozialer Abstieg. Auf der Vergleichsebene der Staatsangehörigkeit als Basis für institutionelle rassistische Diskriminierung unterscheiden sich Arda und Can wesentlich voneinander.

Arda wird schon während seiner Antragstellung für die Einreise nach Deutschland zum Zweck der Lebenspartnerschaftsschließung mit seinem Status als Angehöriger eines «Drittlandes» konfrontiert. Während die Bürger_innen der EU-Länder und anderer privilegierter «Drittländer» (zum Beispiel Kanada, USA) ohne größere bürokratische Komplikationen nach Deutschland einreisen können, hatte Arda für sein Einreisevisum einen langen und schwierigen Weg zu beschreiten. Obwohl seine leibliche Mutter seit fast 40 Jahren in der BRD arbeitet, konnte er davon nicht profitieren. Arda und sein Partner mussten monatelang zwischen der deutschen Botschaft in der Türkei und dem Ausländeramt pendeln, um das Visum zum Zweck der Lebenspartnerschaftsschließung zu erhalten. Nach einer langen und komplizierten Auseinandersetzung mit dem bürokratischen Verfahren konnte Arda zwar nach Deutschland einreisen, hatte jedoch mit künftigen Ungleichbehandlungen auf Grund seiner türkischen Staatsangehörigkeit zu rechnen. Auf Grund seiner Staatsangehörigkeit erfuhr er Nachteile und befand sich in einer existenziellen und juristischen Abhängigkeit von seinem Partner. Gleichzeitig hatte er gegen bürokratische Hürden zu kämpfen, um seinen Status verbessern zu können. Dieser Lebensabschnitt Ardas war demnach fremdbestimmt durch Gesetze und stark betroffen von institutionellem Rassismus.

Im Gegensatz zu Arda besitzt Can die deutsche Staatsangehörigkeit, da seine Mutter deutsche Staatsbürgerin ist. In Bezug auf institutionellen Rassismus erfährt Can daher in dieser Hinsicht keine direkten Diskriminierungen. Im Gegenteil genießt er als Deutscher einen privilegierten Status. So muss er keine Lebenspartnerschaft mit seinem Partner schließen, um sich weiterhin in seinem Geburtsland Deutschland aufhalten zu dürfen. Dieser Status ermöglicht ihm eine gewisse juristische Unabhängigkeit von seinem Partner.

Schlussfolgerung: Die Staatsangehörigkeit als Instrument des institutionellen Rassismus wurde am Beispiel der Lebenspartnerschaftsschließung binationaler Paare behandelt, da gerade in diesem Punkt viele schwule binationale Partnerschaften gegen Mehrfachdiskriminierungen und die damit verbundenen bürokratischen Hindernisse kämpfen müssen. Der ausländische Partner, der nicht aus der EU kommt, wird oft verdächtigt, eine Schein-Lebenspartnerschaft einzugehen. Obwohl die Behörden darüber informiert sind, dass homosexuelle Lebenspartnerschaften nicht in allen Ländern anerkannt sind, werden ausländische Schwule gezwungen, ein Ehefähigkeitszeugnis aus dem Herkunftsland vorzulegen, was zu einem Zwangsouting und zu homophoben Diskriminierungen führt. Nicht nur für die Gründung der Lebenspartnerschaft stellt die Nicht-EU-Staatsangehörigkeit eine Barriere dar, sondern auch während des Aufenthaltes in Deutschland kann der Status als Angehöriger eines «Drittlandes» institutionelle Diskriminierungen mit sich bringen. Beispiele hierfür sind die Verpflichtung zur regelmäßigen Vorlage von Nachweisen der Finanzsituation, die Verpflichtung zum dauerhaften Zusammenleben während der Partnerschaft etc. Diese Form der Diskriminierung ist mit einer anderen, mit der Heteronormativität, verflochten.

Diskriminierungsebene V: Homophobie – Heteronormativität
Sowohl Arda als auch Can sind in unterschiedlicher Art und Weise mit Heteronormativität konfrontiert. Auf der Vergleichsebene der sexuellen Orientierungen und der heteronormativen Diskriminierung werden die unterschiedlichen Situationen von Arda und Can aufgezeigt. Anders als auf den anderen Vergleichsebenen sollen hierbei gesamt-biographische Erfahrungen der Interviewpartner behandelt werden.

Arda wuchs in der Türkei bei seinem Vater auf, der als Schneider tätig war. Als alleinstehender Vater übernahm er die aus der heteronormativen Sicht «traditionelle Rolle der Hausfrau» (Kochen, Waschen, Nähen, Putzen etc.). Arda hat seinen Vater möglicherweise anders als andere Väter gesehen, was für seine Sozialisation prägend gewesen sein muss. Er war in seiner Entwicklung nicht mit einer heteronormativen familiären Struktur konfrontiert. Zudem prägte ihn eine transgeschlechtliche Person, die im selben Viertel wohnte. Diese Vorbilder waren von großer Bedeutung für Arda. Für seine Entwicklung waren jedoch nicht nur diese «Bilder» biographisch relevant, sondern auch der verständnisvolle Umgang seines Vaters mit Ardas Vorlieben. Ein Tänzer_innen-Rock, den sein Vater für ihn genäht hatte, war ebenfalls von biographischer Relevanz. Mit diesem Rock trug sein Vater zur Dekonstruktion der heteronormativ geprägten Rollenverteilung von Mann und Frau bei und festigte Arda darin, eigenen Interessen unabhängig von sozialer Repression nachzugehen. In dieser Zeit seiner Entwicklung war Arda glücklich mit sich und konnte problemlos einen Rock tragen. Diese positive Entwicklung während seiner Kindheit ermöglichte es ihm, in der Zukunft zu seiner Homosexualität zu stehen und offen mit ihr umzugehen.

Im Gegensatz zu Arda ist Cans Entwicklung von Schuldgefühlen, Ängsten und Gewissensproblemen geprägt. Dieser Umstand ist auf eine dominante heteronormative Gesellschaftsstruktur zurückzuführen. Anders als Arda stammt Can aus einem Dorf in Westdeutschland, wo eine starke soziale Kontrolle herrschte und offen lebende Schwule nicht anzutreffen waren. Can war sowohl in seinem häuslichen als auch in seinem sozialen Umfeld mit Heteronormativität konfrontiert. So kam es zu inneren Krisen, die er mit viel Mühe und nur unter großen Schwierigkeiten überwinden konnte.

Die Konfrontation mit Heteronormativität stellt sich bei beiden Interviewpartnern gegensätzlich dar: Während Ardas Vater und Bruder offen und verständnisvoll mit seiner Homosexualität umgegangen sind, haben die binationalen Eltern Cans ihn als Sohn abgelehnt und den Kontakt zu ihm abgebrochen. An dieser Stelle ist daran zu erinnern, dass Arda nicht immer und überall auf positive Reaktionen gestoßen ist. In diesem Punkt unterscheiden sich beide Interviewpartner voneinander. Während Can in seinem häuslichen Umfeld auf Ablehnung stieß, fand er in seinem

Freundes- und Bekanntenkreis beachtliche Akzeptanz. Im Gegensatz zu ihm wird Arda von seiner Familie akzeptiert, begegnet jedoch in seinem sozialen Umfeld und im Lauf seines Lebens bestimmten homophoben Diskriminierungen, die aus heteronormativen Strukturen hervorgehen.

In Anlehnung an die Fragestellung dieser Studie weise ich auch auf die Diskriminierungserfahrungen der deutschen Partner von Arda und Can hin. Uwe, Cans Partner, wurde bis zur Zeit des Interviews mit Can von der eigenen Mutter nicht als Schwuler akzeptiert, und Kai, Ardas Partner, war vor und während seines Coming-outs mit Heteronormativität und Homophobie konfrontiert. Im Lauf seiner Lebensgeschichte konnte sich Kai durchsetzen und die Akzeptanz seiner Homosexualität und binationalen Partnerschaft durch die Familie erreichen, was für Can und Uwe nicht zutrifft.

Ein weiterer Unterschied zwischen Arda und Can manifestiert sich in der Betroffenheit von institutioneller Homophobie. Die in Deutschland erfahrene institutionelle Homophobie, der Arda ausgesetzt war, ist mit einem Zwangsouting verbunden. Im Rahmen seines Antrags auf Lebenspartnerschaftsschließung wurde er zur Vorlage eines türkischen Ehefähigkeitszeugnisses aufgefordert. Die Beibringung dieser Bescheinigung löste ein Zwangsouting vor den türkischen Behörden aus. Die institutionelle Homophobie des deutschen Standesamtes zeigt sich in der Insensibilität des Standesbeamten gegenüber ausländischen Homosexuellen, in deren Herkunftsländern homosexuelle Lebenspartnerschaften nicht anerkannt sind. Im Gegensatz zu Arda liefert Can keine Informationen über seine Erfahrungen mit institutioneller Homophobie. Da er nicht in einer Eingetragenen Lebenspartnerschaft lebt, ist er diesbezüglich nicht mit den Behörden konfrontiert.

Schlussfolgerung: Von Diskriminierung auf Grund der sexuellen Orientierungen sind sowohl deutsche als auch nicht-deutsche Interviewpartner in unterschiedlichem Maß betroffen. Dies liegt an der «Selbstverständlichkeit» der Heterosexualität in der heteronormativen Mehrheitsgesellschaft. Da die Interviewten dieser Studie sich als Schwule definieren, sind sie generell seit ihrer Entscheidung für ein offen homosexuelles Leben mit Heteronormativismen konfrontiert. Ein wichtiges Ergebnis dieser Studie ist, dass auch die deutschen Interviewpartner innerhalb ihrer Familien sowie in ihrem Umfeld auf Grund ihrer Homosexualität wiederholt in Konflikte geraten sind, die sie teils immer noch auszutragen haben. Mit den Ergebnissen dieser Studie kann ein populärer Vorwurf gegenüber muslimischen Gesellschaften zurückgewiesen werden: Aus den Interviews ergibt sich, dass Homophobie nicht nur in vermeintlich «rückständigen» islamischen Ländern existiert, sondern auch in «fortschrittlichen» westlichen Ländern. Artikel 3 Absatz 3 des Grundgesetztes sieht beispielsweise bis heute kein Verbot der Diskriminierung auf Grund der sexuellen Orientierungen bzw. der sexuellen Identität vor, während andere Diskriminierungsgründe – Geschlecht, Abstammung, «Rasse», Sprache, Heimat und Herkunft, Glaube, religiöse und politische Anschauungen – ausdrücklich erwähnt werden.

Die Interviews mit den deutschen Partnern zeigen ebenfalls auf, dass auch sie in ihrem Herkunftsort belastende Probleme mit homophoben Einstellungen hatten. So bezeichnen sie Berlin als Metropole, in der sexuelle Freiheit herrscht. Wenn Berlin in der Tat eine gewisse Freiheit für Homosexuelle bietet, so ist dieser Umstand unter anderem darauf zurückzuführen, dass Metropolen andere Möglichkeiten der Diskretion und Anonymität bieten, als dies kleine Städte tun. Die türkischen Interviewten berichteten ebenfalls von der Möglichkeit, in türkischen Metropolen ihre schwulen Beziehungen ausleben zu können.

Auch hier ist darauf hinzuweisen, dass Homophobie mit anderen Formen der Diskriminierung verwoben ist. Insbesondere die ausländischen und binationalen Interviewpartner erleben mehrfache Diskriminierungen nicht nur in ihren Herkunftsländern, sondern auch in der Aufnahmegesellschaft. Während das Grundgesetz beispielsweise immer noch keinen Schutz vor Diskriminierung wegen der sexuellen Orientierung vorsieht, hat das Lebenspartnerschaftsgesetz weiterhin Lücken.

Fazit
Die mehrdimensionale Analyse ausgewählter Interviews zeigt, dass Mehrfachdiskriminierungen soziale Tatsachen sind, die in unterschiedlichen Ausformungen immer wieder das Leben der Interviewten durchdringen. Soziale und ethnisierte Herkunft, Glaubensausrichtung bzw. tatsächliche oder vermeintliche Religionszugehörigkeit, Staatsangehörigkeit, «nicht-deutsches Aussehen» und sexuelle Orientierungen verursachen Diskriminierungen in der Einwanderungsgesellschaft.

Die Studie zeigt, dass Ausländer und als Ausländer angesehene Menschen in der Mehrheitsgesellschaft wenig Chancengleichheit und Zugang zu wirtschaftlichen und sozialen Ressourcen haben. Diese Chancenungleichheiten bestimmen in erster Linie die soziale Lage der Menschen und gelten als Diskriminierungen. Die ungleichen Verteilungen von Ressourcen führen nicht nur innerhalb einer Bevölkerungsgruppe zu wirtschaftlichen und sozialen Differenzen, sondern auch in einer binationalen Partnerschaft. Da die ausländischen Partner situativ bedingt wirtschaftlich, sozial und juristisch von ihrem deutschen Partner abhängig sind, entsteht innerhalb der Beziehung ein Machtverhältnis, von dem besonders die Interviewpartner betroffen sind, die keine deutsche Staatsangehörigkeit haben und deren Aufenthaltstitel insofern von einer (fort-) bestehenden Lebenspartnerschaft abhängt.

Ferner ergibt sich aus der Forschung, dass die Diskriminierungserfahrungen der Interviewten überwiegend in Zusammenhang mit ökonomischen Aspekten des Rassismus stehen. Allerdings weist die Studie mit den Fallanalysen zugleich nach, dass rassistische Handlungen nicht aus ökonomischen Gründen allein entstehen, sondern ebenso Teil eines Geflechtes von Machtverhältnissen und Ideologien sind. Heteronormativität, Klassismus und kulturelle Hegemonie sind weitere soziopolitische Strukturen, die eng mit Rassismus verwoben sind. Diese Studie zeigt, dass kulturalistischer Rassismus mit biologistischem Rassismus ineinandergreift. So werden Menschen, die als «Nicht-Deutsche» angesehen werden, besonders diskriminiert, wenn sie als «Türken» oder «Araber» angesehen werden.

Die Interviews machen deutlich, dass Homophobie auch in «fortschrittlichen» westlichen Ländern existiert; sie legen Zeugnis davon ab, dass Homosexuelle auch in der Einwanderungsgesellschaft Diskriminierungen ausgesetzt sind.

Auch wenn die klassistischen, rassistischen, kulturalistischen und heteronormativen Machtverhältnisse eng miteinander verflochten sind, wirken alle diese Machverhältnisse nicht immer zusammen, mitunter wechseln sie sich ab. Einer der als ausländisch angesehenen Interviewten konnte sich z.B. nicht erklären, aus welchem Grund er von der Mutter seines Partners abgelehnt wurde. Er vermutet lediglich, dass seine Homosexualität, sein kultureller Hintergrund oder sein «ausländisches Aussehen» die Diskriminierung «verursachen» könnte. Diese verschiedenen Diskriminierungsinstrumente können sich aber auch gegenseitig bedingen: Ein Schwuler kann diskriminiert werden, weil er aus der Türkei kommt. Ebenso kann ein deutscher Schwuler durch seine Familie oder Freund_innen diskriminiert werden, wenn er mit einem

Schwulen, der einer türkisch-islamischen Minderheit angehört, eine Lebenspartnerschaft eingeht.

An dieser Stelle werden politische und gesellschaftskritische Aspekte der Forschung relevant. Die Mehrfachdiskriminierungen sind Ergebnisse von Mehrfachzuschreibungen und sozialen Konstruktionen. Die soziale Konstruktion eines imaginären «Wir» bedingt die Konstruktion eines «Anderen». Erfundene Differenzen bezüglich Sexualität, Staatsangehörigkeit, «Rasse» und «Kultur» werden instrumentalisiert, um «eigene» Ressourcen vor «Fremdem» zu schützen. Umgesetzt wird dieses Streben durch den konsequenten Ausschluss der «Fremden».

Es ist dieser Studie gelungen, aufzuzeigen, dass «Differenzierungen» für wirtschaftliche und politische Zwecke instrumentalisiert werden. Alle von mir interviewten Personen sind täglich mit Differenzierungen konfrontiert und tragen die Konsequenzen einer Politik der Differenz zwischen «Eigenem» und «Fremdem». So bezeichnen Differenzierungen eine ökonomische Macht, die auf Normalisierung abzielt, indem die «Anderen» zu Devianten, Marginalen, Fremden, «Ausländer_innen» und Homosexuellen gemacht werden.

Der Beitrag ist im August 2011 eigens für dieses Buch verfasst worden. *KYG*

FOTO SELÇUK

FOTO SELÇUK
DIGITAL
PRINTSERVICE
ab 5 Minuten

Bierhimmel

Integration as a Sexual Problem[1]
An Excavation of the German «Muslim Homophobia» Panic
Dr. Jin Haritaworn und Dr. Jennifer Petzen

Introduction
Contemporary representations of Islam across the self-identified West increasingly foreground sexuality as a marker of difference. Transnationally, in both the lesbian and gay and the wider media, people, places and communities racialized as «Muslim» are now understood to be bearers, origins and transmitters of an unchanging, monolithic «culture» with an intrinsic hatred of homosexuals. In this, the «Turkish» migrant in Kreuzberg, the British «Pakistani» in Bradford, and the provincial «Iranian fundamentalist» all appear to be carrying the same cultural baggage, which is synonymous with their religion: an inherent hatred of anything queer.[2] Nevertheless, gendered knowledges of the Orient have undergone considerable changes since white Europeans first began to describe Middle Eastern, South Asian and North African intimacies in paintings and travel writings (Said 1979). If Said's «Orientals» brimmed with a rampant queerness and promiscuity that clearly needed restraining, today's «Muslims» are imagined as repressed and *not free enough* (Puar 2005: 125–6). Similarly, gay rights were absent from public discussions of migration and multiculturalism until a few

---

[1] We would like to thank the members of SUSPECT and the *Next Generation Homonationalism* group for the many discussions surrounding these topics and their willingness to share their ideas with us.
[2] In Germany, these representations have reached mainstream politics and press as well, often creating strange bedfellows. The conservative *Christian Democratic Union*, which can usually be counted on to block any pro-gay initiative, demanded a so-called «Muslim Test» that would quizz potential citizens to make sure they are gay-friendly. The left-wing daily *tageszeitung* regularly reports on homophobia and migrants.

years ago (see also Massad 2007). How is the category «Muslim» itself productive of a globalized Otherness against which expanded publics (a gay-friendly Germany, a unified Europe, «the West») can cohere? What work do activations of gender and sexuality as unchanging core national values and embodied essences of pre-social subjects do in figuring these borders (see Yıldız 2009)? What are the queer necropolitics (Mbembe 2003) which, as Jasbir Puar (2005) puts it, invite some queers into life and discard Others from it, in ways which complicate simple notions of citizenship as the progressive inclusion of gendered, racialized and classed populations? How are biopolitical discourses of «terror» and «security» inflected sexually, and how does the drama of the vulnerable gay person and the hateful migrant in the dangerously diverse inner city serve to render the global «war on terror» palpable to both local and transnational audiences? This essay will explore the dynamics of race, class, gender and sexuality by attending to a specific local context, gay organizing in Germany, and examine how structural inequalities have been variously contested and reproduced with recourse to a liberation and emancipation discourse which is deployed to enfranchise some while disenfranchising others.

Our chapter makes a modest contribution to answering these pressing questions. At the time of writing, moral panics around Muslim homophobia are erupting in several West European cities, from Berlin, London to Oslo. Set in the gentrifying post/migrant neighbourhoods such as Kreuzberg, Shoreditch and Grønland, they are scripted in intensely local evocations of space. The existential struggle between queer lovers and fearsome Others is nevertheless endlessly transposable, and calls for identical forms of, increasingly punitive, intervention across vastly different national contexts. While it is beyond the scope of our chapter to trace these travels, we are hoping to enhance transnational understanding of homonationalist[3] mobilizing through a close reading of one local context, Berlin. In particular, we seek to render visible some of the moments, often instantly forgotten, when categories around race, gender and sexuality shift and acquire new meanings, and become converted into commonsensical truths whose relations of their production are subsequently naturalized and occluded from sight (see Ahmed 2004). The chapter traces some of these shifts through a close reading of German lesbian and gay media campaigns[4] in the 2000s,

---

[3] Puar (2007) coins the term homonationalism to describe activisms which insert sexual subjects into the nation. This departs from earlier hopes in transgressive queer subjects and counter-publics which were radically outside values of nation, property, privacy and respectability (e.g. Berlant and Warner 1998).

[4] While this chapter focuses on the media activism of the biggest gay organization in Germany, the same organization (LSVD) has also instigated a series of conferences, «dialogues» and round tables on «Migration and Homosexuality». The LSVD organized a lecture series on Homosexuality in Islam in 2002, co-sponsored a national congress for homosexuals with a Turkish background in 2003 (http://issuu.com/ufuq.de/docs/lsvd_homosexualit_t_und_islam) and brought out a book entitled *Muslims under the Rainbow: Homosexuality, Migration and Islam* in 2004. The LSVD also has a 120–page handbook entitled *Culturally Sensitive Outreach on Homosexuality* (www.migrationsfamilien.de). A sample of events the LSVD attended in November 2008 include a workshop on homophobia and racism organized by a migrant organization and the city, a conference the Green Party organized on homophobia, and their own event entitled «Homophobia and Islam,» to which they invited Necla Kelek, a sociologist known for her anti-Muslim rhetoric. These would present interesting ethnographic objects, in that they performatively stage the virtual and textual figures of the vulnerable homosexual and the homophobic migrant in a material setting. Nevertheless, we here focus on media representations as our aim is to explore how these figures are discursively written and produced.

the very years that notions of Germanness and Europeanness were recast through a «war on terror» which radically refigured both post/migrant and sexual citizenship.

Integration as a sexual problem: Inventing a German tradition of gay-friendliness

Migration became a gay rights issue in Germany in the early 2000s. By that time, both the idea of «the migrant» and the idea of «the homosexual» had undergone considerable careers, which cannot be understood outside histories of persecution, resistance and assimilation. In its origins, the term «migrant» was designed to replace the earlier designations of the «foreigner», which described not only the contracted labourers who came in the post-war period from North Africa and Southern Europe (most of whom were from Turkey), but also their German-born or raised children, or indeed anyone whose non-white parentage is visibly written on their bodies (Mecheril and Theo 1994, Opitz, Oguntoye and Schultz 1992). Against this biologistic concept of national belonging and spatial entitlement, the term «migrant» was born out of anti-racist struggles comprising people of multiple diasporic origins and generations of migration. In the last decade, the term has entered the mainstream media and political discourse, where it is nevertheless often mobilized as a polite substitute for the eternal foreigner. With the differential incorporation of migrants of EU vs. non-EU origin, and the new circulation of globalized ideologies of Otherness, which in the early 2000s culminated in the declaration of the «war on terror», the category «migrant» has undergone further semantic shifts, making it increasingly co-terminous with «Muslim» (Petzen 2008). In the present context, religion (especially the dichotomy of Islam vs. post-Christian secularism) has replaced ethnicity and nationality as the key biopolitical trope for organizing difference (Yıldız 2009: 466). Mindful of these contestations, appropriations and hauntings, we will nevertheless adopt the political term «migrant» in this chapter.

To mainstream gay organizers, migrants, let alone sexually or gender non-conforming migrants, were traditionally of little import. In this section, we will document how the migrant subject became nevertheless interesting as a sexual subject. We will suggest that this discovery was neither incidental nor a natural result of migrant particularity. On the contrary, we will argue that it was the outcome of deliberate attempts to conjure and summon new constituencies, new *raisons d'être*, and an expanded public which would recognize sexual politics as part of a broader, national agenda (see also El-Tayeb 2003).

A key impulse for this shift came from the Lesbian and Gay Federation in Germany (LSVD), the largest and most powerful gay and lesbian organization in Germany (see Petzen 2005 for an early analysis). First founded in 1993 in Leipzig, the LSVD quickly gained a virtual monopoly in gay rights lobbying at the federal state, national and international levels. It is not the only voice of lesbians, gays, bisexuals and transgendered (LGBT) people in Germany – in fact, female, sexually and gender non-conforming subjects rarely feature in its politics. Nevertheless, it is fair to say that the LSVD is consulted and covered more regularly by journalists and politicians than any other sexual and gender rights organization (El-Tayeb 2003). The LSVD is also an increasingly transnational player, which closely collaborates with the *International Gay and Lesbian Association* (ILGA) Europe, and achieved Official Observer Status at the UN in 2006.[5] While outside the scope of this article, the progressively

---

[5] While the LSVD's head office is in Cologne, the Berlin branch has tended to be especially visible in the public debates due to its strategic location and its close networks with both the national media in Berlin and national and local politicians.

international orientation of West European and North American LGBT organizing and theorizing cannot be understood outside the globalization of a humanitarian militarism and punishment techniques whose intersection with the topics raised in this chapter deserve critical future attention (see Massad 2007, Grewal 2005, Kapur 2005, Bumiller 2008). Examples of this include the embrace of military inclusion by British and US LGBT movements and the mobilization of Iran as the first rallying point of an international LGBT human rights movement, both of which coincided with the military projects in central Asia (see Nair 2009, Long 2009 and Haritaworn 2008); the transnational travels of new forms of diversity policing which reach out to new gay and transgender constituencies while criminalizing Muslim communities; and finally the dissemination of hate crimes activism through transnational gender and sexuality networks whose German manifestations form the object of this chapter.

When the LSVD discovered «migrants,» the category had already become a euphemism for the eternal «foreigner,» and refigured as Muslim. Its incorporation by the LSVD coincided with the belated extension of citizenship rights to people without German parentage, whose exclusion from national belonging was nevertheless perpetuated through the idea that they had never really learned to integrate into German society (Yıldız 2009). The discovery of «migration» further happened at a time when the gay rights movement's main political goals appeared to have been met: the Berlin State Constitution had mandated equal treatment for same-sex couples as early as 1990, and in 2001, the Registered Partnership Act came into effect which provided insurance, residency rights for non-German partners and other benefits for gay and lesbian couples who wished to seek state recognition for their relationship.[6] It is within this context that the LSVD began to incorporate migrants within its fold (El-Tayeb ibid).

The shift was marked by re-naming the Berlin branch of the LSVD a migrant organization. In 1999, the MILES project (Centre for Migrants, Lesbians and Gays) was inaugurated. Its goal was to «integrate» gay and lesbian migrants, and combat homophobia in «migrant communities».

«The objective of MILES is to break down prejudices and promote the integration of lesbian and gay migrants. Germany has a long tradition of immigration. Yet true integration has never really been achieved.»[7]

Integration in this objective remains an empty signifier (see Ahmed 2004). Common-sensically (un)defined, its malleability moves it out of reach for post/migrants, who never really attain «true integration», let alone belonging in Germany. The same malleability enables the concept to be filled with new, sexual meanings. While no direct reference is made to the liberalization of the German nationality law, it is no coincidence that the reform was accompanied by a raging debate over the unassimilability of people of migrant parentage, and that this debate coincides with the birth of MILES.[8]

If this early reference to integration by a gay organization in Germany foregrounds the integration of lesbian and gay migrants,

---

[6] This excluded the right to adopt and the right to the tax benefits enjoyed by heterosexually married couples.
[7] The original English is taken from the LSVD-MILES website. URL: http://www.lsvd.de/miles/miles-eng.htm (accessed: 8 July 2004). Other translations in this chapter are ours.
[8] The notorious *ius sanguinis*-based German nationality law which for decades excluded even German-born post/migrants from citizenship was reformed in 1999 and entered into force in 2000. On German notions of integration, see Hess, Binder and Moser (eds.) 2008.

the figure of the multiply minoritized sexual subject will soon after disappear again. The LSVD has repeatedly attempted to perform patronage over gay migrants, and service provision in non-German languages has become a major source of revenue for the organization. Its public campaigns nevertheless focus on «migrants» as the heterosexual Other to a gay rights agenda. This asymmetry is already reflected in the title of the MILES project. As Fatima El-Tayeb observes, the name *Centre for Migrants, Lesbians and Gays* effaces gay migrants by positing a «polarity between implicit majority lesbians and gays on one hand and the implicit heterosexual ‹foreigners› on the other» (ibid: 134, our translation). The oppositional framing of «gays» (white) against «migrants» (heterosexual) is thus a key tactic in carving out a new competence for the LSVD, enabling it to compete with migrant organizations over public funding and recognition. By simultaneously obliterating and occupying the intersection of sexuality and ethnicity, the LSVD is able to assert, in El-Tayeb's words, «an authoritative position (*the* homosexuality, that will be explained to *the* migrants)» (ibid: 136).

Indeed, in the course of the 2000s, the organization increasingly positions itself as teaching «the migrants» German «core values» of sexual freedom and gay-friendliness.[9] By rewriting integration as a sexual problem, the organization manages to perform itself as a public expert in a debate which, unlike its traditional remit of gay emancipation, is given public importance by the media and policy makers. This happens by tapping into racialized registers: Having rewritten integration as a sexual problem, the LSVD soon begins to add other «migrant» problems, of crime, violence and security, to its remit.

The organization's success in becoming a public voice in these debates is largely the result of successful publicity. In this, it is aided by its proximity to influential media personalities and journalists. Ironically, it is left-wing and alternative newspapers such as the daily *tageszeitung* – i.e. outlets which traditionally understand their role as giving a voice to minorities – which take up its press releases most frequently. By reframing racialized reporting through a gay rights lens, it becomes possible to politically correct claims heretofore considered racist – that migrants are prone to violence – by converting them into discourse which is really pro-gay and hence pro-minoritarian.

In November 2003, the *tageszeitung* publishes what is probably the first article linking migrants and their apparent proclivity towards violent homophobia. The article is entitled «Was guckst du? Bist du schwul?» (which could be translated as «Whatcha looking at? You a fag?»), thus marking the homophobic migrant as linguistically and culturally deficient, and as mastering German language and culture as a failed mimicry which contrasts to «our» mastery of «their» slang. The subtitle declares, with no citation or source: «A high percent of violence against gay men is perpetrated by people from the Islamic cultural circle.» The stated subject of the article is the first national conference of LGBT people with a migration background from Turkey – whose co-sponsor is the LSVD. The author, Jan Feddersen, himself a white gay man close to the LSVD, sets the scene by describing a migrant community which is violently homophobic. He concludes by praising the

---

[9] Needless to say, the «invention» (Hobsbawm 1983) of gay-friendliness as a German value and even tradition coincides precisely with the discovery of the Muslim homophobe. See Haritaworn (2008) for a closer analysis of the coincidence between the disenfranchisement of racialized populations in the «war on terror» and the enfranchisement of a new sexual citizen, and Puar (2007) for a theorization of these bio- and necropolitical shifts.

conference organizers for their attempt to finally «civilize the premoderns.»[10]

This social Darwinist vocabulary is in part an expansion of a discourse forged a few months earlier, in an LSVD press release written by Alexander Zinn (2003), press speaker at the organization. The press release carries the title «Migrants Must Clarify their Relationship to Homosexuality». It follows an attack on Gay Pride demonstrators that had occurred in June that year. The statement demands that «migrant organizations position themselves in relation to the topic of homosexuality». Repeating the integration discourse, Zinn declares that the «relationship of many migrants to gays and lesbians is problematic due to insufficient integration.» The press statement continues: «It is not unusual for such aggression to come from migrants [...] and some are not afraid of violence.» A cultural explanation is given which for the first time identifies the problem of homophobia as one of religion and, implicitly, Islam: «Religious motives play a role as well as rural origin and the patriarchal family structures of many migrants.»[11] In the years to come, these themes (religion, rural origin, patriarchal family structure) will be repeated continually, both by the LSVD itself and by the journalists, politicians and academics who will participate in its circulation as a social problem which needs to be addressed with an ever-growing urgency and speed. Nevertheless, this seemingly harmless press release, which was circulated on its newsletter and sent to local NGO circles in Berlin, is significant in that it contains the staple ingredients of what will subsequently become an ever more sophisticated archive of media, political and academic knowledges on the figure of the homophobic migrant.

The circulation and diversification of culturalist explanations of homophobia must again be understood as the product of political labour, which partly works through repetition.[12] In its 2006 five-year plan, the LSVD both reiterates the earlier themes of the migrant/Muslim homophobia discourse (assimilation, patriarchy, violence) and enriches it with new ingredients (youth, archaic ideas, honour, morals):

«Instead of integration by migrant youths there is an assimilation process in a reverse direction: patriarchal patterns of thought and archaic ideas of honour and morals which increasingly penetrate youth culture....Increasingly, homosexuals are becoming victims of discrimination and violence.»[13]

The five-year plan presents a variation on the earlier civilizing discourse. Violence here emerges as an attribute of young people from the second generation of migrants whose inability to integrate into mo-

---

[10] http://www.taz.de/index.php?id=archivseite&dig=2003/11/08/a0081. Feddersen quotes the organization *Maneo*, which often cooperates with the LSVD and in the years to come will become a key player in the Muslim homophobia drama (see discussion on hate crimes below), as stating that 39 % of homophobic attacks are perpetrated by young Muslim men.

[11] www.berlin.lsvd.de (accessed: 14 April 2005).

[12] Discussing racist media attributions following 9/11, and combining Judith Butler's performativity theory («the way in which a signifier, rather than simply naming something that already exists, works to generate that which it apparently names») with psychoanalysis and Marxian labor theory, Sarah Ahmed argues that «signs become sticky through repetition; if a word is used in a certain way, again and again, then that ‹use› becomes intrinsic; it becomes a form of signing... The association between words that generates meanings is concealed; it is this concealment of such associations that allows such signs to accumulate value» (Ahmed 2004: 91–92).

[13] http://www.berlin.lsvd.de/cms/index.php?option=com_content&task=view&id=184&Itemid=175) (accessed: October 8, 2007).

dern German society is more dramatically characterized as a process of civilizational *regression*. Not only in this account are migrant youths held back by their culture. They appear to be holding the rest of «us» back as well. The press release rewrites homophobia, from a problem between homosexuals and heterosexuals, into one between «migrants» and «Germans». Gay sexuality and homophobia become recognizable through a familiar Huntingtonian narrative: it is migrants, not a heteronormative society, who become the real obstacles to sexual progress, who make homosexual lives «increasingly» unsafe. By repeatedly declaring migrants unable to integrate, the biggest gay organization simultaneously secures its own integration into the public body of the nation. It intimately refigures racialized fears over crime and violence whose exemplary victims are homosexuals. From here, as we shall see, it will be a small step to inserting sexuality into a wider security discourse on a vulnerable, peaceful nation whose inability to protect itself from fearful others is suffered and symbolized by the vulnerable body of the gay victim of the homophobic migrant.

The five-year plan also contains reference to an «honour» discourse which in the mid-2000s enjoys considerable currency and circulation across Europe. In the mid-2000s, domestic violence is Orientalized as something which has been imported with the arrival of patriarchal immigrant cultures and which is essentially unrelated to autochthonous gender regimes (see Razack 2004, Kapur 2005). A year before the plan, the LSVD distinguishes itself in the debate around what will become Germany's first «honour crime» media spectacle. The murder of Hatun Sürücü, a (presumably heterosexual) woman of Kurdish origin raised in Germany, causes a public outcry. Her life and death are narrated as the tragically failed attempt by a young woman to emancipate herself from her violently patriarchal culture. This is visually brought home through the older trope of veiling and unveiling: two photos of Sürücü circulate rapidly, one showing a sombre-looking woman in a headscarf; the second an attractive smiling woman in a tank top, makeup, and free flowing hairstyle.[14] The LSVD actively participates in the racialized spectacle following her death by calling for a vigil. The press statement, like its predecessors, cites the now familiar theme of an «archaic family understanding of honour» which prevents not only heterosexual women, but also gays and lesbians from having emancipated sexual lives.[15] The vigil is attended by high-profile policy-makers and mediators working on women's and migrant women's issues, including the Federal Minister for Family, Seniors, Women and Youth, the Berlin Initiative against Violence against Women, and Seyran Ateş, a lawyer of Turkish origin whose role in authenticating Orientalist discourses on sexism is comparable to that played by Ayaan Hirsi Ali in the Netherlands (see Ghorashi 2003, Erdem 2009). As host to the event, the LSVD performs leadership in migrant gender and sexual affairs. The fact that it continues to be a white, predominantly gay male organization with a tradition of neglect towards its lesbian, bisexual and transgendered constituency, let alone towards heterosexual migrant women, does not strike many as paradoxical. Yet the real representational feat achieved that summer lies in the metonymic placing of the Muslim homophobia discourse beside much older «truths» of Muslim patriarchy. By converting the murder of Hatun Sürücü

---

[14] This was even reported in the *New York Times*, 4 December 2005, URL: http://www.nytimes.com/2005/12/04/magazine/04berlin.html (accessed: 22 November 2009).
[15] http://www.berlin.lsvd.de/cms/index.php?option=com_content&task=view&id=20&Itemid=193 (accessed: 21 November 2009).

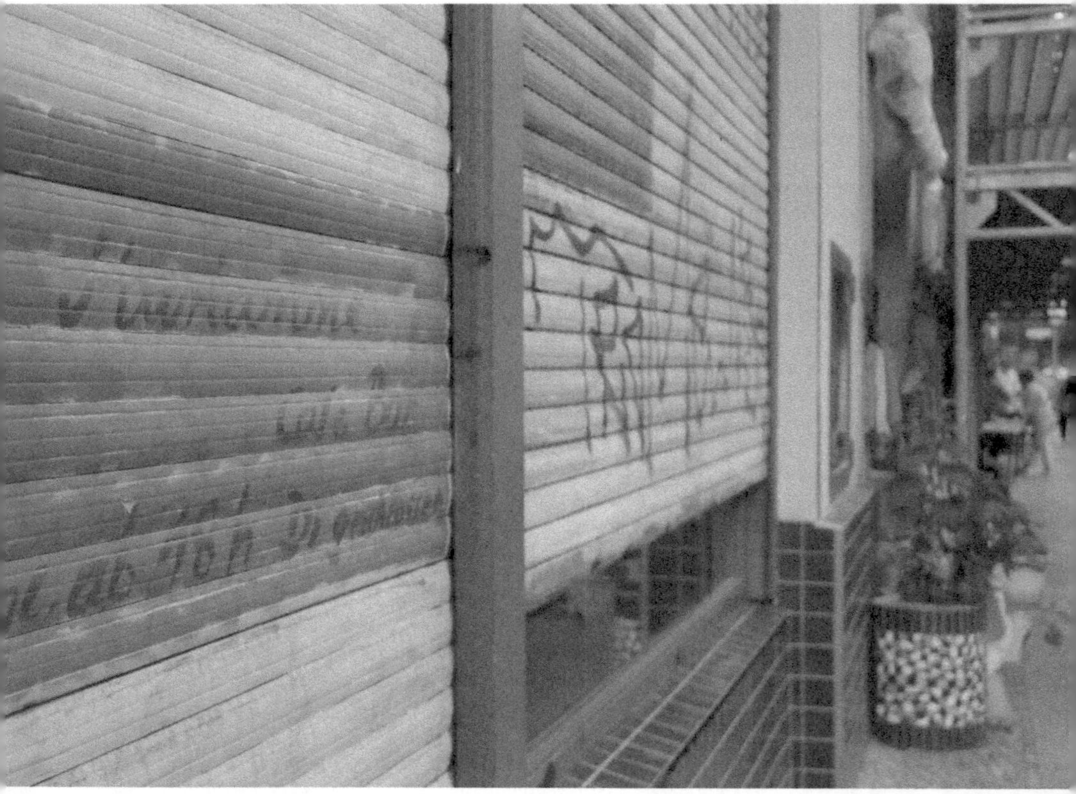

«Die Anschläge vom 11. September 2011 haben wir damals und bis heute als einen Angriff auf die langerkämpften Freiheitswerte schwul-lesbischen Lebens in dieser Gesellschaft empfunden, aber es hat sich durch diesen Gewaltakt und auch die Aggressionen danach eine Öffnung und Annäherung zwischen der islamischen und der christlich-jüdischen Welt entwickelt.

Die vitale Struktur im Schöneberger Kiez entwickelt und trägt viele schwul-lesbische Projekte, wie zum Beispiel das Motzstraßenfest, den CSD, den Teddy – den schwul-lesbischen Filmpreis auf der Berlinale – und auch das Folsom-Straßenfest, das in so einer Form nur in einem gut organisierten und geschützten Kiez stattfinden kann, sowie schwul-lesbische Gruppen bei der Polizei, bei den Lehrern und in den verschiedenen Kirchen. In dieser Gesellschaft gibt es viele Möglichkeiten für Homosexuelle, sich selbstbewusst zu engagieren. Auch für Menschen mit islamischem Glauben oder Migrationshintergrund.

Aber wie steht die zukünftige Auslegung des Korans zur Homosexualität, zu nichtgläubigen Menschen, zu schwul-lesbischen Eheschließungen nach islamischem Ritus? Wann bekennt sich öffentlich der ersten Religionslehrer oder Imam zu seiner Homosexualität? Das sind Herausforderungen an Menschen mit islamischem Glauben in dieser Gesellschaft. Das ist auch eine Anforderung an die Integration von Menschen mit unterschiedlichem kulturellem Hintergrund in dieser freiheitlich-demokratischen Gesellschaft. Jeder muss sich fragen, wie weit er sich aus seinen kulturellen Wurzeln heraus in der Lage fühlt, in diesen gesellschaftlichen Prozessen mitzuwirken. Ein Zurück, nur weil einige Leute noch nicht so weit sind, kann es nicht geben, diese Strukturen müssen immer wieder eingefordert werden.»

Ulrich Simontowitz ist Inhaber des Hafen (www.Hafen-Berlin.de).

into a gay event, the LSVD establishes a lasting discursive link between women's rights and gay rights discourses on migrant integration, violence and criminality, and scandalizes a Muslim homophobia which until then has awakened little interest.[16]

In this section, we have described the increasing sophistication of a «Muslim homophobia» drama[17] which will not be institutionalized until the second half of the 2000s, when it will also acquire a growing affective, aesthetic and scientific repertoire. It is in the early to mid 2000s, however, that its basic plot and setting are written, to be cited in each new serialization: the 2005 «honour crime» debate, the 2006 debate about the gay-friendliness questions in the Muslim Test of German nationality, the 2008 release of an academic study (the «Simon study») into «homophobic attitudes» among migrant and German youth, the 2007 and 2008 moral panics over homophobia in St. Georg (Hamburg) and Kreuzberg (Berlin), and the discussion around the Memorial for the Homosexuals Persecuted in National Socialism in 2008 and 2009.[18] Each of these episodes will repeat the basic ingredients of Zinn's press release – a patriarchal culture, an archaic honour codex, dysfunctional masculinities –, until their history, authorship, and the labour which went into crafting them disappear from view.

Borders and policing: Displacing the hateful migrant

Having inserted itself into the integration debate and cemented a culturalist discourse on Islam and homosexuality, the LSVD in the second half of the 2000s begins to focus on lobbying for legal and institutional changes which directly disenfranchise post/migrants. In 2006, the German *land* of Baden-Württemberg introduces the so-called Muslim Test of German nationality, which targets applicants whose original nationality is with a «Muslim» country. The test is composed of 30 questions: half of these test applicants' women and gay-friendliness, the other their proneness to terrorist and «undemocratic» beliefs and practices.[19] For example, one question asks: «Imagine your full-grown son comes to you and declares that he is homosexual and would like to live with another man. How do you react?» Another: «In Germany various politicians have made themselves publically known as homosexuals. What do you think about the fact that there are homosexuals in public office in Germany?»

While the national branch of the LSVD opposes the test, the Berlin branch comes out in support.[20] In a press statement, Alexander Zinn welcomes the motion and calls on the Berlin Senate to follow Baden-Württemberg's example: «Whoever wants to become a German citizen must recog-

---

[16] Prior to this, the LSVD had invested energies on organizing endless series of «dialogues» and «roundtables» (see footnote 4) which often came across as performances of religiously-based homophobia. Public proclamations against homosexuality by Muslim clerics seem however to have been rare. In 2008, the German-based Arabic-speaking magazine *al-Salam* declared that homosexuality is a disease, and that shaking the hands of gay men could spread diseases. This was however followed by a rallying of migrant allies, partly in coalition with queer migrants, resulting in the publication of a condemnation of the *al-Salam* article published by the *Migration Council Berlin-Brandenburg*, and signed by over seventy member organizations (see Çelik et al. 2008).
[17] Our conceptualization of the migrant homophobia discourse as a drama which follows a certain script is indebted to cultural theorists such as Lauren Berlant (1997) and Allen Feldman (2004).
[18] See Haritaworn for the latter, forthcoming.
[19] To see the complete test, see *tageszeitung* Nr. 7862, 4 January 2006, page 3.
[20] LSVD press release from 6 Janurary 2006, URL: http://www.berlin.lsvd.de/cms/index.php?option=com_content&task=view&id=68&Itemid=226 (accessed: 21 November 2000); «Schwuler Krach um Muslim-Test»: *tageszeitung*, 21 January 2006, page 11, URL: http://www.taz.de/nc/1/archiv/archiv-start/?dig=2006%2F01%2F21%2Fa0242&cHash=603c7934a6 (accessed: 8 August 2009).

nize democracy and rights to freedom. This includes banning discrimination against homosexuals.»[21] Homonationalist activists, having already rewritten integration as a sexual problem, are for the first time able to fill national principles of democracy and freedom with sexual meaning. The Muslim Test inserts a new sexual citizen into a public which is busy inventing «core values» and even traditions of gay-friendliness.

Zinn's position on the Muslim Test overtakes the mainstream of society on the right this time. The test fails in its formally discriminatory version, after considerable public critique. Nevertheless, its instant media career serves to cement views of migrants, by now refigured as «Muslims», as naturally inimical to German «core values» of democracy, gender equality and gay-friendliness. A few years after the hard-won reforms of the infamous *ius sanguinis*-based nationality law, «migrants», including people in the second or third generation who have only ever lived in Germany, are rejected into unassimilability, intensifying their moral disentitlement from citizenship.

In Zinn's press statement, this disentitlement is brought home intimately. The new sexual knowledge on the «homophobic migrant» both draws on and naturalizes an older figure of the dysfunctional migrant family, whose potency must be understood in conjunction with the rise in psy-discourse and neoliberal governmentality (Rose 1989). Rose describes the growing centrality of the deviant child, produced by the deviant family, as both container of social problems and constitutive foil for the autonomous, self-developing citizen of neoliberalism. As we have illustrated already, pathological migrant intimacies from the start form a key ingredient in the new sexual episteme of racial/religious Otherness. In the late 2000s, the psychologization of the sexually problematic migrant is institutionalized further, through the so-called Simon study, an academic psycho-social study commissioned by the LSVD, and the injection of North American hate crimes activism into the German political landscape.

The Simon (2008) study is a quantitative, social-psychological survey comparing homophobic attitudes in «almost 1000 German, as well as Russian and Turkish-originating pupils at twelve grammar schools and comprehensive schools» in Berlin (Grassmann 2007). Its dissemination in the mainstream media breaks with a long history of excluding same-sex intimacies from public view, or including them only as criminal, immoral or pathological. In contrast, the Simon study is disseminated through new visual economies. Several articles discuss its findings, frequently accompanied by photos of gay kisses (e.g. Grassmann 2007, Lang-Lendorff 2007), which refigure a very specific embodiment of homosexuality (white, male, coupled, gender conforming, «attractive») as the symbol of a vulnerable intimate public which needs to be protected from hateful Others. The category of the homosexual itself is absent from the articles, which focus instead on the deficiencies of «migrant youth»: According to a journalist of the *Süddeutsche Zeitung*, a big liberal newspaper, the study proves their greater homophobia:

«*On a five-point scale of homophobia the German pupils, according to the leader of the study Bernd Simon, scored 0.96, the Russian-descended ones 1.82, and the Turkish-descended ones 2.08.*» (Grassman 2007).

---

[21] http://news.gay-web.de/njus/id317 (accessed: 8 August 2009). The press release also refers to «hate and intolerance which are no longer put up with». This constitutes an early reference to migrant «hate», which as we discuss below will be incredibly productive in affectively converting migrants into a disposable population to be policed not only at the border but also in the gentrifying inner city.

«German,» «Russian» and, especially, «Turkish» (the «Russians» subsequently drop away from both analysis and political debate) emerge as non-overlapping categories in the article, which reinscribes Germanness as white and excludes any possibility for hybrid identifications. This is already enshrined in the design of the study, which stipulates that only participants with four German grandparents be counted as German (Simon 2008), and thus applies criteria which are more similar to the Nuremberg codes than current nationality laws. Another essentialist opposition is between «gay» and «migrant» identities and subjectivities. This frames the article already in its headline: «Migrant youth against Gays: Homophobic Berlin» (Grassman 2007). «Migrants» are clearly heterosexual, while «gays» are automatically assumed to be white and German, thereby eliding the reality of sexually and gender non-conforming people with diasporic or migrant experiences.

The Simon study served to render respectable a scientific knowledge of «Muslim homophobia» which will influence how violence against both queer and trans people is perceived in its aftermath. It normalizes knowledges of post/migrants, as deficient and in need of education and assimilation. This occurs through a racialization of homophobia, which turns sexual oppression into a psychological disposition that can be clearly located in migrant cultures, families and psyches. According to Simon, homophobia is:

«a psychological tendency to react to homosexuals or homosexuality with a negative attribution. Such an attribution may include or find expression, inter alia, in negative affects or emotions (e.g. disgust), negative cognitions (e.g. devaluing stereotyping) and negative behavioral tendencies (e.g. avoidance tendencies)» (Simon 2008: 88).

Not only the «homosexual», but also his or her oppression can thus be clearly delineated and defined. Homophobia is described as a pathological affect which essentially resides in particular bodies, which are recognizable by their habitus and their fixed attitudes. It gives rise to a given set of behaviours, which are identifiable and quantifiable through «items», or statements that respondents have to agree or disagree with on a five-point scale from 0 (not true) to 4 (very true). There is no sense here of gender and sexuality as constituted in social encounters and power relations, or as subject to cultural or historic variation. But the study does not merely essentialize homophobia as a psychological and behavioural problem unrelated to wider power structures, or to a wider culture of compulsory heterosexuality and gender binarism. The variables and «items» used to measure and correlate homophobia are clearly biased against those whom the test constructs as «Muslim». Questions relating to traditional masculinity, degree of religiosity, personal contacts with homosexuals, perceptions of racist discrimination, and degree of integration into German society, are clearly recognizable, to both readers and presumably also the respondents themselves, as being based on crude stereotypes of migrants of Turkish and Arab origin.

The Simon study, whose design and dissemination must be interpreted as a close collaboration with its commissioning organization renders respectable a racialized terrain which has been amply worked on for years. It delivers scientific fodder for a moral panic – of vulnerable lovers and hateful Others – which at the time nevertheless still lacks its bodies. This changes in June 2008, when a group of queer and transgender people, including migrants and visitors from Israel, are attacked in Berlin. Both the timing of the attack – on the closing night of the Drag Festival, an internationally publicized queer event, following the last party at SO36, an alternative club famous for its queer and anti-racist programming – and its setting, in the heart of Kreuzberg, the gentrifying post/migrant area commonly imagined as Turkish but also home to increasing numbers of gay, queer and transgender residents and businesses, are highly evocative.[22] The actual event is contested: some of the attacked relate it as a drunken traffic altercation with people who were conspicuously «blond»[23]. But in the course of its rapid circulation through various sexual and alternative counterpublics, and from there to the wider print media and political sphere, the incident will lose its contradictions and ambiguities, and become emplotted as a struggle between vulnerable queers and hateful Muslim youth (see Haritaworn 2010 for an in-depth analysis). The day after the incident, a spontaneous demonstration of thousands of mainly white queers takes to the streets. The map of the march includes «Turkish» and «Arab» neighbourhoods which, while conforming more closely to older fantasies of the «ghetto,» already attract new waves of students, queers and alternative residents (Petzen 2004; 2008).[24] A few weeks later, the two Pride (*Christopher Street Day*, or CSD) events in Berlin cite the same theme of territorial struggle between migrants and gays. While the main parade adopts the motto «Hassu was dagegen?» (which could be translated as «You gotta problem or wha?»), in a repetition of the early linguistic and representational strategies of LSVD-friendly journalists (Feddersen 2003, see above), the alternative *Transgenialer CSD* declares «homophobic, transphobic and sexist assaults in Neukölln und Kreuzberg» as its target (T-CSD 2008).[25]

The LSVD is not involved in the mobilizations following the Drag Festival, which for some are cause for optimism in a repoliticized sexual culture (Bozic 2008, Indymedia 2008). Many of the radical queer and trans activists involved in organizing the Drag Festival and the *Transgenialer CSD* identify themselves as separate from the

---

[22] The setting of «Muslim homophobia» drama in the gentrifying neighborhood, ambivalently imagined as an exceptional space of diversity, pleasure and danger, is both intensely local and highly transposable. Almost simultaneously with the events described in this article, we have witnessed this figuration spread across different European neighborhoods, including Shoreditch in East London and Grønland in Oslo. While we have focused in this chapter on the history of homonationalist activism in Germany, the globalization of such activism across EU borders in particular requires detailed mapping and ethnographic analysis. These travels must be understood as part of the European «crisis in multiculturalism», which has been powerfully brought home through the transnational mobilization of gendered figures – from forced marriages to the Burqa – as well as the ghetto as the powerfully transposable crime scene (see Lentin and Titley, forthcoming).

[23] There are further variations in how «attackers» and «attacked» are characterized, depending on the sensitivity of the outlet to the queer and trans identity of the «attacked» (vs. their characterization as «lesbians» or «gays» in the mainstream press), and its political remit: while the Drag Festival press release and other early left-wing commentators described the «attackers» as members of the ultra-right wing youth organization *Grey Wolves*, thus performing their racialization as anti-fascist rather than racist, they subsequently became simply «Turks» in the wider press (e.g. Drag Festival 2008, Indymedia 2008, Luig 2008, Jungle World 2008).

[24] Further work is needed to examine the ways in which the necropolitical shifts examined in this chapter intersect with local gentrification efforts. In an interview with the gay paper *Sieggessäule*, Neukölln mayor Heinz Buschkowsky states that the district's problem is that it does not attract the «right» kind of people.

[25] The Cologne CSD, too, adopts a racialized parade motto that summer («Zero Tolerance – for Zero Tolerance!») and highlights the problem of religion, particularly Islam, in its call (Bozic 2008).

LSVD functionaries. They form part of a culture of transgression which sees itself as outside the complacent assimilationism and identitarianism represented by white, male-dominated, gay organizations (see Berlant and Warner 1998 for an early account of transgressive queer politics). Nevertheless, the entry of radical queer and even transgender standpoints into public visibility and debate cannot be understood outside a homonationalism which proves highly malleable and makes space for an ever increasing array of gender and sexual identities. While based in a very different understanding of heteronormativity, the queer activist texts produced in the wake of the Drag Festival cite the very metonymies written in a decade of LSVD press releases, poster campaigns and roundtables on migration and homophobia.[26] They become themselves part of a diversifying «migrant homophobia» archive which in the months to come will incorporate not only white gender-conforming gay men, but lesbians, queers, gay migrants, transgender people, even sex workers, into a newly expanded intimate public. In the year following the Drag Festival, several other events are circulated fast through the existing media and political networks. In the gay and wider media, they are narrated as the attack on a lesbian couple on the underground station Kaulsdorf-Nord in Hellersdorf, the assault on a gay man at Hallesches Tor in Kreuzberg, the violent attack on a gay man in Schöneberg, the threatening wielding of an iron bar against two Israeli tourists by an Iraqi café owner in Kreuzberg, and the harassment of trans migrant sex workers by residents in Schöneberg's Frobenstraße (e.g. Maneo 2008a, Flickr 2009, Siegessäule TV 2009). Again, these incidents are highly contested. Besides the heavily mediated stories circulated by a growing group of experts, others are told, often in quieter, smaller publics:[27] One of the incidents originally reported as a gay bashing turns out to be an altercation between two male sex workers (one Polish, one German). The perpetrators at Hallesches Tor who are first inferred to be Muslim are later reported to be Black Germans.[28] The «violent» café owner with the iron bar is a café worker trying to persuade two lingering patrons to leave, while rolling up the shutters at the end of the workday. The Frobenstraße is a neglected neighbourhood whose complex political economy cannot be recognized through a single-issue lens of homophobia (or even transphobia) alone. The citation of these occurrences within a single archive of «migrant homophobia», rehearsed and repeated in each subsequent discussion, nevertheless serves to solder discrete histories and occurrences into a single, intensifying emergency which demands urgent attention and unified action. Julia Sudbury's thoughts are helpful in understanding this moral panic, both in terms of its citationality and its subsequent escalation into a law and order problem:

---

[26] These overlaps are partly institutional: Thus, the Drag Festival is funded by the Green Party, which has strong personal overlaps with the LSVD. We discuss below the role of the Green Party in proposing policy measures which will institutionalize the migrant homophobia discourse and convert it into a problem of «criminal migrants» addressed centrally through the penal state.

[27] This ethnographic observation is based on our own participation in activist queer circles in Berlin during most of the period under discussion (in Jennifer's case) and during summer 2009 (in Jin's case). We are especially grateful to Mîran Çelik, Lisa Thaler and the other SUSPECT members for sharing their accounts of these contested events.

[28] The homophobia hotline *Maneo* names the perpetrators as having a «migration background», and admonishes the city of Berlin for its collaborations with «religious communities» which call homosexuality a sin (press releases of 31 October and 5 November 2008), URL: http://www.m-ermisch.de/Downlod/Maneo-PM081105_500beiMahnwache_n.pdf (accessed: 5 April 2010). In contrast, the later edition of the gay magazine *Siegessäule* (November 2008) describes the attackers as «Afro-German».

«As Stuart Hall's work on the invention of the ‹›Black mugger› in the 1970s has shown, moral panics about crime are self-fulfilling. Once a certain type of ‹offense› is defined as a problem, there is a greater media coverage and state intervention, thus leading to increases in ‹offenses› tried and sentenced in the courts. This increase in sentencing in turn produces dramatic growth in ‹crime rates› which further fuels the moral panic and leads to public calls for harsher sentencing and increased policing» (Sudbury 2006: 17).

In the last one and a half years of the decade, homonationalist politics move firmly into the penal state. Two homophobia action plans are issued, which redefine the «migrant homophobia» as a criminal problem whose major arenas are the courts and the police apparatus. The Green Party motion in the Berlin House of Representatives, which cites both the Simon study and the earlier activist knowledges of Islam and dysfunctional migrant youth and families,[29] introduces for the first time the Anglo-American term *Hasskriminalität* (hate crimes) into a wider German public.

The neologism rolls awkwardly off German tongues but will nevertheless have an instant political career. While the punitive Green plan fails, it is taken over by the ruling «red-red» coalition between Left Party and Social Democrats and passed by the Berlin House of Representatives in spring of 2009 (SPD/Die Linke 2009). The red-red motion abandons the new penal law category[30] but nevertheless reproduces both the hate crime discourse and its racialized frame. While adopting a broader heteronormativity frame, in its recommendations the motion remains loyal to, and institutionalizes, a migrant homophobia script. Besides more perpetrator statistics, and youth work projects targeted towards migrants, it dedicates long passages to the police, whose introduction of a «contact partner for same-sex lifestyles» it presents as a diversity model for other authorities (ibid: 4 ff.).[31] The LSVD, having taken a backseat during the Drag Festival mobilizations, nevertheless emerges as the natural expert in the hate violence debate (e.g. Bozic 2008). It is also a prime beneficiary of the intensified policy measures: The organization gains state funding not only for a trilingual German-Turkish-Arabic poster

---

[29] Berliner Aktionsplan gegen Homophobie. 1 December 2008, http://www.parlament-berlin.de:8080/starweb/adis/citat/VT/16/DruckSachen/d16-1966.pdf (accessed: 21 November 2009). The motion abounds with references to «faith communities», people who need «intercultural dialogue with homophobia» [sic], and «youth with non-German background» whose parents come from countries where homophobia is «state doctrine».

[30] If hate crimes legislation failed on this occasion, future EU legislation will likely re-introduce it into the German and other national contexts. Future work is needed which adopts a transnational lens in order to understand the role of European human rights lobbies such as the International Lesbian and Gay Association (which has very close ties to the LSVD, its Dutch equivalent COC and other national gay organizations) in inventing new racialized perpetrator populations. This could have disastrous effects on post/migrants, who are already prime targets of the criminal «justice» system. For example, in Germany, a sentence of more than one year could result in the deportation of anyone without a German passport. A consideration of North American critiques of the hate crimes concept (e.g. Smith 2007, Spade 2008), while rarely addressing these transnational travels, will be productive in this context.

[31] The coincidence between the introduction of LGBT liaison officers and other forms of diversity policing and the increased racial profiling in the «war on terror» can again be theorized as a necropolitical shift in Puar's sense, where a sexual subject formerly associated with death (through Aids) is now invited, at least formally, to leave the realm of death, and of the perverse, by vacating it for other «populations targeted for segregation, disposal, or death» (Puar 2007: xii).

campaign «Love Deserves Respect», whose target is once again the migrant neighbourhoods, but also for a new hotline for lesbian victims of homophobic violence. Most recently, the LSVD receives funding for a new «Rainbow Protection Circle» in Schöneberg, a neighbourhood whose gentrified part has long been known as the gay quarter, which is now considered under threat from its poorer adjacent part, where many migrants still live (see special issue in *Siegessäule* in November 2009). The event is inaugurated on 18 February 2010, with the support of local non-profits, businesses, residents, and politicians.[32] Held in the Schöneberg city hall, it is introduced by Ekkehard Band, the district mayor. In his greeting speech, he argues that «discrimination and intolerance do not belong in a modern community. They belong sanctioned.» Praising measures which the city has already taken in order to address the apparent increase in homophobic violence in Schöneberg, he highlights the establishment of a «safety forum», where the police is also represented» in order to ensure a «safe living environment» – first and foremost through the increase of police patrols.

Conclusion: Globalizing Muslim Homophobia

In this chapter, we have traced the racialization of sexual politics in Germany. We have explored the biopolitical and necropolitical (Mbembe 2003) productiveness of this process, which invites a new sexual subject into life, while bequeathing the realm of death to Others (see Puar 2005). Our entry point has been the changing role of the biggest gay organization LSVD, whose ascent onto the mainstream stage of politics occurs on the intersection of multiple assimilatory shifts: the unassimilability of a post/migrant population redefined as «Muslim», whose constitutive outsider status is intimately brought home by the moral panic over «migrant homophobia»; the eager assimilationism of the new sexual citizen, who attempts to enter into sovereignty (albeit not always successfully) by assuming a hostile position towards this racial/religious Other; and finally, the membership claims of radical queer and transgender subjects, who at once critique homonationalist citizenship projects and mimic them.[33]

These intimate refigurations of «Islam» are problematic on several accounts. First, they serve to depoliticize wider processes of dispossession, displacement and disenfranchisement, by privatizing them as affective and moral dispositions of individuals. Broader shifts in governance, such as the dismantling of the welfare state, the shoring up of borders, and the increasing policing of the chronically unemployable, are thereby converted into signs of care and love for diversity. Second, the racialization of sexual and gender politics into a single-issue frame of «migrant homophobia» does injustice to the ways in which binaried and hierarchial genders and sexualities are

---

[32] At the time of the Drag Festival event, only one anti-violence project exists in Berlin for non-transgender gay men: *Maneo*, which is in fact a sister organization to the LSVD. While our focus here was on the LSVD, *Maneo* is a key actor in the hate violence debate, and an early proponent and producer of racialized perpetrator statistics. In August 2008 gay media outlets reported that these statistics have been manipulated. See «The Maneo Survey Purposely Manipulated?», 15 August 2009. URL: http://www.queer.de/detail.php?article_id=10906 (accessed: 19 August 2009).

[33] While many radical queer and trans circles may not approve of the LSVD's mainstream politics, the homonationalism has nevertheless proved malleable in its ability to include an ever-growing constituency of sexual and gendered subjects. Thus, the Drag Festival debate which ultimately resulted in the adoption of the hate crimes discourse was initiated by queer and transgender people from more alternative and left-wing scenes.

produced in multiple and overlapping sites, both through practices which are recognizably violent, and through institutional and cultural processes of normalization. The rechanneling of heteronormativity into the criminal and pathological deeds of a few rotten apples to be locked in or kept out, who are clearly recognizable by their name, passport and hair colour, does little to address the highly dispersed workings of gendered power. It rather prolongs the melancholia[34] of an imagined, victimized community which never needed to grieve the violence it exerted, and instead turns it into a property of Others onto whom further violence can be inflicted with moral impunity.

Finally, we have suggested that the category Muslim, and the global travel of culturalist tropes such as honour and homophobia, have made it possible to imagine, visualize and feel a Germany, a «Europe» and a «West» which cohere around a shared cultural origin and destiny, and need protecting from a common enemy. It is through local struggles such as the Muslim homophobia drama which we have examined in this chapter, and its familiar landscape of the gentrifying inner city, that the «war on terror» may be brought home, and the «clash of civilisations» becomes palpable.

Der Beitrag ist im August 2011 eigens für dieses Buch verfasst worden. *KYG*

---

[34] See Kuntsman (2007) for an important discussion of mourning and melancholia, which argues that violence cannot end unless it is grieved. We argue that the Muslim homophobia discourse, which is itself productive of racialized violence, is a function of the unwillingness to remember the injustices committed against sexually and gender non-conforming subjects, from the persecution during the Nazi period, to the relatively recent de-criminalization of male homosexuality, the continuing pathologization of gender non-conformity as a psychiatric dysfunction, and the everyday violence through which sexual and gender binaries are enforced.

Bibliography

Ahmed, Sara. 2004. *The Cultural Politics of Emotion*. Edinburgh: Edinburgh University Press.

Berlant, Lauren and Warner, Michael. 1998. Sex in Public. *Critical Inquiry* 24: 547–566.

Bozic, Ivo. 2008. Das große Schweigen: Homophobe türkische Jugendliche und die Angst vor Rassismusvorwürfen. *Jungle World* 26: 3.

Bumiller, Kristin. 2008. *In An Abusive State: How Neoliberalism Appropriated the Feminist Movement Against Sexual Violence*. Durham: Duke University Press.

Çelik, Mîran, Petzen, Jennifer, Yılmaz, Ulaş and Yılmaz-Günay, Koray. 2008. Kreuzberg als Chiffre. Von der Auslagerung eines Problems. In: *Berliner Zustände. Ein Schattenbericht über Rechtsextremismus, Rassismus und Homophobie*, edited by Apabiz, MBR Berlin. URL: http://www.queeramnesty.ch/docs/Berliner_Schattenbericht_2008_Rassismus_Homophobie.pdf (accessed: 1 April 2010).

El-Tayeb, Fatima. 2003. Begrenzte Horizonte. Queer Identity in der Festung Europa. In: *Spricht die Subalterne deutsch? Migration und postkoloniale Kritik*, edited by Hito Steyerl and Gutiérrez Rodríguez, Encarnación. Münster: Unrast.

Erdem, Esra. 2008. In der Falle einer Politik des Ressentiments. Feminismus und die Integrationsdebatte. In: *No Integration?! Kulturwissenschaftliche Beiträge zur Integrationsdebatte in Europa*, edited by Hess et al., 187–205. Bielefeld: Transcript.

Feldman, Allen. 2004. Memory Theaters, Virtual Witnessing, and the Trauma-Aesthetic. *Biography* 27: 163–202.

Flickr. 2008. *Kiss-in in Berlin-Kreuzberg*. URL: http://www.flickr.com/photos/mayda3000/3643543027 (accessed: 15 January 2010).

Foucault, Michel. 1976. Society Must be Defended. In: *Lectures at the Collège de France, 1975–76*. transl. David Macey, 239–264 London: Penguin.

Ghorashi, Haleh. 2003. Ayaan Hirsi Ali: daring or dogmatic? *Focaal: European Journal of Anthropology*. 42: 163–173.

Grassmann, Phillip. 2007. Migrantenkinder gegen Schwule: Homophobes Berlin. *Süddeutsche Zeitung*, (26 September). URL: http://www.sueddeutsche.de/panorama/artikel/965/134708 (accessed: 20 August 2008).

Grewal, Inderpal. 2005. *Transnational America: Feminisms, Diasporas, Neoliberalism*. Durham: Duke University Press.

Haritaworn, Jin. 2008. Loyal Repetitions of the Nation: Gay Assimilation and the «War on Terror.» *Dark Matter*, No. 3: Special Issue on Postcolonial Sexuality. (2 May). URL: http://www.darkmatter101.org/site/2008/05/02/loyal-repetitions-of-the-nation-gay-assimilation-and-the-war-on-terror (accessed: 15 January 2010).

Haritaworn, Jin. 2011. Queer Injuries: The Cultural Politics of «Hate Crimes» in Germany. *Social Justice* 37 (1). Special issue on «Criminalization and Sexuality».

Hess, Sabine, Binder, Jana, Moser, Johannes. 2008. *No Integration?! Kulturwissenschaftliche Beiträge zur Integrationsdebatte in Europa*. Bielefeld: Transcript.

Hobsbawm, Eric. 1983. Introduction: Inventing Tradition. In: *The Invention of Tradition*, edited by Eric Hobsbawm and Terence Ranger, 1–14. Cambridge: Cambridge University Press.

Indymedia. 2008. *Homophober Angriff in Kreuzberg*, 8 June, URL: http://de.indymedia.org/2008/06/219458.shtml (accessed: 20 August 2008).

Jungle World. 2008. *Bissu schwül oder was? Homophobie unter Türken und anderen Deutschen*. [Are You a Fag or What?

Homophobia among Turks and other Germans], 26 June, No. 3.

Kapur, Ratna. 2005. *Erotic Justice: Law and the New Politics of Postcolonialism*. London and New York: Routledge-Cavendish.

Kuntsman, Adi. 2009. *Figurations of Violence and Belonging: Queerness, Migranthood and Nationalism in Cyberspace and Beyond*. Oxford: Peter Lang.

Luig, Judith. 2008. Ein Tag als Drag King. *tageszeitung* (11 June). URL: http://www.taz.de/!18557 (accessed: 20 August 2008).

Lang-Lendorff, Antje. 2007. Je integrierter, desto toleranter. Neue Studie zu Homophobie, *tageszeitung* (26 September). URL: http://www.taz.de/!5198 (accessed: 1 July 2009).

Lentin, Alana and Titley, Gavan. Forthcoming. Special Issue: «Questioning the European ‹Crisis of Multiculturalism›». *European Journal of Cultural Studies*.

Long, Scott. 2009. Unbearable Witness: How Western activists (mis)recognize sexuality in Iran. *Contemporary Politics* 15(1): 119–136.

Maneo. 2008a. Sei schwul, sei Opfer, sei Berlin? Die Stadt ist gefordert! Press release of 31 October 2008, reposted on http://www.m-ermisch.de/Downlod/Maneo-PM081031_schwererUerbergriff_n.pdf (accessed: 15 August 2009).

Maneo. 2008. http://www.maneo-toleranzkampagne.de/?cat=2&sub=3 (accessed: 1 July 2009).

Massad, Joseph. 2007. *Desiring Arabs*. Chicago: Chicago University Press.

Mbembe, Achille. 2003. Necropolitics. *Public Culture*. 15: 11–40.

Mecheril, Paul and Thomas Teo. 1994. (eds.) *Andere Deutsche. Zur Lebenssituation von Menschen multiethnischer und multikultureller Herkunft*. Berlin: Dietz Verlag.

Nair, Yasmin. 2009. Why I won't come out on National Coming Out Day. *The Bilerico Project*. URL: http://www.bilerico.com/2009/10/why_i_wont_come_out_on_national_coming_out_day.php (accessed 1 April 2010).

Opitz, May, Oguntoye, Katharina and Schultz, Dagmar. 1992 (1984). (eds.) *Showing our Colors: Afro-German Women Speak Out*. Amherst: Massachusetts.

Petzen, Jennifer. 2008. *Gender Politics in the New Europe: The Civilizing of Muslim Sexualities*. Ph.D. diss. University of Washington, Seattle.

Petzen, Jennifer. 2004. Home or homelike? Turkish Queers Manage Space in Berlin. *Space and Culture* 7: 20–32.

Presse AG Drag-Festivall. 2008. Homophober Überfall nach Drag-Festival. *Press Release* (8 June). URL: http://de.indymedia.org/2008/06/219497.shtml (accessed: April 5 2010).

Puar, Jasbir. 2007. *Terrorist Assemblages: Homonationalism In Queer Times*. Durham: Duke University Press.

Razack, Sherene. 2004. Dangerous Muslim Men, Imperilled Muslim Women and Civilized Europeans: Legal and Social Responses to Forced Marriages. *Feminist Legal Studies*. 12: 129–174.

Rose, Nicolas. 1989. *Governing the Soul*. London: Free Association of Books.

Said, Edward. 1979. *Orientalism*. New York: Vintage Books.

Siegessäule. 2008. *Nimmt Homophobie zu?* (November). URL: http://www.siegessaeule.de/specials/homophobie/nimmt-homophobie-in-berlin-zu.html (accessed: 8 September 2009).

Siegessäule TV. 2009. *Transphobe Gewalt im Berliner Frobenkiez – Solidarität mit den Sexarbeiterinnen*. URL: http://www.youtube.com/watch?v=YT_krTlkBzQ (accessed: 15 August 2009).

Simon, Bernd. 2008. Einstellungen zur Homosexualität: Ausprägungen und psychologische Korrelate bei Jugendlichen mit und ohne Migrationshintergrund (ehemalige UdSSR und Türkei). *Zeitschrift für Entwicklungspsychologie und Pädagogische Psychologie*. 40: 87–99.

Smith, Andrea .2007. Unmasking the State: Racial/Gender Terror and Hate Crimes. *The Australian Feminist Law Review*. 26: 47–57.

Spade, Dean. 2008. Methodologies of Trans Resistance. In: *A Companion to Lesbian, Gay, Bisexual, Transgender and Queer Studies*, edited by G.E. Haggerty and M. McGarry, 237–261. Malden, MA: Blackwell.

SPD/Die Linke. 2009. *Initiative «Berlin tritt ein für Selbstbestimmung und Akzeptanz sexueller Vielfalt»* (11 March). URL: http://www.spdfraktion-berlin.de/var/files/pdfzumthema/antrag_sexuelle_vielfalt.pdf (accessed: 15 February 2009).

Sudbury, Julia. 2006. Rethinking Antiviolence Strategies: Lessons from the Black Women's Movement in Britain. In: *The Color of Violence. The Incite! Anthology*, edited by INCITE! Women of Color Against Violence, 13–24. Cambrige, MA: South End Press.

Transgenialer CSD. 2008. URL: http://transgenialercsd.de/seite1.htm (accessed: 1 February 2010).

Yıldız, Yasemin. 2009. Turkish Girls, Allah's Daughters, and the Contemporary German Subject: Itinerary Of A Figure. *German Life and Letters*. 62: 465–481.

Zinn, Alexander. 2003. Schluss mit Diskriminierung und Gewalt. LSVD: Migranten müssen Verhältnis zu Homophobie klären. *Press Release,* 18 July 2003.

Schwule und Muslim_innen zwischen Homophobie und Islamophobie

Dr. Andreas Hieronymus

Einleitung

Anfang 2007 eskalierte eine Auseinandersetzung zwischen schwulen Aktivisten und der ebenfalls im Hamburger Stadtteil St. Georg ansässigen Centrum Moschee. Ich möchte im Folgenden die Ereignisse nachzeichnen und in einem größeren Zusammenhang die Bedeutungen untersuchen, die diese Art von Konflikten für die jeweiligen Identitätskonstruktionen haben. Ich gehe der Frage nach, welche Funktionen der Diskurs über den Islam und die Homophobie für die Herausbildung einer umkämpften, hegemonialen europäischen Identität einerseits und männlicher Identität andererseits hat.

Es scheint zurzeit allerdings so, dass die Debatten über Islam und Homosexualität mehr über die Autor_innen sagen als über den zu diskutierenden Gegenstand selbst. Deswegen möchte ich meinen Vortrag zunächst mit einer Positionsbestimmung beginnen. Wir wissen aus der wissenschaftlichen Forschung, dass der Standpunkt des Sprechers/der Sprecherin die Perspektive auf das Problem beeinflusst. Als schwuler Mann, der in der Schwulenbewegung der 1980er großgeworden ist und sich mit Zusammenhängen von Sexualität und Herrschaft beschäftigt hat, ist das Ausbilden einer schwulen Identität eine notwendige Phase in der Emanzipation des eigenen Selbst von gesellschaftlichen Zwängen gewesen. Dabei waren oft die durch die Sozialisation internalisierten homophoben Einstellungen das größere Problem als die tatsächliche Reaktion der Familie und Gesellschaft auf das Outing als Schwuler. Als ich 1989/90 zum Studium nach İstanbul ging, verpasste ich den Fall der Mauer und die damit verbundenen nationalen Erregungszustände. Stattdessen war ich mit der ethnographischen Erkundung der Schwulen- und Transvestitenszene in İstanbul beschäftigt, schrieb meine ersten Arbeiten zur männlichen Identität in der Türkei und entdeckte meine Liebe zur Arabesk-Musik. Das Bild meiner schwulen Identität wurde modifiziert, und ich entdeckte, dass die Liebe unter Männern eine Vielzahl von Formen hervorbringt, die den jeweiligen sozialen Kontext reflektieren. So war die Identität als «Gay» mehr mit der Zugehörigkeit zu den oberen, eher städtischen Klassen verbunden, während der Transvestitismus eher anatolisch-ländliche Praxis war, die sich in den großen Städten zeigte. Das Problem war dabei nur peripher der Islam, sondern eher die Formen der Männlichkeitskonstruktionen.

Mit dieser Erfahrung in einem Land, in dem zwar sehr unterschiedliche islamische Alltagspraktiken gelebt wurden, das sich aber selbst als laizistisch definierte, war für mich der Kontakt mit dem Islam eher von ethnographischer Neugier als von Angst geprägt. Diese Perspektive auf den Islam unterscheidet mich wahrscheinlich von vielen, die den Islam durch den Migrationsprozess in Deutschland vermittelt oder im Urlaub als romantisierenden Orientalismus erfahren haben. Die Perspektive auf türkische und kurdische Einwander_innen und ihre in Deutschland geborenen Nachkommen war eher bestimmt durch gemeinsame Erfahrung im Prozess des Aufstiegs aus proletarischen in akademische Verhältnisse. Sie waren auch geprägt durch die zwar unterschiedliche, aber im Kern vergleichbare Erfahrung des Verlusts der Heimat der Eltern oder Großeltern. Während im Migrationsprozess der türkischen und kurdischen Einwander_innen die Heimat der Vorfahren zwar nicht erreichbar war, aber dennoch sehr fern war, war sie für meine vertriebenen Großeltern hinter Stacheldraht verschlossen. Meine Rekonstruktion der eigenen nationalen Identität als Deutscher

[1] http://www.PI-News.net.
[2] http://www.PI-News.net/Leitlinien.

mit tschechisch-italienischem Hintergrund dauerte Jahre der Erforschung dieser oft tabuisierten Welt. Auch die Erfahrung des Aufwachsens in einer Region, die 500 Jahre, bis zum Eintreffen der Vertriebenen, protestantisch geprägt war und durch die Etablierung einer jungen katholischen Gemeinde sich plötzlich wieder mit «Andersgläubigen» konfrontiert sah, lässt sich mit den jungen muslimischen Gemeinden in Hamburg vergleichen. Letztlich ist da noch die europäische Perspektive, durch meine Arbeit im «Europäischen Netz gegen Rassismus», die interkulturelle und interreligiöse Kommunikation zum Alltagsgeschäft macht. Somit lässt sich meine Sprechposition als eine beschreiben, die durch multiple Identitäten gekennzeichnet ist und bestimmte Aspekte dieser Identitäten situativ hervorbringt.

Bilder des Islam
Die Webseite *Politically Incorrect* (PI)[1], die auf den ersten Blick eher links und antideutsch daherkommt, aber bei genauerem Hinsehen einem rechten, sozialrevolutionären Spektrum zuzuordnen ist, trägt den Untertitel: «*News gegen den Mainstream · Proamerikanisch · Proisraelisch · Gegen die Islamisierung Europas · Für Grundgesetz und Menschenrechte*». Die Leitlinien von PI sehen eine Unterwanderung der deutschen Gesellschaft durch Muslim_innen: «*Es gab einmal eine Zeit, da waren Moslems in Europa eine interessante Farbe und vielleicht auch eine kulturelle Bereicherung. Inzwischen hat sich jedoch in ganz Europa eine islamische Indoktrination und freche Anmaßung breit gemacht. Tausende von Moscheen dienen vor allem diesem Zweck. Mit den Moscheen und ihren Predigern sind auch massive Menschenrechtsverletzungen wie Zwangsehen und Ehrenmorde zu uns gekommen. Frauen, Juden und ‹Ungläubige› werden nicht nur verbal diskriminiert, sondern auch tätlich angegriffen.*»[2] Unter der Überschrift «*Täterprofil: Männlich, jung, Migrationshintergrund*» wird auch

scheinbar Partei für Schwule ergriffen: «*In Berlin häufen sich die Angriffe auf Homosexuelle. Jeder weiß, dass die Täter fast ausnahmslos junge Moslems sind. Aber das darf man ja nicht denken, geschweige denn aussprechen. Genau wie beim wachsenden Antisemitismus durch Islam-Import wird herumgeeiert, um ja nicht die Ursache des Übels benennen zu müssen*».[3] In der Logik der Tabubrecher wird hier ein verbreitetes Stereotyp zur Wahrheit erhoben, die angeblich nicht ausgesprochen werden darf, um es dann in der Pose des Nonkonformismus nochmals rauszuposaunen und zu verstärken.

Auch der Kopp-Verlag[4] bildet ein Forum für solcherart Aufklärer, Experten und Verteidiger westlicher Werte. So wird rhetorisch gefragt, ob der «*Sozialhilfebetrug als vom Islam vorgelebte religiöse Pflichterfüllung?*» zu verstehen ist, und es werden Bücher bekannter «Islamkritiker» wie Henryk M. Broder oder Udo Ulfkotte beworben. Diese aus dem eher liberalen Spektrum kommenden neuen Populisten sind ein europäisches Phänomen. Pim Fortyn, Ayaan Hirsi Ali, Necla Kelek oder auch der ehemalige Hamburger Justizminister Roger Kusch sind Prototypen dieses neuen europäischen Phänomens. Als Angehörige von Minderheiten, wie Einwander_innen oder Schwulen, verstehen sie es, das Ressentiment gegen den Islam hoffähig zu machen.

Vertraut rechts kommt dagegen «Pro Köln» mit seinem Anti-Islamkongress daher, der für den 19. September 2008 die europäische Rechte (Front National, Vlams Belang, Lega Nord) nach Köln geladen hatte und dort auf breite Gegenwehr stieß. Der ehemalige CDU-Bundestagsabgeordnete Henry Nitzsche weist in seinem Grußwort auf diese europäische Dimension hin: «*Die Gefahr der Islamisierung ist kein ausschließlich deutsches, französisches oder belgisches Problem. Es ist ein europäisches. Überall in Europa fordern integrationsunwillige Einwanderer mehr und mehr Zugeständnisse an ihre Religion. Was sie fordern ist Toleranz. Was sie wollen[,] sind islamische Parallelgesellschaften mitten im Herzen unseres christlichen Abendlandes. Parallelgesellschaften in denen geltendes Recht ignoriert und unsere Kultur mit Füßen getreten wird.*»[5]

Aber auch Medien des Mainstream, wie das *Hamburger Abendblatt*, präsentieren den Islam in einer merkwürdigen Weise. Dort ist etwa der Artikel «*Deutsche Richterin: Moslem darf Ehefrau verprügeln*»[6] mit einem Bild unterlegt, das eine Frau zeigt, deren Kopf in ein Palästinensertuch gehüllt ist und die einen Koran ins Bild streckt. Im Hintergrund weht eine Palästinenserfahne. Das Bild ist mit «*Eine Familienrichterin in Frankfurt hat einem prügelnden marokkanischen Ehemann ein ‹Züchtigungsrecht› zugestanden*» untertitelt. Während der Text berichtet, dass der Mann seiner Frau mit Mord gedroht hat und die Richterin eine Härtefallentscheidung mit Hinweis auf das in diesem «Kulturkreis» übliche Vorgehen abgelehnt hat, zeigt das Bild eher eine militante Aktivistin, der man nicht unbedingt zutraut, sich von ihrem Ehemann verprügeln zu lassen. Text und Bild vermitteln gegensätzliche Botschaften.

Auch die *Hamburger Morgenpost* (Mopo) spielt mit den gegensätzlichen Botschaften von Text und Bild. So titelte sie am 21.04.2007 «*Moslems gegen Schwule*»[7]

---

[3] http://www.PI-News.net/2009/01/Taeterprofil-maennlich-jung-Migrationshintergrund.
[4] http://Info.Kopp-Verlag.de.
[5] http://www.Kongress.Pro-NRW-online.de/content/view/296/204.
[6] http://www.Abendblatt.de/Daten/2007/03/22/710915.html.
[7] http://Archiv.Mopo.de/Archiv/2007/20070421/Hamburg/Panorama/Moslems_gegen_Schwule.html.

und bebilderte den Text mit von hinten fotografierten Muslim_innen, die gerade beten und Betrachter_innen den Hintern zustrecken. Der Text selbst berichtet von der Absage eines von den Grünen organisierten Stadtteildialogs zwischen Schwulen und Muslim_innen durch die Centrum Moschee. Von einer «*imaginären Trennlinie*» zwischen der schwulen und der muslimischen Welt, die im Hamburger Stadtteil St. Georg nebeneinander lägen, ist die Rede. «*Der Bankkaufmann André H. (33) und der Student Christopher N. (30) haben sie übertreten. Sie sind verheiratet und lieben sich. Allein das unschuldige Händchenhalten in Sichtweite der Centrum Moschee führt zu einem Menschenauflauf. Ältere Ladeninhaber und muskelbepackte Türstehertypen in Bomberjacken bauen sich vor ihnen auf, bedrängen die beiden. ‹Vor einer Moschee haben Schwule nichts zu suchen›, schreien sie. ‹Wenn die sich geküsst hätten, hätte jeder Einzelne in dieser Straße sie angegriffen›, droht Ahmed Kajhy (18) unverhohlen*», weiß die *Mopo* zu berichten.

[8] Islamische Gemeinde Milli Görüş.

Stadtteildialog «Schwule & Muslime»
Der Stadtteildialog, auf den sich die *Hamburger Morgenpost* bezieht und dessen Absage dann auch im Verfassungsschutzbericht Hamburg 2007 als Beleg für eine «*religiös begründete Ablehnung von Homosexualität*» genommen wird und dafür, «*dass religiös begründete Normen im Weltbild auch von IGMG[8]-Funktionären einen höheren Stellenwert haben als die Gleichbehandlungsprinzipien unserer Verfassung*», hat jedoch auch eine Vorgeschichte, die in beiden Texten nicht explizit erwähnt wird. Die *Mopo* weiß, dass der Vorsitzende der Centrum Moschee, die dort «Centrums Moschee» heißt und dem sie eine verfremdete, jedoch vollständige Version seines Vor- und Zunamen (*Ahmet Jazici*) zuschreibt, den Stadtteildialog beendet hat. Im Verfassungsschutzbericht wird der Vorsitzende der Einfachheit halber gleich zu «*YAZICI*», den sie immerhin in richtiger Weise schreibt. Dort sagte er für das BIG (Bündnis islamischer Gemeinden)

Die neu gestrichenen Minarette sind das Ergebnis einer Kooperation zwischen lokalen Künstlern aus St. Georg und der Centrum Moschee im Gefolge der im Text beschriebenen Auseinandersetzungen. Die Moschee-Gemeinde öffnete sich damit zum Stadtteil hin (Foto: Dr. Andreas Hieronymus)

«seine Teilnahme ab, nachdem deutlich wurde, dass dort auch Übergriffe auf Homosexuelle in St. Georg thematisiert werden sollten». Ergänzt wird die Recherche des Hamburger Verfassungsschutzes durch weitere Zitate aus der Presse: «*Im Zusammenhang mit entsprechenden Vorwürfen bestätigte YAZICI laut Zeitung ‹Die Welt›, dass Homosexualität im Islam eine Sünde sei. Er betonte aber gleichzeitig, dass dies niemals ein legitimer Grund für die Anwendung von Gewalt sei.*»

Was war passiert? 2006 gab es eine Umfrage des Hamburger Schwulenmagazins *Hinnerk* unter türkisch- und arabischstämmigen Händlern zu ihrem Verhältnis zu Homosexuellen. Die veröffentlichten Antworten überraschten wenig und würden unter deutschstämmigen Händlern in bestimmten Gegenden Hamburgs nicht anders ausfallen. Präsentiert wurde sie als Anstieg homophober Haltungen unter Muslim_innen. Ende 2006 kam es dann zu einem ersten Stadtteildialog in der Kantine des Hamburger Schauspielhauses. Dort war der Vertreter der Centrum Moschee, wie auch die ehemalige Frauenbeauftragte der Schura (Rat der islamischen Gemeinschaften in Hamburg), die inzwischen ihr lesbisches Coming-out hatte, und ein schwuler protestantischer Aids-Pfarrer, von einem grünen schwulen Bürgerschaftsabgeordneten eingeladen worden, um über das Verhältnis von Islam und Homosexualität zu diskutieren. Diese produktive Diskussion führte zu einer Einladung für das zweite Treffen in der Centrum Moschee durch den Vorsitzenden der Moschee. In der Folge gab es dann ein «Kiss-in» von Schwulenaktivisten in der Moschee, das von Seiten der Centrum Moschee als Affront gewertet wurde und dann die Absage des zweiten Treffens des Stadtteildialogs zur Folge hatte. Diese Vorgeschichte wird in der öffentlichen Diskussion nicht erwähnt. Was bleibt, ist ein fahler Beigeschmack von Provokation und Vorverurteilung, die auf bestehenden Stereotypen über «den Islam» und Muslim_innen aufbaut.

Islamophobie und Homophobie

Der Begriff der «Islamophobie» ist umstritten. So wird sie von Sozialwissenschaftler_innen um Wilhelm Heitmeyer zusammen mit Phänomenen wie Rassismus, Xenophobie oder Antisemitismus zur «Gruppenbezogene Menschenfeindlichkeit» gerechnet und soll eine generelle ablehnende Einstellung gegenüber muslimischen Personen und allen Glaubensrichtungen, Symbolen und religiösen Praktiken des Islams ausdrücken.[9] Diese Definition lenkt aber eher den Blick auf randständige Bereiche und reflektiert wenig die Machtverhältnisse zwischen unterschiedlichen Gruppen und deren Diskurse, in die sie eingebunden sind. Die brauchbarste Definition liefert der Runnymede Trust[10] aus England. Dort liegt Islamophobie vor, wenn:

– der Islam als ein monolithischer Block betrachtet wird, der statisch und unempfänglich für Veränderungen sei;

– er als gesondert und «anders» gesehen wird, ohne gemeinsame Werte mit anderen Kulturen und ohne von diesen beeinflusst zu sein oder diese zu beeinflussen;

– er als dem Westen unterlegen, barbarisch, irrational und sexistisch konstruiert wird; und

– er ausschließlich als gewaltsam, aggressiv, bedrohlich, terroristisch und kulturkämpferisch wahrgenommen wird.

Auch der Bergriff der «Homophobie» ist umstritten. Aus dem psychoanalytischen Bereich kommend, beschrieb George Weinberg 1969 damit «*eine Furcht vor Homosexuellen, welche mit einer Furcht vor Verseuchung verbunden zu sein schien, einer Furcht davor, die Dinge, für die man kämpfte – Heim und Familie –, abzuwerten. Es war eine religiöse Furcht und es hatte zu großer Unmenschlichkeit geführt, wie es die Furcht immer macht.*»[11]

Problematisch in beiden Definitionen ist der Verweis auf eine quasi «natürliche» Angst (Phobie) vor dem Islam oder der Homosexualität, dabei findet man islamophobe und homophobe Grundhaltungen nicht nur an den Rändern der Gesellschaft bei pathologischen Individuen, sondern auch in der Mitte, vor allem bei Medien und in der Wissenschaft.

Ohne näher auf die zugrunde liegende wissenschaftsmethodologische Kritik dieser Art von quantitativen Studien einzugehen, möchte ich zwei Beispiele aus der Wissenschaft und Forschung erwähnen, die problematische Ergebnisse zum Islam und zur Homosexualität liefern, weil der Interpretationsrahmen, in dem sie sich bewegen, selbst schon mit Stereotypen operiert:

– Die vom Bundesministerium des Innern in Auftrag gegebene Studie *Muslime in Deutschland*[12] versucht mit quantitativen und qualitativen Methoden «*Integration, Integrationsbarrieren, Religion sowie Einstellungen zu Demokratie, Rechtsstaat und politisch-religiös motivierter Gewalt*» zu untersuchen. Dazu nutzt sie «*Ergebnisse von Befragungen im Rahmen einer multizentrischen Studie in städtischen Lebensräumen*». Problematisch ist die Studie in den quantitativen Bereichen, in denen auf empirisch dünner Grundlage Einstellungen abgefragt werden. So wird etwa die «Abwertung christlich/westlicher Gesellschaften» mit zwei Fragen operationalisiert, nämlich:

---

[9] http://de.Wikipedia.org/wiki/Islamfeindlichkeit#Definitionen.
[10] http://www.Runnymedetrust.org/uploads/publications/pdfs/islamophobia.pdf.
[11] George Weinberg: Im Interview mit Gregory M. Herek am 30. Oktober 1998.
[12] Brettfeld & Wetzels 2007, http://www.bmi.bund.de/Internet/Content/Common/Anlagen/Broschueren/2007/Muslime_20in_20Deutschland,templateId=raw,property=publicationFile.pdf/Muslime%20in%20Deutschland.pdf.

«*In Deutschland kann man deutlich sehen, dass die christlichen Religionen nicht in der Lage sind, die Moral zu sichern*» und: «*Die Sexualmoral der westlichen Gesellschaften ist völlig verkommen*». Diese rhetorisch geschlossenen Fragen sollen diese «*Abwertung*» messen. Jemand, der weiß, was eine sozial angemessene Antwort auf diese Frage ist, wird nie in den Verdacht kommen, «*christlich/westliche*» Gesellschaften abzuwerten und damit als Fundamentalist zu gelten. Ebenso problematisch ist hier die Gleichsetzung von «*christlich*» mit «*westlich*». In den Abschnitten, in denen die Studie qualitativ verfährt und sich auf die durchgeführten Gruppeninterviews bezieht, werden interessante Zusammenhänge deutlich, die aber komplexere Formen der Theoriebildung notwendig machen.

– Als zweites Beispiel möchte ich eine Studie zur Homosexuellenfeindlichkeit[13] und deren Rezeption nennen. Unter dem Titel «Simon-Studie» erreichte sie hohe Aufmerksamkeit. Interessanterweise wurde nicht die Studie selbst breit rezipiert, sondern eine vom Lesben- und Schwulenverband in Deutschland erstellte Zusammenfassung.[14] Während also die Originalquelle nur schwer auffindbar ist, findet sich die Zusammenfassung des Interessenverbandes LSVD oft als einzige Quellenangabe zitiert. Wenn man davon ausgeht, dass die Studie selbst methodisch korrekt durchgeführt wurde, ergibt sich ein doppeltes hermeneutisches, also die Deutung der Ergebnisse betreffendes Problem. Erstens, das im obigen Beispiel schon genannte immanente Problem quantitativer Forschung, nämlich in welchem theoretischen Bezugsrahmen werden die erhobenen Zahlen interpretiert.

Und zweitens, aus diesen Interpretationen werden durch Interessengruppen fragwürdige Schlüsse gezogen. Die Tabelle auf Seite 142 soll dies verdeutlichen. Sie zeigt die prozentuale Zustimmung zu Statements für männliche und weibliche Befragte aus der Gruppe der «Deutschen», der «ehemaligen UdSSR» und der «Türkischen».

Deutlich wird hier, dass quer durch alle Fragen hindurch die als «türkisch» Klassifizierten den negativen Statements vermehrt zustimmen, gefolgt von den aus der «ehem. UdSSR» Kommenden, und in der Kategorie «deutsch» stimmen am wenigsten zu. Dies gilt für männliche und weibliche Befragte. Um das komplexe Zahlenwerk dieser quantitativen Untersuchung für eine Nicht-Fachöffentlichkeit verständlich zu machen, wurden einige «Übersetzungen» durchgeführt. Die Werte des Originals wurden zum Beispiel in Prozentwerte übersetzt. Damit geht viel Informationsgehalt verloren, etwa wie viele der befragten Personen als «türkisch» oder «deutsch» klassifiziert wurden, wie viele überhaupt die jeweilige Frage beantworteten und wie viele dann letztendlich der Formulierung zustimmten. Auch gehen in der Rezeption die Unterschiede zwischen «Türken», «Jugendlichen mit Migrationshintergrund» und «Deutschen» durcheinander. «Türkisch» und «Migrationshintergrund» wird synonym, während «Deutsche» automatisch ohne Migrationshintergrund gedacht werden. Um nicht falsch verstanden zu werden, die Kritik richtet sich nicht gegen das Ergebnis als solches, das sicherlich im Rahmen der quantitativen Logik ordentlich hergestellt wurde. Sie richtet sich gegen die Deutung der Ergebnisse insbesondere von einigen Interessengruppen. So werden als mögli-

---

[13] Simon, Bernd (2008): *Einstellungen zur Homosexualität. Ausprägungen und psychologische Korrelate bei Jugendlichen ohne und mit Migrationshintergrund (ehemalige UdSSR und Türkei)*, In: *Zeitschrift für Entwicklungspsychologie und Pädagogische Psychologie* 40 (2), Hogrefe Verlag Göttingen 2008, Seiten 87–99.
[14] http://typo3.LSVD.de/Fileadmin/Pics/Dokumente/Homosexualitaet/Simon-Studie.pdf.

Zustimmung zur Aussage	Geschlecht	deutsch	ehem. UdSSR	türkisch
«Wenn sich zwei schwule Männer auf der Straße küssen, finde ich das abstoßend»	männl.	47,7%	75,8%	78,9%
	weibl.	10,2%	63,5%	59,6%
«Wenn sich zwei lesbische Frauen auf der Straße küssen, finde ich das abstoßend»	männl.	12,3%	25,6%	43,8%
	weibl.	10,2%	58,9%	59,6%
«Wenn ich wüsste, dass mein Nachbar schwul ist, würde ich lieber keinen Kontakt zu ihm haben»	männl.	16,1%	36,7%	49,5%
	weibl.	0,4%	6,5%	21,1%
«Wenn ich ein Kind hätte, das schwul oder lesbisch ist, hätte ich das Gefühl, in der Erziehung etwas falsch gemacht zu haben»	männl.	26,9%	50,6%	69,8%
	weibl.	5,7%	44,0%	59,2%
«Schwule und Lesben sollten die gleichen Rechte haben wie heterosexuelle Männer und Frauen»	männl.	73,9%	46,6%	37,5%
	weibl.	91,1%	57,6%	55,6%

Quelle: Aus der Zusammenfassung der Simon-Studie des LSVD, Tabelle 1

che Ursachen homosexuellenfeindlicher Einstellungen aus der Veröffentlichung des LSVD dazu genannt:

— **Religiosität:** «*Der Zusammenhang von Religiosität und Homosexuellenfeindlichkeit ist bei türkischstämmigen Schülern am stärksten ausgeprägt. Je religiöser sie sind, desto homosexuellenfeindlicher sind sie. Auch bei den Russischstämmigen zeigen sich solche Zusammenhänge, wenn auch weniger stark. Bei den deutschen Schülern dagegen kaum.*»

— **Akzeptanz traditioneller Männlichkeitsnormen:** «*Die Akzeptanz traditioneller Männlichkeitsnormen ist bei allen Befragten mit Homosexuellenfeindlichkeit verbunden – bei Schülern ohne Migrationshintergrund sogar besonders deutlich. Je mehr traditionelle Männlichkeitsbilder akzeptiert werden, desto stärker ist die Ablehnung Homosexueller.*»

— **Bildungsgrad des Elternhauses:** «*Auch türkischstämmige und russischstämmige Schüler aus Akademikerhaushalten sind homosexuellenfeindlicher als solche ohne Migrationshintergrund.*»

— **Integration und Diskriminierungswahrnehmungen:** «*Bei türkeistämmigen Schülern ist das Gefühl der persönlichen Integration ein wichtiger Faktor: Je integrierter sie sich fühlen, desto weniger homosexuellenfeindlich sind sie. Bei den russischstämmigen Schülern sind es dagegen Diskriminierungswahrnehmungen, die mit Homosexuellenfeindlichkeit korrespondieren: Je mehr sie sich diskriminiert fühlen, desto homosexuellenfeindlicher sind sie.*»

— **Kontakte zu Schwulen und Lesben:** «*Kontakte zu Schwulen und Lesben scheinen einen Einfluss zu haben auf Homosexuellenfeindlichkeit: Je mehr Kontakte bestehen, desto weniger homosexuellenfeindlich sind die Schüler.*»

In den ethnisierenden Interpretationen der Kategorien «deutsch», «ehem. UdSSR» und «türkisch» bilden sich auch Schicht- und Klassenverhältnisse ab. Ohne auf die Frage der Relevanz und der besonderen Bedeutung von «Religiosität» im Kontext des Islams im Vergleich zur verweltlichten protestantischen Ethik an dieser Stelle einzugehen, ließe sich dieser Befund auch für Angehörige einer weißen Arbeiterschicht beschreiben. Paul Willis hat in seiner ethnographischen Studie «Learning to Labour» (Willis, Paul, 1981a: Learning to Labor. How working class kids get working class jobs, New York) aus den 1970ern genau jene «*lads*»[15] beschrieben, die traditionelle Männlichkeitsnormen reproduzieren, deren Eltern einen niedrigen Bildungsgrad haben und die extrem frauenfeindlich, rassistisch und homophob waren. Dieser Befund legt eher die Vermutung nahe, dass wir es hier mit bestimmten Männlichkeiten zu tun haben, die spezifischen Segmenten der Arbeiter_innen-Klasse zuzuordnen sind und die selbst von Ethnisierungs- und Diskriminierungserfahrungen betroffen sind und diese Erfahrungen eben nicht in mittelschichtsspezifischer Weise bearbeiten.

Islamophobe und homophobe Identitäten

Die hier vorgetragene Kritik richtet sich zum einen gegen einfache ethnisierende Beschreibungen komplexer sozialer Interaktionen, zum anderen gegen eine Identitätspolitik, die binäre Identitäten formuliert. Weder ist jemand ausschließlich türkisch und damit muslimisch noch ausschließlich schwul/lesbisch. Die strikte Zweigliedrigkeit der Geschlechter, also dass es nur Mann und Frau gibt, muss ebenso in Frage gestellt werden, wie es die Queer Theory tut, wie auch das eindimensionale Bild von Muslim_innen. Geschlecht, wie auch Religion, ist eine wirkungsmächtige soziale Konstruktion, die sozio-kulturell

---

[15] (Engl.) *lad* = Bube, Steppke. Gemeint sind «Kerle», die eine aggressive Männlichkeit darstellen, im Englischen auch als «Lad Culture» bezeichnet.

sehr unterschiedliche Ausprägungen und Formen annehmen kann. In diesem Sinn gibt es keine Essenz des Geschlechts oder der Religion, sondern nur deren Interpretationen durch symbolische Interaktionen. Wenn es aber keine Essenz, kein Wesen von Subjekten gibt, dann gibt es auch nicht die typische Lesbe bzw. den typischen Schwulen noch den typischen muslimischen Jugendlichen. In den Blick kommen so unterschiedliche Formen, wie Männlichkeit und Weiblichkeit gelebt wird. Forschung zu Homophobie und homophobem Verhalten muss dann im Gesamtkontext der Produktion von sehr unterschiedlichen, sich gegenseitig bedingenden Männlichkeiten untersucht werden. Männlichkeitskonstruktionen sind auch als Reaktion auf sozialen Ausschluss zu verstehen. Dies gilt auch für die Islamophobie, die ohne ein Verständnis des europäischen Antisemitismus und dessen Rolle für die Ausbildung nationaler Identitäten nicht verstanden werden kann. Was die Homophobie für die Herstellung einer hegemonialen Männlichkeit ist, ist die Islamophobie für die Herstellung einer hegemonialen europäischen Identität. Somit lassen sich die Funktionen von Islamophobie und Homophobie für die Identitätsbildung genauer fassen.

In Abgrenzung zum Islam kann

– europäische Identität bestimmt werden;

– Rationalität und Aufklärung demonstriert werden;

– die Verantwortung für gesellschaftliche Fehlentwicklungen dem Islam zugewiesen werden;

– man sich von der eigenen Verantwortung entlasten.

In Abgrenzung zu Homosexuellen kann

– männliche Identität hergestellt werden;

– Rebellion gegen Werte der Mittelklasse demonstriert werden;

– die Verantwortlichkeit für gesellschaftliche Fehlentwicklungen dem «Unmännlichen» und «Weiblichen» zugeschrieben werden;

– man kann sich auch hier von der eigenen Verantwortung entlasten.

Männlichkeiten

Es gibt eine begrenzte Forschung zu Männlichkeiten in Deutschland. Eine Differenzlinie zwischen ost- und westdeutschen Männlichkeiten wird diskutiert, die ostdeutsche ist dabei eher proletarisch-kleinbürgerlich geprägt, während sich die westdeutsche Männlichkeit an der modernen Mittelklasse orientiert. Im englischsprachigen Raum wird die Forschung zur Männlichkeit viel intensiver betrieben, vor allem an Schulen. Dort ist eine Vielzahl von Männlichkeiten in Untersuchungen festgestellt worden: Es ist die Rede von «Protest-Männlichkeiten», «sportlichen», «akademischen», «spirituell verbundenen», «verpflichtenden Männlichkeiten», «hyperheterosexuellen», «personalisierten», «untergeordneten» oder «*Wimp*»-Männlichkeiten[16]. Wichtige Forschungsarbeiten untersuchen dabei den Zusammenhang von Männlichkeit und Marginalisierung. Dabei wurde festgestellt, dass die etablierte Ordnung aggressive Formen der Männlichkeit verstärkt. Es geschieht dabei eine unreflektierte Reproduktion des kulturell vorherrschenden Verständnisses von Männlichkeit, und Jungen sind selbst auch Opfer solcher patriarchalen Institutionen. Mobbing, Belästigung und Missbrauch beschädigt nicht nur Mädchen, sondern ebenso marginalisierte Jungen (Homosexuelle, Behinderte, Asthmatiker, effeminierte heterosexuelle Jungen, aber im englischen Kontext auch einige Schwarze Jungen). Der sexistische Machtdiskurs wird von den Jungen zur Erreichung höherer Positionen innerhalb

---

[16] (Engl.) *wimp* = Schwächling: Damit werden in der Forschung Männlichkeiten bezeichnet, die sich in Interaktionen den stärkeren Männlichkeiten unterordnen.

der Gruppe genutzt, und als Effekt wird eine vorherrschende weiße, männliche, englische Identität dadurch bestätigt.

Hinzu kommt in letzter Zeit eine «ethnifizierte Markenidentität», in der «ready made»-Vorstellungen von Kultur lebensweltlich übernommen werden. Die idealisierte Schwarze Männlichkeit (die sogenannte «coole» Pose), wie sie in der Pop-Kultur und der Werbung vorkommt, spielt im Alltagsleben eine immer wichtigere Rolle. Diese Art der Männlichkeit ist für die meisten weißen und asiatischen Jungen unerreichbar. Interessanterweise werden asiatische Jungen in diesem Kontext von weißen wie Schwarzen Jungen als nicht richtig männlich wahrgenommen. Diesen drohenden sozialen Ausschluss bewältigen Jungen dadurch, dass sie permanent mit ihrer sozialen Positionierung beschäftigt sind. Somit gibt es eine Wechselwirkung von Selbstkonstruktionen ethnisierter Jungen und Fremdkonstruktionen durch das sie umgebende Umfeld. Deutlich wird, dass alle daran beteiligt sind, diese unterschiedlichen Formen von Männlichkeiten mit herzustellen. Die Schwarzen Jungen müssen die ihnen von Weißen zugeschriebene «coole Pose» aufrechterhalten, und Weiße nehmen sie im Gegenzug als «fremd» und «hart» wahr. Festgestellt wurde auch, dass «rassifizierende» Konstruktionen als Ressource dienen, um Männlichkeit durch Rebellion oder Konformität zu produzieren.[17] Dieser Zusammenhang müsste auch im deutschen Kontext der Jugend in der Einwanderungsgesellschaft näher untersucht werden, um die Rolle, die homophobes Verhalten für bestimmte Männlichkeitskonstruktionen spielt, in den Blick zu bekommen. Die Frage ist, ob dies auch so für die angeblich muslimische Männlichkeit zutrifft.

Was tun?

Zunächst muss einmal zur Kenntnis genommen werden, dass es eine tiefe Entfremdung zwischen eingewanderter und eingeborener Bevölkerung gibt. Besonders Muslim_innen werden als Fremde wahrgenommen und fühlen sich deswegen als Fremde. Folgende Zahlen aus der Studie «Muslime in Hamburg»[18] machen dies deutlich:

– Nur 13% der Muslim_innen in Hamburg denken, sie werden als Deutsche wahrgenommen;
– 31% wollen aber als Deutsche wahrgenommen werden;
– 52% haben dagegen ein starkes Zugehörigkeitsgefühl zu Deutschland.

Diese Zahlen belegen zwar ein starkes Zugehörigkeitsgefühl zu Deutschland, das sich aber nicht in der Wahrnehmung der Muslim_innen durch Nicht-Muslim_innen widerspiegelt. Das Problem liegt darin, dass die Wahrnehmung durch die Mehrheit und die Selbstwahrnehmung der Muslim_innen auseinanderklaffen. Die stereotypisierte Wahrnehmung produziert Außenseiter, die zwar ein starkes Gefühl für Heimat entwickeln, denen aber diese Heimat nicht zugestanden wird. Diese Entfremdung produziert unterscheidbare Gruppen, die ihre Unterschiede betonen, weil sie den Verlust ihrer Identität befürchten. Besonders relevant ist dies unter Jugendlichen, wo ethno-nationale Konkurrenz dominiert. «Deutsch-Sein» wird als Ethnizität mit bestimmten Merkmalen angesehen («idealisierte Deutsche»: hell, groß, moderne Kleidung) und nicht als republikanische Zugehörigkeit. Eine Vielfalt des gelebten Deutsch-Seins, das Eingewanderte mit einschließt, entwickelt sich langsam. Muslim_innen artikulieren diese

---

[17] Frosh, Stephen; Phoenix, Ann & Rob Pattman (2002): *Young Masculinities*. New York, Palgrave.
[18] Hieronymus, 2008: Muslims in Hamburg, OSI-Studie *Muslims in European Cities*, Typoskript.

andere Art, «Deutschsein» zu leben, und wollen als muslimische Staatsbürger_innen anerkannt werden.

Die Vorstellung, dass Muslim_innen homophober seien als andere Gruppen, ist zu problematisieren, und es muss nach der Funktion dieser Vorstellung für die Mobilisierung von Angst und der Stabilisierung des Ausschlusses von Muslim_innen gefragt werden. Dazu bedarf es einer komplexeren Analyse und einer Forschungsmethodologie, welche die Muslim_innen nicht nur zu Objekten der Forschung macht, sondern sie als Subjekte mit einbezieht. Kritische Forschung muss solch eine problematisierende Perspektive annehmen, um sich nicht in den Fallstricken Stereotypen verstärkender Theoriebildung zu verfangen.

Erst die Anerkennung des Anderen durch die Abkehr von einer Identitätspolitik, die unterscheidbare, sich abstrakt gegenüberstehende Gruppen konstruiert, und die Hinwendung zu einem menschenrechtsorientierten horizontalen Antidiskriminierungsansatz, der die Würde aller achtet, die eigene Position kritisch reflektiert und das Anders-Sein als schwuler Muslim, muslimischer Schwuler oder deutscher Muslim anerkennt und respektiert, ermöglicht einen gemeinsamen Dialog, der die unterschiedlichen Formen von Männlichkeiten so bearbeiten kann, dass sie nicht mehr durch gewaltförmige Ausgrenzung und Abschiebung gekennzeichnet sein müssen.

Der Beitrag beruht auf einem Vortrag, den der Autor bei der internationalen Tagung «Gemeinsam für Anerkennung und Respekt. Wie kann Homophobie in der Einwanderungsgesellschaft verhindert werden?» am 25. November 2008 in Berlin gehalten hat. Er ist zuerst veröffentlicht worden in der Dokumentation der Veranstaltung, die im Frühjahr 2009 von der Landesstelle für Gleichbehandlung – gegen Diskriminierung (LADS) bei der Senatsverwaltung für Integration, Arbeit und Soziales herausgegeben wurde. Beim Wiederabdruck sind kleinere redaktionelle Änderungen vorgenommen worden. Die Originalpublikation kann hier heruntergeladen werden: http://www.Berlin.de/Imperia/MD/Content/LB_ADS/Homophobie24.pdf?start&ts=1239023094&file=homophobie24.PDF. Großen Dank an den Autor und die LADS für die Wiederabdruck-Genehmigung. *KYG*

Judith Butler lehnt Berlin CSD Zivilcourage-Preis ab!

Judith Butler lehnt Zivilcourage-Preis des Berliner CSD ab: «Von dieser rassistischen Komplizenschaft muss ich mich distanzieren»
Presseerklärung von SUSPECT zum 19. Juni 2010

Als Berliner Queer- und Trans of Colour-AktivistInnen und Verbündete begrüßen wir die Entscheidung Judith Butlers, den Zivilcourage-Preis des Berliner CSD e.V. abzulehnen. Wir freuen uns, dass eine renommierte Theoretikerin die öffentliche Aufmerksamkeit, die ihr zugutekommt, nutzt, um Queer of Colour-Kritiken gegen Rassismus, Krieg, Grenzen, Polizeigewalt und Apartheid zu würdigen. Wir schätzen vor allem ihren Mut zur Kritik und Skandalisierung der Nähe der Veranstalter zu homonationalen Organisationen. Ihre couragierte Rede ist nicht zuletzt auch das Resultat ihrer Offenheit für neue Anstöße und ihrer Bereitwilligkeit, sich mit unserer jahrelangen aktivistischen und akademischen Arbeit auseinanderzusetzen, die allzu oft isoliert, prekarisiert, angeeignet und instrumentalisiert wird.

Dies ist auch jetzt schon wieder zu bemerken, denn die People of Colour-Organisationen, die Butlers Meinung nach den Preis eher verdient hätten als sie, werden in sämtlichen bisherigen Presseberichten mit keinem Wort erwähnt. Butler bot den Preis laut und deutlich GLADT (www.GLADT.de), LesMigraS (www.LesMigraS.de), SUSPECT und ReachOut (www.ReachOutBerlin.de) an, doch die einzige politische Veranstaltung, an die sich Leute erinnern, ist eine weiß dominierte – der Transgeniale CSD. Statt Rassismus konzentriert sich die Presse auf eine plumpe Kommerzialismuskritik. Dabei drückte sich Butler ganz klar aus: «In diesem Sinne muss ich mich von der Komplizenschaft mit Rassismus, einschließlich anti-muslimischem Rassismus, distanzieren.» Sie stellt fest, dass nicht nur Homosexuelle, sondern auch «Bi-, Trans- und queere Leute benutzt werden können von jenen, die Kriege führen wollen.»

Vorgestellt wurde Butler von Renate Künast (Bündnis 90/Die Grünen) – Laudatorin mit deutlichen Schwierigkeiten, sowohl den Namen der Preisträgerin auszusprechen, als auch die Kernaspekte ihrer Schriften zu erfassen, und zwar als beharrliche Kritikerin. Bei den Moderatoren Jan Salloch und Ole Lehmann bewirkte ebendiese Kritik jedoch Gesichtsentgleisung. Anstatt sich in irgendeiner Art mit der Rede auseinanderzusetzen, fiel ihnen nichts anderes ein, als den Vorwurf des Rassismus weit von sich zu weisen und die ca. 50 Queers of Colour und Verbündete, die zu Butlers Unterstützung gekommen waren, mit den Worten zu beschimpfen: «Ihr könnt so laut schreien, wie Ihr wollt, Ihr seid nicht die Mehrheit. Es reicht.» Dem folgt die zur Kulisse des Brandenburger Tors passende Imperialismus-Phantasie: «Der CSD macht einfach weiter in seinem Programm... Egal, was ist... Weltweit und auch hier in Berlin... So wird es immer sein und so bleibt es auch.»

Rassismus ist in der Tat in den vergangen Jahren der rote Faden internationaler CSD-Veranstaltungen, von Toronto bis Berlin, sowie auch der weiteren schwullesbischen Landschaft. Das Berliner CSD-Motto 2008: «Hass du was dagegen?». Homophobie und Transphobie werden hier als Probleme von Jugendlichen of Colour umdefiniert, die anscheinend nicht richtig Deutsch können, deren Deutschsein immer hinterfragt bleibt, und die schlicht nicht dazugehören. 2008 ist auch das Jahr, in dem der Hasskriminalitätsdiskurs Einzug in die deutsche Sexualpolitik hält. Dieser Aktivismus war bis dato in Deutschland kaum bekannt. Dennoch wurde Hassgewalt genau deshalb so schnell eingedeutscht, weil ja bereits klar war, wer der hasserfüllte kriminelle Homophobe ist: MigrantInnen, die eh schon als kriminell gelten und immer leichter ins Gefängnis kommen und auch abgeschoben werden können. Diese Moralpanik wird von dubiosen Medienpraxen begleitet und von sogenannten wissenschaftlichen Studien «belegt»: Wo jeder Fall von Gewalt, mit dem eine homosexuelle, bisexuelle oder Trans-Person irgendetwas zu tun hat – egal, ob der vermeintliche Täter weiß oder of Colour ist, und egal, ob der Hintergrund Homophobie, Transphobie oder eine Verkehrsstreitigkeit ist –, als der neueste Beweis von dem in Umlauf gerät, was wir eh schon alle wissen: Dass Homos (gerade anscheinend weiße Männer) es am allerschwersten haben, und dass «die homophoben Migranten» die Hauptursache hierfür sind. Diese mittlerweile unhinterfragte Wahrheit ist nicht zuletzt auch die Frucht der Arbeit homonationalistischer Organisationen wie LSVD und Maneo, deren enge Zusammenarbeit mit dem CSD Butler zur Ablehnung des Preises bewog. Diese Arbeit besteht vor allem aus Medienkampagnen, die MigrantInnen immer wieder als «archaisch», «patriarchal», «homophob» und gewalttätig darstellen und People of Colour in Deutschland als unintegrierbar abstempeln. Dennoch erhält eine dieser Organisationen nunmehr öffentliche Gelder, um People of Colour vor Rassismus schützen. Der «Regenbogenschutzkreis – Schöneberg gegen Rassismus und Homophobie» wurde von offizieller Seite prompt mit einer Polizeiverstärkung begrüßt. Als Anti-RassistInnen wissen wir leider zu gut, was mehr Polizei (ob gleichgeschlechtlich oder nicht) in einem Viertel, wo auch viele People of Colour leben, bedeutet – gerade zu Zeiten des «Kriegs gegen den Terror» und der «Sicherheit, Ordnung und Sauberkeit».

Genau diese Tendenz weißer schwuler Politik, eine Politik der Solidarität, der Bündnisse und der radikalen Transformation durch eine der Kriminalisierung, Militarisierung und Grenzziehung zu verdrängen, skandalisiert Butler, wohl auch infolge der Kritik und der Schriften von Queers of Colour. Im

Gegensatz zu vielen weißen Queers hat sie dafür ihren eigenen Nacken hingehalten. Für uns war dies in der Tat eine mutige Entscheidung.

SUSPECT, 20. Juni 2010

ARCHITEKTEN
HANS CHRISTIAN
URS FÜSSLER

2. OG

LESBENBERATUNG

Psychosoziales Beratungs-, Therapie-
und Kommunikationszentrum
4. Etage

Tel. 215 2000
Montag, Dienstag, Donnerstag   10.00 - 19.00 Uhr
Mittwoch und Freitag   10.00 - 17.00 Uhr

O-TON ART
DAS BERLINER ON-THEATER!

1. ETAGE
Büro: 030 - 37 44 78 08

Leben nach Migration
SPEZIAL: Homophobie und Rassismus
Newsletter des Migrationsrates Berlin-Brandenburg e.V. (Dezember 2010)

Der Migrationsrat Berlin-Brandenburg (MRBB) ist ein Dachverband von über siebzig Migrant_innen-Selbstorganisationen und versteht sich jenseits von Merkmalen wie Herkunft, Religion, Geschlecht oder sexueller Orientierung als Interessenvertretung von Menschen, die entweder selber nach Deutschland immigriert sind oder die aufgrund von Zuschreibungen in der Öffentlichkeit als Migrant_innen bezeichnet oder wahrgenommen werden.

Eine solche Interessenvertretung bedeutet im Hinblick auf Demokratisierungsprozesse auch die Hinterfragung von Macht- und Herrschaftsstrukturen. Dass das Engagement gegen Dominanzverhältnisse nicht eindimensional sein kann, sondern multipel sein muss, hat auch die international renommierte Philosophin Judith Butler betont, als sie den Preis des Berliner Christopher Street Days ablehnte, weil sie der Meinung war, dass die Organisator_innen sich nicht gegen Rassismus engagieren.

Der MRBB ist keine LGBT-Organisation. Dennoch vertritt der MRBB die Interessen von LGBT als *People of Color* oder Migrant_innen. Da es im Interesse einer diskriminierten Gruppe liegt, alle Formen der Diskriminierung anzukreiden, hat der MRBB in einer Sonderausgabe des monatlichen Newsletters «Leben nach Migration» den Zusammenhang von Rassismus und Homophobie in den Fokus genommen. Der Text des Newsletters wird hier dokumentiert.

Fügsamkeit und die Regulierung des Subjekts. Jasbir K. Puar über Homonationalismus und wie Minderheiten gegeneinander ausgespielt werden

Jasbir K. Puar (Foto: Dhruv Kapoor) promovierte 1999 an der University of California, Berkeley, im Department of Ethnic Studies mit dem Schwerpunkt Women, Gender, and Sexuality. Thema ihrer Dissertation war: «Transnational Sexualities and Trinidad: Modern Bodies, National Queers.» Seit 2000 ist sie Professorin am Department für Women's and Gender Studies an der Rutgers Universität. Sie ist Autorin von «Terrorist Assemblages: Homonationalism in Queer Times» (Duke University Press 2007)

Was haben wir unter «Homonationalismus» zu verstehen?

Für mich geht es beim Homonationalismus nicht allein um rassistische oder privilegierte Queers. Auch, wenn der Begriff oft so verwendet wurde. Wichtig ist die Spannung zwischen der Vorstellung einer zunehmenden Visibilität und einer zunehmenden sozialen Anerkennung von Schwulen und Lesben – sowohl in Konsumräumen als auch in juristischen Räumen. Mir geht es vor allem darum, wie diese Anerkennung auf Kosten bestimmter Subjekte gewonnen wird, die nicht in das Bild des erwünschten homosexuellen Subjekts passen – rassifizierte Subjekte, verarmte Subjekte und sogar Subjekte, die gar nicht homosexuell sind, aber deren Sexualität als pervers wahrgenommen wird. Nehmen wir eine allein erziehende afroamerikanische Frau, die drei Kinder hat und auf Fürsorge angewiesen ist. Obwohl wir es hier mit normativer Heterosexualität zu tun haben, ist ihre Sexualität weniger erwünscht als die eines «anständigen» homosexuellen Subjekts, das einen guten Partner, einen guten Job hat und einen kosmopolitischen Lifestyle. Wir sehen also, dass sogar die Unterscheidung von Homosexualität und Heterosexualität vor dem Hintergrund des «Homonationalismus» zusammenbricht.

Du hast einmal in einem Artikel erwähnt, dass dieser «Homonationalismus» die Fügsamkeit in der Gesellschaft verstärkt. Wie muss man sich das vorstellen?

Diesen Artikel hatte ich mit meinem Co-Autor Amit S. Rai in der Zeit nach 9/11 geschrieben: «The Monster, Terrorist, Fag – the production of docile patriots». Wir haben uns angeschaut, wie Subjekte, die als sexuell pervers und «rassisch» anders verstanden werden, dazu dienen, die Produktion von ungewollten, unerwünschten Subjekten zu regulieren.

Wer ist gemeint?

Nehmen wir das Beispiel des Sikh-Amerikaners mit Turban. Nach 9/11 und immer noch herrscht eine große Angst vor dem Turbanträger. Und der Sikh läuft Gefahr, für einen Terroristen gehalten zu werden. Die Konstruktion des Muslims als Terrorist und als «rassisch» und sexuell Anderer reguliert die Fügsamkeit des Subjekts, das beweisen möchte, dass es kein Terrorist ist.

Was macht das gute Subjekt aus?

Ich denke, hier gehen Neoliberalismus und Multikulturalismus Hand in Hand und produzieren verschiedene Arten von nationalen guten Subjekten. Einst war es der weiße heterosexuelle Mann, der das gute Subjekt darstellte, jetzt ist es auch der weiße homosexuelle Mann. Dann haben wir zum Beispiel den amerikanischen Sikh mit Turban, der sich von dem Konstrukt des Terroristen abgrenzen möchte. Er produziert sich selbst als guten Bürger.

Kannst Du ein Beispiel geben?

Nach 9/11 gab es viele amerikanische Sikhs, die attackiert wurden. Ich kenne einige Sikhs, die Mitgliedern ihrer Community halfen – solchen, deren Häuser beispielsweise verwüstet wurden. Als es aber darum ging, einem Sikh zu helfen, der festgenommen wurde, weil mit seinen Papieren etwas nicht stimmte, zogen sich all die guten Subjekte zurück. Sie wollten nichts mit der Situation zu tun haben. Sie zogen also eine scharfe Grenze, wenn es um nationale Zugehörigkeit ging – sie wollten mit niemandem in Verbindung gebracht werden, der ihrem Anspruch guter Staatsbürgerschaft nicht genügte.

Und durch diese Abgrenzung reproduzieren sie sich als gute Subjekte?

Genau. Das gute Subjekt muss sich permanent als solches reproduzieren. Und dafür muss es sich permanent von den schlechten Subjekten abgrenzen. Auf diese Weise produzieren sich die guten und schlechten Subjekte in gewisser Weise gegenseitig.

Der Sikh muss ständig unter Beweis stellen, dass er kein Muslim ist.

Und dass er mit niemandem etwas zu tun hat, der auch nur in irgendeiner Art und Weise ein Terrorist sein könnte. Jemand in Gewahrsam. Selbst wenn es sich dabei um einen Sikh aus seiner eigenen Community handelt. Man wollte partout nicht helfen, weil die entsprechende Person keine Papiere hatte. Das Argument, dass es juristische Schwierigkeiten gibt und er Hilfe braucht, dass es sich bei der Festnahme um eine Ungerechtigkeit handelt, zählte nicht. Das war ihre Art, ihren Mittelstands-, Vorzeigeminderheiten-Status aufrechtzuerhalten. Sie waren besorgt um all die Sikhs, die den Post–9/11–Rassismus erfuhren, aber sie würden unter keinen Umständen ihren eigenen Anspruch an einen guten US-Bürger unterlaufen.

Die Konstruktion der guten und des schlechten Bürger/innen hilft, die Bürger/innen zu regulieren. Wo kommt diese Konstruktion her? Ist sie einfach entstanden oder wurde sie gar als ein Tool im Krieg gegen den Terror produziert?

Nein, das ist etwas, was permanent passiert. Solche binären Oppositionen hat es immer gegeben. Es gibt immer auch «die Anderen des Anderen». Meine Eltern können als «Andere» wahrgenommen werden, weil sie nicht dem normativen Bild eines weißen Amerikaners entsprechen. Doch auch aus der Sicht meiner Eltern gibt es «Andere», das sind «die Anderen des Anderen». Die hat es immer gegeben, seit 9/11 haben wir nur eine sehr partikuläre Situation. Das heißt, das Beispiel ist speziell, doch der Mechanismus ist weit verbreitet und historisch alt.

Wie entsteht dieser Mechanismus?

Durch eine Ansammlung von Staatsdiskursen über Gesetze, Recht und Regulation, durch Mediendiskurse, Visibilität und Repräsentationspolitiken. Auch die konsumbasierten Diskurse – wie bewegst du dich in der Welt als Konsumbürger etc.

Man darf sich das also nicht so vorstellen, dass Goerge W. Bush einen Berater hatte, der meinte, dass einige zusätzlichen Regulierungsmechanismen nötig wären?

Das nicht, aber der Staat ist in vielerlei Hinsicht verantwortlich. Auf der einen Seite reproduziert sich der Staat als wohlwollenden, liberalen Schützer all seiner Bürger. Auf der anderen Seite geht es darum, nationale Körper zu zerteilen und fragmentieren, sodass er über mehr Kontrolle verfügt. Einerseits schmeißt Bush Dinner-Parties, wo Mitglieder aus allen Religionen eingeladen sind und ähnliches, auf der anderen Seite beschatten Agenten des Secret Service und des FBI Moscheen in New York City. Das ist eine «good cop, bad cop»-Technik. Es wird ein Gefühl von Schutz und Sicherheit erzeugt und Bewusstsein für Diversität und Toleranz behauptet, und gleichzeitig kommt es zu zunehmender Überwachung und größeren Polizeieinsetzen in bestimmten Nachbarschaften und all diese Dinge, zu denen es nach 9/11 kam – Strategien, die Bevölkerung zu regulieren.

Vielen Dank fürs Gespräch.

Das Gespräch führte Deniz Utlu

Ganz normal: Die Geschichte des Homonationalismus in Deutschland

SUSPECT *über das letzte Jahrzehnt einer Sexualpolitik als Versuch, die Assimilierung weißer Schwuler und Lesben durch Ausschluss von und Konkurrenz mit anderen «Minderheiten» durchzusetzen.*

Während Aussprüche wie «Die Migranten haben es besser» schon länger zu hören waren, finden seit Ende der 1990er Jahre gezieltere Versuche statt, sich in rassistische Debatten zu Integration, Kernwerten, Sicherheit und Gewalt einzuschreiben und die Grenzen von Deutschsein aktiv mitzubestimmen. In der dominanten schwullesbischen Geschichtsschreibung erfolgt die Wendung hin zu Themen, für die man sich bislang wenig interessierte, auf die Erringung einer Gleichstellung, die durch die Durchsetzung formeller Rechte wie Entkriminalisierung von Homosexualität und gleichgeschlechtliche Partnerschaft symbolisiert wird, und deren einzige Gefährdung nunmehr bei «den Migranten» zu suchen ist. Dabei war Sexualpolitik nicht immer so: Zu anderen Orten und Zeiten gab es radikalere Ziele und Mitgliedschaften. So beschreibt Silvia Rivera, eine Drag Queen of Color, wie sie sich im New York der 1970er Jahre neben der *Gay Liberation Front* auch in anti-rassistischen Gruppen wie den *Black Panthers* und für *Transgender Street Kids* und Sexarbeiter/innen engagierte. Auch in Deutschland waren Queers of Color Mitbegründer/innen unterschiedlichster Bewegungen. Leider ist diese Geschichte bislang undokumentiert. Jasbir Puar benutzt den Begriff «Homonationalismus», um den Versuch dieser (nicht immer erfolgreichen) Assimilierung und die damit einhergehende Erfindung einer «schwulenfreundlichen» Nation zu beschreiben. Dies geht auf Kosten derer, deren Zugehörigkeit im Kontext des Krieges, der Grenzverschärfung und der wachsenden Kriminalisierung immer prekärer wird: alte und neue Migrant/innen sowie ihre Kinder und Enkelkinder – vor allem die, die als muslimisch identifiziert werden, Roma und Sinti sowie andere People of Color. Es sind auch die, deren reale oder fantasierte sexuelle und Geschlechtsidentitäten (zu viele Kinder, zu wenig Geld, nicht monogam, zu früh verheiratet, zu patriarchal, zu unterdrückt) immer weniger in den nationalen Maßstab zu passen scheinen. Auf der Strecke bleiben auch queer-, trans-, homo- oder bisexuell identifizierte Menschen, die nicht aufgrund ihrer Schichtzugehörigkeit, ihres Weißseins oder ihrer konformen Maskulinität oder Femininität als anständige (Ehren-) Bürger/innen durchgehen können. Wir illustrieren Homonationalismus in Deutschland durch drei Beispiele, die drei rassistischen Moralpaniken in der Mehrheitsgesellschaft direkt entsprechen.

Integration: Hatun Sürücü
Fast jeder kennt den Namen Hatun Sürücüs, die 2005 ums Leben kam. Laut Zeitungsberichten war sie Opfer eines «Ehrenmordes» durch ihren Bruder, der sie gnadenlos in den Kopf schoss. Die Geschichte erhielt massive Aufmerksamkeit, vielleicht auch weil sie die Voraussetzungen eines klassischen «türkischen» Dramas erfüllte: eine schöne Frau, die sich entschleierte und ihrer strengen Familie entlief, und dann anfing, sich zu schminken und ein selbstbestimmtes Leben als Single-Frau zu führen. Dennoch war es nicht etwa eine Frauenrechtsorganisation, die eine Woche nach ihrem Tod zu einer Mahnwache für sie aufrief, sondern eine schwullesbische Organisation, die bislang herzlich wenig für Frauen, geschweige denn Frauen of Color, getan hatte. In der Presseerklärung war die Rede von «ein[em] archaische[n] Verständnis von Familienehre», «unterdrückenden Ehe- und Familienstrukturen» sowie einem «falsch verstandenen Ehrbegriff». Dies war nur der erste Versuch, die eigene Assimilierung durch Beanspruchung einer neuen Expertise in der Assimilierung von «Migranten» voranzutreiben.

Grenzen: Muslim-Test
Rückständig, archaisch, vormodern oder unterdrückt sind nur einige der Begriffe, die wir in der sehr neuen Sparte von Medienberichten zu Sexualität und Migration oft lesen. Im Vergleich zu denen, die im Zug des Krieges und der europäischen Integration von «Ausländern» zu «Muslimen» werden, wird die deutsche Gesellschaft (mit einem Löffelchen voll Amnesie) als Paradies sexueller Freiheit vorstellbar. In der Debatte um den sogenannten Muslim-Test in Baden-Württemberg 2006 wird Frauen- und Schwulenfreundlichkeit gar zum deutschen Kernwert. Rund die Hälfte der 30 Fragen beschäftigen sich mit dem Sicherheitsrisiko und Terrorpotenzial sogenannter «muslimischer» Bewerber/innen für die deutsche Staatsangehörigkeit («Was denken Sie über die Übergriffe am 11. September?»). Die andere Hälfte dreht sich um Geschlecht und Sexualität («Was würden Sie tun, wenn Ihr Sohn sich als homosexuell outen würde?»). Nicht nur die CDU steht hinter dem Test – unterstützt wird er auch vom Berliner *Lesben- und Schwulenverband in Deutschland* (LSVD). Somit wird aus einem Staat, der bis vor kurzem kaum ein Hehl aus seiner Abneigung gegen Homosexuelle machte, einer, der diese vor Homophobie schützen soll. Deutschlands größte Schwulenorganisation schlägt sich nunmehr eindeutig auf die Seite eines Systems, das die *Civil Rights* von People of Color immer unverhohlener untergräbt.

Kriminalität: Hassgewalt
In den letzten Jahren der Dekade spielt das Drama um «homophobe Migranten» vermehrt in den gentrifizierten Innen- auch in anderen westeuropäischen Großstädten wie Oslo, Kopenhagen, Amsterdam und London, die zum Tatort der neuesten Moralpanik über «Hasskriminalität» werden. In Berlin finden 2008 allein mehrere Aufmärsche statt. Es wird zu Boykotts gegen «südländische» Läden (zuweilen gleich

gegen «Muslime») aufgerufen. Gewaltsame Vorfälle werden zum Kapitel, aus dem sich Medienaufmerksamkeit und staatliche Förderung schlagen lässt. Dies ist selbst dann der Fall, wenn der Wahrheitsgehalt stark umstritten ist. Auch dem schwulen Überfalltelefon, das sich als weiterer Experten zum Thema «homophobe Migranten» stilisiert hat, wird szene-intern vorgeworfen, ethnisierte Täterstatistiken gefälscht zu haben.

Rassismus-Skandal auf dem CSD
Mit Judith Butlers Verweigerung des Zivilcourage-Preises wurde die rassistische Wende weißer deutscher Sexualpolitiken erstmals skandalisiert. Während die schwullesbischen Vereine sich bislang nicht zu dieser Kritik positionieren, hat die Debatte um den Skandal zu einer weiteren Stärkung von Koalitionen zwischen heterosexuellen Migrant/innen und Queers of Color geführt, die auch in diesem gemeinsam herausgegebenen Newsletter zum Ausdruck kommen. Als Queer- und Trans-Leute of Color fühlen wir uns durch diese Koalitionen ermutigt und gestärkt. Wir werden sie brauchen, um Rassismus, Homophobie, Transphobie, Militarisierung und Kriminalisierung ein Ende zu bereiten.

Das Zusammenspiel von Rassismus, Homophobie und Transphobie im Leben von Queers of Color
Als Schwarze Menschen und People of Color sind wir auf unterschiedliche Weise mit den Ausdrucksformen von Rassismus konfrontiert. Er durchzieht als Macht- und Unterdrückungssystem alle gesellschaftlichen und sozialen Bereiche. Geschlecht, Gender und Sexualität bilden hierbei keine Ausnahmen. Die hiesig gesellschaftlich akzeptierten Genderrollen sind durch rassistische Muster festgelegt, ebenso die Vorstellung von Sexualität oder einem geschlechtseindeutigen Körper. Als Queers of Color bekommen wir Formen von Rassismus zu spüren, die untrennbar mit unserer Sexualität, unserer Genderidentität und unserem Geschlecht verbunden sind. Vielmehr als bei einer Schnittstelle, an der sich Rassismus, Homophobie, Transphobie und Sexismus wie verschiedene Formen der Diskriminierung überschneiden, bedingen sie einander, schaffen sich gegenseitig.

Schwarze Körper, Homophobie und Rassismus
Europäische heteronormative Vorstellungen von Männlichkeiten und Weiblichkeiten sind zutiefst rassistisch. Die Geschlechterlinien, die hier gezogen werden, dienen nicht nur dazu, ein binäres Geschlechtersystem zu erschaffen, sondern auch, um Weißsein als weiteres Merkmal in der Geschlechterkonstruktion zu verankern.

«Natürlich steht beim Wettkampfsport der Körper im Vordergrund. Wie viel Zeit man damit verbringt Bewegungsabläufe zu trainieren, Muskelkraft aufzubauen oder Fett zu verlieren. Und dann steht man vor dieser weißen Meute und muss sich anhören, wie sie das ganze Wissen, das sie vorgeben, längst vergessen zu haben, über Schwarze Muskeln, Ausdauer und Reflexe – Rassentheorien, von sich geben. Und natürlich sind deine Sexualität und dein nicht heteronormatives Erscheinungsbild zuviel für die Nerven deiner blonden Gegnerin im modernen Sportröckchen. Als Schwarze queere/lesbische Frau habe ich mich bewusst gegen eine Karriere im Sport entschieden.»

Sie werden es hassen wenn wir an einem Strang ziehen
Geschlecht, Geschlechtereindeutigkeit, sexuelle Identität/Orientierung haben eine Farbe. Im Zug der Kulturalisierung von Homophobie, Transphobie und Sexismus wird die individuelle Gestaltung von Geschlecht und Sexualität ohne innere Widersprüche als ein weißes Privileg gedacht und People of Color zu Hauptverdächtigen im Kampf gegen geschlechtliche und sexu-

elle Vielfalt erklärt. Eine Positionierung zu unseren Brüdern und Schwestern of Color ist daher für uns von großer Wichtigkeit. Hier müssen wir uns gemeinsam mit Heteronormativität, Transphobie und Homophobie als gesamtgesellschaftliches Problem auseinandersetzen.

«In meiner Arbeit (und der von vielen anderen Queers of Color) in einer anti-rassistischen Queers of Color-Organisation kommt es meistens dazu, dass ich wegen dem ‹Oh, die Migrant_innen sind viel, viel homophober als WIR›-Argument vergesse, dass ich eine Trans/Queer of Color-Person bin, weil ich die ganze Zeit damit beschäftigt bin ‹of Color› zu sein. Meine queere Identität wird in den meisten Fällen sowohl von weißen nichttrans/heterosexuellen Menschen, als auch von weißen Queers ausgelöscht.»

Weiße Verbündete
Weiße LSBT*-Organisationen haben sich in den letzten Jahren darauf spezialisiert, Queers of Color vor ihren «superhomophoben» Familien of Color «retten» zu wollen. Voller Unverständnis blicken sie auf ebenjene, die auf den Rassismus in weißen LSBT-Zusammenhängen verweisen. Weiße Verbündete, die sich ihrer Privilegien in Bezug auf ihr Weißsein bewusst sind, sind im Hinblick auf das gemeinsame Interesse, eine nichthomophobe, nichttransfeindliche, nichtheteronormative Gesellschaft zu kreieren, unabdinglich.

«Als eine weiße Verbündete ist es meine Verantwortung, die Verbindungen zwischen Rassismus, Homophobie, Transphobie und Sexismus zu suchen/verstehen und sie in verschiedenen Kontexten sichtbar zu machen. Weiße Menschen sind im Gegensatz zu sogenannten Migrant_innen und People of Color nicht betroffen: Wenn wir von einem weißen Privileg sprechen, meinen wir das Privileg, rassistische Gewalt nicht jeden Tag selber zu erleben, sondern auszuüben.

Diese rassistische Gewalt ist immer mit Gender (soziales Geschlecht), Genderunkonformität, sozialer Schicht etc. verwoben. Es ist sehr wichtig, genau das in weißdominierte, queere Gruppen und Räume zu tragen, weil sie sich anscheinend (und oft) nicht zu der Gruppe zählen, die Rassismus anwendet. Aber sie liegen falsch.»

«Wir sind doch die Mehrheit» – queere und Trans-Leute sowie ihre Verbündeten beim alternativen CSD in Berlin, Juni 2010 (Foto: MRBB)

Die Deutungsmacht über Geschlecht und Race
«Ich kann mich immer noch an die Gesichter der Gremiumsmitglieder der Kunsthochschule erinnern, als ich die jpeg-Datei öffnete. Auf dem Foto konnte man meinen Arsch in dem gleichen Setting wie die Vagina in Gustave Courbets Gemälde ‹Ursprung der Welt› sehen. Ich betitelte mein Foto mit ‹Ende der Welt›. Das war eine queere Intervention, die ich im Nachhinein immer noch für wichtig halte, weil ich weiterhin den Heterosexismus in der Kunstszene erfahre. Bevor ich Fragen beantworten konnte, kam die furchtbare Reaktion des Institutsleiters. Er war entsetzt und nicht einmal bereit zu versuchen, meine Heran-

gehensweise zu verstehen. Trotz meines Einsatzes, aufzuklären, dass die Kunstszene überall gleicher Maßen heterosexistisch zu sein scheint, waren viele Dozenten sich einig, dass so eine künstlerische Intervention wie meine in Deutschland kaum funktionieren würde, weil man sich hier mit Gender seit Jahren auseinandergesetzt habe. Im Nachhinein erfuhr ich, dass der Institutsleiter, der jederzeit auf die starke Präsenz der ‹ausländischen› Studierenden am Institut stolz zu sein scheint, auf meine Fotoarbeit verweisend, die anderen gefragt haben soll, was für Typen sie zukünftig am Institut zulassen wollen.»

Personen of Color, die eine queere Intervention an einem vornehmlich weißen genderkonformen/heterosexuellen Ort vorzunehmen versuchen, werden sich schnell in der Situation sehen, dass ihnen symbolisch oder tatsächlich das Existenzrecht verweigert wird. Durch das Aufzeigen der vorherrschenden Heteronormativität, Transphobie und Homophobie an diesen Orten wird der weiße europäische Stolz verletzt. Mit einem Mal wird hier die vermeintliche moralische Überlegenheit gegenüber dem rassifizierten Anderen eingebüßt, denn schließlich ist Homofreundlichkeit zum neuen europäischen Grundwert erklärt worden, den es gegen die «rückständigen» Menschen of Color, besonders Muslime, zu verteidigen gilt.

Transmenschen und Queers of Color im Raster
Über eine symbolische Bedrohung oder einen Ausschluss hinaus kann dort, wo sich Rassismus und Transphobie treffen, eine lebensbedrohliche Situation entstehen. Das *Racial Profiling* von Behörden und Justiz sowie die gesetzliche und gesellschaftliche Pathologisierung von Transleuten schaffen den Rahmen für diese Realität.

«Für Transleute of Color lässt sich Transphobie oft nicht von Rassismus trennen. Hält dieser Polizist mich an, weil ich braune Haut und schwarze Haare habe oder weil mein Geschlecht suspekt wirkt?»

Nichtsdestotrotz oder gerade deswegen werden Transmenschen und Queers of Color nicht aufhören, gesellschaftliche Missstände aufzudecken und zu kritisieren. Wir möchten Bewegung initiieren und starke widerständige Verbündetennetzwerke unter People of Color schaffen!

Es sollte nicht nur um Homo-Politik gehen, sondern um soziale Gerechtigkeit

Interview zwischen SUSPECT und einem Aktivisten of Color

Wann hast du gemerkt, dass du heterosexuell bist?

Heterosexuelle Erlebnisse kamen mit der Sozialisation. Aber zu sagen, dass ich heterosexuell bin, hat in meinem Fall etwas länger gedauert, da ich als 10–Jähriger schon homosexuelle Erfahrung hatte. Im Übrigen bin ich mit einigen Freunden, die ähnliche Erfahrungen hatten, der Meinung, dass nicht wenige türkische/kurdische Jungen unserer Generation eine ähnliche homosexuelle Erfahrung hinter sich haben, aber worüber natürlich nicht gesprochen wird. In meiner Jugend war ich viel mit *Gays* unterwegs und das ist auch so geblieben, und mir wurde sehr regelmäßig auch Homosexualität oder zumindest Bisexualität unterstellt. Ich würde sagen, bis dato bin ich heterosexuell mit homosexueller Erfahrung in der Kindheit gewesen, aber ob das mein ganzes Leben so bleiben wird, halte ich explizit offen.

Wie würdest du dich definieren?

Ich glaube schon, dass es eher zutrifft, mich selbst als nicht-heteronormativen Mann of Color zu bezeichnen. Ich habe eine sehr starke anti-rassistische und weniger eine ethnische Identität. Was nicht heißt, dass ich mich nicht situativ als Muslim positioniere oder auch als Türke oder Kurde, wenn es darauf ankommt. In der Vergangenheit wurde ich aber ein oder zwei Mal als Queer bezeichnet, aber bisher konnte ich das für mich nicht beanspruchen. Ich werde schon eher als heterosexueller Mann gelesen und weiß nicht, ob es eine Vereinnahmung oder ein inflationärer Umgang mit einer queeren Identität wäre, wenn ich mich als queer bezeichnen würde. Deswegen bin ich damit sehr vorsichtig.

Gibt es queere Leute in deiner Familie oder im Freundeskreis?

Es gibt einen entfernten Cousin aus Holland. Mein Bruder hat mir erzählt, dass er mittlerweile sein Coming-out gehabt hat. Als ich das gehört habe, habe ich mich so sehr gefreut, dass wenigstens eine Person aus der Familie ein Coming-out hatte. Ich habe auch immer wieder vorgehabt, ihn zu besuchen, um ihm meine Solidarität zu zeigen. Allerdings haben wir uns 15 Jahre nicht gesehen, und auch er weiß gar nicht, wie ich denke und lebe. Falls er in der Familie Verbündete braucht, würde ich mich offensichtlich ins Feuer legen.

Wann hast du bemerkt, dass etwas mit Machtverhältnissen zwischen Queers und nicht-trans Heteros nicht stimmt?

Ich glaube, es hat angefangen, als ich regelmäßig mit schwulen Männern weggegangen bin. Es gab aber auch in unserem Viertel einen Markt, wo ich jedes Wochenende einige schwule Männer getroffen habe. Ich habe mich ungezwungen zu denen verhalten und gemerkt, wie besonders Jungen in meinem Alter darauf reagierten. Für mich war es da schon Realität, und ich glaube, auch für meinen jüngeren Bruder. Er hat mein Verhältnis zu schwulen Männern mitbekommen und ist damit aufgewachsen. Wirklich gespürt habe ich das dann auch, als ich in der Position war, Menschen zu verteidigen. Zu merken, dass es Unterdrückungsmechanismen gibt etc. Später an der Uni gab es dann die AStA-Strukturen, wo einige queere Menschen aktiv waren, mit denen wir situativ zusammengearbeitet haben.

Die Gesellschaft ist voll mit Rassismus, Sexismus, Homophobie, Transphobie. Wann hast du dich entschlossen, dagegen zu kämpfen?

Verschiedene Faktoren haben dazu geführt, dass ich verstanden habe, dass diese Phänomene nicht getrennt voneinander betrachtet werden können. Vor allem aber in meiner Studentenzeit und durch meinen

Kontakt zur Postkolonialen Theorie, unter anderem mit dem Buch *Spricht die Subalterne deutsch*, das mir die Augen geöffnet hat. Ab diesem Moment waren in meinem Leben immer Materialien von postkolonialem Feminismus und Schwarzem Feminismus prägend.

Was sind deine politischen Aktivitäten, auch als Verbündeter?

Ich denke, dass ich meine politischen Aktivitäten nicht eingrenzen könnte und darin akademischen Aktivismus einschließe, aber auch die eigentliche politische Arbeit auf der Straße. Auch mein Alltag ist sehr, sehr politisiert, und ich versuche, wenn es mir möglich ist, keine Gelegenheit auszulassen, meine Kritik zu äußern und auch unbequeme Positionen zu vertreten. Was allerdings dann immer meine Energie und Kraft einfordert, in einigen Fällen auch aufrechten Mut.

Du bist Vater, wie erziehst Du Deine Kinder im Bezug auf Machtverhältnisse, Diskrimierungsformen und auch Mehrfachdiskriminierung?

Das ist eine sehr essenzielle Frage in meinem Alltag. Meine Herangehensweise bisher war, dass ich versuche, ein Umfeld zu kreieren, wo die Anwesenheit von People of Color und jegliche sogenannte «Abweichung» von dem weißen, heterosexuellen, geschlechtskonformen Mann auch als Normalität gesehen wird. Die Kinder werden zweisprachig, türkisch und deutsch, erzogen, und wir versuchen, sie «frei» von Ethnizität zu erziehen. Sprich, nur weil sie türkisch sprechen, müssen sie sich nicht als türkisch definieren. Ich versuche, den Kindern ganz klar meine Identität nachvollziehbar aufzuzeigen, und erkläre, wo ich mitmache, und warum ich politisch aktiv bin. Schließlich erkläre ich den Kindern immer wieder – und oft anhand von Beispielen – die diversen Identitäten.

Teilst du die Beobachtung, dass es Queers of Color manchmal leichter fällt, Allianzen mit nicht-trans Heteros of Color zu schließen statt mit weißen Queer/Trans-Organisationen?

Auf jeden Fall teile ich diese Beobachtung. (*Lacht.*) Aus einer rassismuskritischen Perspektive ist es interessant zu fragen: Warum ist das so? Was ist an Rassismus doch so spezifisch? Es scheint so zu sein, dass Rassismus-Erfahrung im heutigen Kontext in Deutschland Leute viel mehr verbindet als die Gemeinsamkeiten wegen der sexuellen Identität. Eine endgültige Ursachenanalyse kann ich auch nicht wiedergeben. Möglicherweise wird da auch an eine historischen Tradition der antirassistischen Bewegungen angeknüpft, die übrigens in ihrer Arbeit schon immer diverser geprägt war als weißer Feminismus, Homobewegung und, jüngstens, auch die queere Bewegung. Aber es freut mich natürlich sehr, dass sich Heteros/Queers/Trans-Leute of Color in einer antirassistischen Arbeit verbünden.

Siehst du Parallelen in der sogenannten mehrheitlich weißen queeren Szene und der weißen schwulen Mainstream-Szene?

Es gibt Parallelen, aber auch Unterschiede. Die eine Seite produziert tendenziell offene rassistische Ausschlüsse, während die andere (sich selbst als ausdrücklich antifaschistisch und antirassistisch bezeichnend) dies tendenziell in einer scheinheiligen und kodierten Form tut, oft sogar als Teil einer so genannten antirassistischen Politik. Dies wird sehr deutlich mit Bezug zu antimuslimischem Rassismus, was in Berlin auch einen mittelbaren, sogar unmittelbaren Zusammenhang mit Prozessen der Gentrifizierung aufzeigt. Mittlerweile ist es mir viel lieber, in Charlottenburg oder Dahlem zu wohnen, wo die Verhältnisse klar sind. Wo ich weiß, wo bürgerliche Weiße stehen und ich als Mann of Color. Und keine Scheinheiligkeit. Die können dann sogar manchmal besser mit einem umgehen, als die «supercoolen» Queers, die hierherkommen, sich unsere Kieze anzueignen, und dann ins Prinzenbad gehen und sich über die Jugendlichen dort lustig machen oder vor ihnen Angst haben. Eine andere Parallele ist die Schichtzugehörigkeit. (*Lacht.*) Die meisten kommen höchstwahrscheinlich aus der Mittelschicht. Abschließend noch eine Sache, die mir aufgefallen ist: Die meisten Queers sind jung und die Leute im Mainstream eher älter. Da ist meine Frage: Warum sind Queers – und dies gilt unter anderem auch für viele Antifa-Aktivist_innen – meistens jung? Wo landen die dann, wenn sie älter werden? Komischerweise verschwinden sie, wenn sie älter werden. (*Lacht.*)

Der Original-Newsletter «Leben nach Migration» kann hier – auch in einer englischsprachigen Fassung – heruntergeladen werden: http://mrbb.de/index.php?option=com_content&view=article&id=86&Itemid=33. Großen Dank an den Migrationsrat Berlin-Brandenburg für die Wiederabdruck-Genehmigung. *KYG*

«Nugum Sahara – Die Sterne der Wüste – sind ein Frauen-Trio mit Wurzeln in verschiedenen nordafrikanischen Ländern, sie singen auf Arabisch. Es ist der 27. November 2010 – zum Internationalen Tag gegen Gewalt an Frauen geben sie ein Konzert in der BEGiNE. Alle drei engagieren sich schon lange gegen Gewalt an/gegen Frauen.
Sie treten nicht zum ersten Mal in der BEGiNE auf, deshalb wissen sie, dass das Publikum überwiegend lesbisch ist. Homophobe Tendenzen lassen sich am ganzen Abend nicht ausmachen. Im Gegenteil. Die *Vibrations* zwischen Künstlerinnen und Publikum fließen. Bald verschaffen sich die Jüngeren Platz, um zu tanzen. Die Musik springt aufs Publikum über, die Stimmung der Frauen feuert die Musikerinnen an.
Ich frage eine Frau am Tresen, wie es ihr gefällt. Ihre Reaktion überrascht mich. Ihre Gesten sind abwägend. Sie kommentiert: ‹Ich weiß nicht so recht – eigentlich könnten die doch auch singen: Wir bringen Euch alle um...› Nach einer Schrecksekunde führe ich das Gespräch weiter. ‹Du warst doch neulich beim Konzert von Corinne Douarre› – sie singt auf Französisch. Ich frage die Besucherin, ob sie der französischen Sprache so gut folgen kann, dass sie Corinnes Texte verstanden hat? Ihre Antwort lautet nein. Das ermuntert mich zur Frage: ‹Denkst Du dass *sie* gesungen hat, dass sie uns alle umbringen will?›»

Ulrike Haase ist in der BEGiNE – Treffpunkt und Kultur für Frauen zuständig für politische Bildung und die Musik (www.BEGiNE.de).

Silent Echoes
The Aftermath of Judith Butler's Refusal of the Civil Courage Award
Dr. Jennifer Petzen

The collective labor of queers of color and their allies over the last thirty years have been particularly important in critiquing the politics of majoritarian European gay and lesbian[1] politics with broad representative claims. The power of this collective labor was obvious at the Berlin *Christopher Street Day* 2010 (Gay Pride), where Judith Butler refused to accept the event's prize for Civil Courage, saying she might actually lose her courage if she accepted the prize given that some of the organizers have never distanced themselves from the racist discourse that is the bedrock of much of the gay politics in Berlin. Perhaps she was referring to the November 8, 2003 *taz* article by Jan Feddersen (the CSD's political coordinator), who called migrants «premoderns» in need of enlightenment, or the Simon Studie, a report commissioned by the LSVD whose results were known before the study was done – that «Turkish migrants» (also eerily defined according to a logic similar to that of the Nürnberg law – one «foreign» grandparent and you are too sullied to be German) are more homophobic than anyone else, or the Maneo statistics scandal, whereby employees were allegedly encouraged to repeatedly fill out its online questionnaire and claim that their homophobic attackers had a «migration background,» or perhaps the collection of bombastic press releases from

---

[1] I use the term «gay and lesbian» as a way to describe a single-issue sexual emancipatory politics, whether progressive or other, and which is also based on a modernist conception of homosexual identity. Often organizations that claim to represent LGBT persons are dominated by middle class gay men of a majoritarian ethnicity that is structurally privileged in economic, political and social life.

the LSVD over the years that included the terms «archaic,» «patriarchal» and «rural background» when referring to migrants and their families.

When an activist tried to counteract the attempts to downplay Butler's refusal by calling the politics of the gay lobby a scandal, the German papers and gay media reappropriated the word by branding Butler's real act of civil courage a «scandal» (*Eklat*), although the reasons for this were not spelled out. Was it that she was an ungrateful guest to her hosts (heard in feminist and queer circles, ironic considering that politeness has not traditionally been a characteristic of radical queer activists)? That she spoke of a problem that has plagued majoritarian sexual emancipatory politics of the Global North from the outset? Or was it because that a wildly popular (especially in Germany) queer theorist – generally not part of the accepted canon of literature on intersectionality – put her money where her mouth is and did something rarely seen in white majoritarian queer circles, that is, to put racial justice on a par with queer justice. The text of her speech is as follows:

Wenn ich darüber nachdenke, was es heutzutage heißt, einen solchen Preis zu akzeptieren, so finde ich, dass ich meine Courage eher verlieren würde, wenn ich ihn unter den gegenwärtigen politischen Bedingungen einfach akzeptiere. Zum Beispiel: Einige der Veranstalter_innen haben sich explizit rassistisch geäußert bzw. sich nicht von diesen Äußerungen distanziert. Die veranstaltenden Organisationen weigern sich, antirassistische Politiken als wesentlichen Teil ihrer Arbeit zu verstehen. In diesem Sinn muss ich mich von dieser Komplizenschaft mit Rassismus einschließlich antimuslimischem Rassismus distanzieren.

Wir haben alle bemerkt, dass Homo-, Bi-, lesbische, Trans- und Queer-Leute benutzt werden können von jenen, die Kriege führen wollen, das heißt kulturelle Kriege gegen Migrant_innen durch forcierte Islamophobie und militärische Kriege gegen Irak und Afghanistan. Während dieser Zeit und durch diese Mittel werden wir rekrutiert für Nationalismus und Militarismus. Gegenwärtig behaupten viele europäische Regierungen, dass unsere schwule, lesbische, queere Freiheit beschützt werden muss, und wir sind gehalten, zu glauben, dass der neue Hass gegen Immigrant_innen nötig ist, um uns zu schützen. Deswegen müssen wir nein sagen zu einem solchen Deal. Und wenn man nein sagen kann unter diesen Umständen, dann nenne ich das Courage. Aber wer sagt nein? Und wer erlebt diesen Rassismus? Wer sind die Queers, die wirklich gegen eine solche Politik kämpfen? Wenn ich also einen Preis für Courage annehmen würde, dann muss ich den Preis direkt an jene weiterreichen, die wirklich Courage demonstrieren. Wenn ich so könnte, würde ich den Preis weiterreichen an folgende Gruppen, die jetzt zu dieser Zeit und an diesem Ort Courage zeigen:

1. GLADT: Gays & Lesbians aus der Türkei. Das ist eine queere Migrant_innen-Selbstorganisation. Diese Gruppe arbeitet heute sehr erfolgreich zu den Themen: Mehrfachdiskriminierung, Homophobie, Transphobie, Sexismus und Rassismus.

2. LesMigraS, lesbische Migrantinnen und Schwarze Lesben, ist der Anti-Gewalt- und Antidiskriminierungs-Bereich der Lesbenberatung Berlin. Er kann auf nunmehr zehn Jahre erfolgreiche Arbeit zurückblicken. Sie arbeiten antirassistisch zu Mehrfachdiskriminierung und Self-Empowerment.

3. SUSPECT, eine kleine Gruppe von Queers, die eine Anti-Gewaltbewegung aufgebaut haben und dafür einstehen, dass es nicht möglich ist, gegen Homophobie zu kämpfen, ohne auch gegen Rassismus zu kämpfen.

4. ReachOut ist eine Beratungsstelle für Opfer rechter, rassistischer, antisemitischer und homophober, transphober Gewalt in Berlin. Sie sind kritisch gegenüber struktureller und staatlicher Gewalt.

Ja, und das sind alles Gruppen, die beim Transgenialen CSD mitarbeiten, mitgestalten, der sich gegen Homophobie, Transphobie, Sexismus, Rassismus und Militarismus einsetzt und im Gegensatz zum kommerziellen CSD sein Datum wegen der Fußball-Weltmeisterschaft nicht verschoben hat.

Ich möchte diesen Gruppen gern gratulieren für ihre Courage, und es tut mir Leid, dass – unter diesen Umständen kann ich den Preis nicht annehmen.[2]

Refusing to defer to 'the queer community' by insisting on drawing attention to racism in LGBT politics caused a considerable echo. The (although fully expected) response/denial of the CSD organizers and their friends in the media, was fully expected, but the absence on the website where a transnational discussion of the event took place from the white-dominated queer and gender studies departments in Germany was a noticeable silence. It was a silence that belies the genealogy of German queer of color critique and the collective labor that effected Butler's action, a silence that sits uncomfortably on a very established and progressive queer tradition of politics. This silence continues to be the most notable around self-positioning or «the critical notion of positionality»[3] that one would expect of queer activists and feminists.

The silence begs the question of the contradiction between queer academic theoretical output and political praxis This article hopes to shed light on some of the ways in which queer theory has been received and utilized, resulting in the maintenance of well-known racialized hierarchies. This reception and reappropriation includes the reactionary tendencies in LGBT politics against which Butler was protesting, but also white dominated progressive groups that seem unable to successfully engage with anti-racist and queer and trans of color critiques. We need to query the structures of knowledge production in feminist and queer studies and queer activist praxis, structures which often silence «the knowledge productions and political activisms of trans people of colour, queers of colour, women of colour and migrant women»[4].

Critical Praxis of Positionality
Acknowledging the work from straight, queer and trans feminists of color who have created this field of inquiry is a crucial part of a critical notion of positionality and political practice as much as it is a citational practice. I have been privileged to have had long conversations over the years with mentors such as Cengiz Barskanmaz, Sanchita Basu, Mîran Çelik, Esra Erdem, Jin Haritaworn, Asiye Kaya, Lisa Thaler, Nuran Yiğit and Koray Yılmaz-Günay, who shared their knowledge of whiteness and insights into anti-racist politics in Germany.

To wit, the lack of critical positionings on questions of race are confusing in a country that seems to devote so much time to disavowing and setting itself apart from its

---

[2] Taken from the website from the European Graduate School: http://www.egs.edu/faculty/judith-butler/articles/ich-muss-mich-distanzieren/. A video of her speech is also posted here.
[3] Erel, Umut et al. «On the Depoliticisation of Intersectionality Talk: Conceptualising Multiple Oppressions in Critical Sexuality Studies». *Out of Place: Interrogating Silences in Queerness/Raciality*. (Hr. Adi Kuntsman Esperanza Miyake). York, UK: Raw Nerve Books, 2008, pg. 26. Perhaps not unsurprisingly, the small 'independent' publisher declined to print a second edition of the book due to backlash as a result of one article's critique of racist structures in queer politics.
[4] Erel, Umut et al. pg. 265.

racist «past. »⁵ I began to see the avoidance of critical positionality as the elephant in the living room: the white doctor of sociology at the Social Science Institute in Berlin who told me that black and white was something we had in the United States⁶, the white graduate of Humboldt University's Gender Studies program who matter of factly claimed that she had nothing to do with racism, the white professors of sociology who routinely tell their students of color that they are too «involved» in the subject of racism to be able to study it competently. These are things that I heard early on in my time in Berlin, prompting me to think about the different ways in which whiteness is coded in different geographies but in a linked post/neo-colonial temporality claiming to be «post-racial.» The denial of racism based on the claim that biological race does not exist dumbfoundingly refuses to engage with the fact that race is a social construction with real material effects.

Ruth Frankenberg argues that one crucial way in which whiteness has retained its power is by making itself invisible,⁷ and Ahmed (2004) argues back that it is certainly not invisible to those not racialized as white. But in certain contexts, such as academic discussions on intersectionality or anti-racist political activity, where a blithe process of white people ignoring whiteness would not be intellectually tenable, there are more sophisticated techniques of effacement and disavowal at work. Positions of critical whiteness, of course, are by now a crucial foundation on which to build an anti-racist identity in both feminist academic and progressive queer contexts. But somehow these critical positionings often do not amount to successful political practice. How does it come to pass that racial hegemonies continue to be insufficiently challenged by institutions and groups that claim to be in service of their deconstruction? Ahmed calls out the non-performativity of anti-racist declarations without any ado: «they do not do what they say.»⁸

Why do queer anti-racist positions fail to develop from a position to a critical praxis? How did queer anti-racist politics acquire this level of non-performativity, and more importantly, why isn't the ineffectiveness of these positionings more often and more effectively challenged? Perhaps the non-performativity of those positions is not what is seen at first glance. After all, when the popular anti-racist understanding of racism is Nazi and neo-Nazi ideologies, when brutal colonial histories and legacies

---

⁵ Just one example would be the astonishing energy poured into the erection of monuments as part of the «management of the past» without understanding that the past is not behind us but a part of us. One has only to look at the extraordinary structural exclusion of «migrants,» Black Germans and Germans of Color.

⁶ In my work I do not wish to give weight to claims of German exceptionalism and imply that racial regimes are better elsewhere. It is important to note that while national racist regimes are shaped by specific geographies and histories, denying that race matters, i.e., whitewashing racial privilege, is a stock mechanism by which the power of racial regimes is sustained. Variations of the denial narrative in different contexts is part of the specifics of any particular nation-building process. I am indebted to the participants of the European CRT Retreat 2010, especially Cengiz Barskanmaz and Kimberlé Crenshaw, for their work on this point. For more on this point as well as a discussion of the performativity of racial language in the German context, see Barskanmaz, Cengiz, «Rasse - Unwort des Antidiskriminierungsrechts?», Kritische Justiz 3/2011 (forthcoming, Sept. 2011).

⁷ Frankenberg, Ruth. *White women, race matters: the social construction of whiteness.* Minnesota: University of Minnesota Press, 1963.

⁸ See Sara Ahmed, «Declarations of Whiteness: The Non-Performativity of Anti-Racism», *Borderlands E-Journal*, Volume 3 Number 2, 2004. http://www.borderlands.net.au/vol3no2_2004/ahmed_declarations.htm.

are left out of the educational curriculum, when white progressives insist they are not white and think they are victims of racism when you tell them they are, when the school system categorizes schoolchildren as NDH (nichtdeutsche Herkunft), when the Federal Anti-Discrimination Bureau is headed by a white person, when the SPD can't get rid of a high-profile member who says that economically useless «Turks» and «Arabs» should be expunged from the population because apparently he brings them votes,[9] then perhaps it is not so surprising that anti-racist positionings look progressive. Unfortunately, this is exactly what makes them tend to be not only uncritical but also counterproductive.

The vocal urge to save and the consequent political actions based on victimhood (such as solidarity parties for queer groups in the Global South which have not asked for help, or even traveling to civil war zones and teaching the local population how to paint banners) becomes noticeably quieter around other anti-racist actions where white people are asked to take risks and are not centered as beneficiaries. No matter how heroic their action might be, the backlash will always be much less than what happens to how scholars of color are treated when they speak out against racist structures in activist and/or academic circles, especially at conferences or other public events where a grateful tokenism is expected of them. Reactions range from questioning the quality of their scholarship to accusing them of refusing dialogue. This is in contrast to how white scholars are often treated. When Judith Butler openly confronted the racism connected with the CSD, she was accused of being «misinformed» and even of being «a diva without glamour»[10] but her scholarship was not questioned (as was the case when Jasbir Puar gave an unpopular but critical talk at Humboldt University on the Israeli government's homonationalist promotion of gay tourism).

Judith Butler's work is widely popular in gender and queer studies in Germany, perhaps because her work offers queers the possibility of reinventing themselves through new explorations of gender and sexuality (although she herself has spoken out against this kind of interpretation). Given gender and sexuality's relationship to race, of course, this interpretation contains an implicit promise of racial reinvention for white queers overwhelmed with white guilt, rebelliousness or just plain confusion (exemplified by white queers "reclaiming" the N-word in a performance in Copenhagen last year). Butler's refusal of complicity in racialized queer politics, then, was a recognition of white power and its dominance. This recognition did not seem to be well received by people working in gender studies, or at least not a subject that people wanted to discuss publically with activists (although books, articles, dissertations and other decontextualized theoretical discussions that make academic careers are beginning to appear on the subject). That is not to say that Butler's announce-

---

[9] This was one of the infamous quotes of Thilo Sarazzin in an interview published in *Lettre International* in August 2008. A Berlin-based antidiscrimination NGO tried to press charges on grounds of incitement to ethnic hatred (*Volksverhetzung*). According to an individual who made an official complaint to the police about Sarazzin, the state prosecution answered by saying this did not constitute ethnic incitement to hatred because the larger the group being insulted, the more people there are who share the divided insult, the effects of which are then very negligible. The state prosecution declined to prosecute Thilo Sarazzin under the article and the case is being heard at the *Committee on the Elimination of All Forms of Racial Discrimination* (CERD) at the time of this writing.
[10] Feddersen, Jan. 20.06.2010. «Pro & Contra Zivilcourage-Preis des CSD. War die Absage von Judith Butler das richtige Signal? » http://www.taz.de/!54359/.

ment was not problematic or unworthy of critique, because the centering of a white queer theorist as an anti-racist celebrity is frought with the potential of making queer activists of color and their work less visible.

Still, the paucity of white queer and gender studies academics and activists writing public praise or critiques on the SUSPECT blog or in the mainstream press is fairly puzzling, considering the international attention the blog got from queer of color groups. This raises the issue of what white gender and/or queer activists achieve from such interventions: what kind of risks do they take, and what do they gain from it?

A more promising vision of a queer politics committed to social justice would have anti-racist attached to its name, but not just as a critical position. It must go on to become a critical, accountable practice. Not following through on this commitment publically and loudly will always relegate anti-racist work to a mere non-performative declaration; in other words, making «queer» politics merely white politics.

Der Beitrag ist im August 2011 eigens für dieses Buch verfasst worden. *KYG*

BASTA, le racisme et la xénophobie au nom de la lutte contre l'homophobie!

Déclaracion de Lesbiennes of Color du 12 avril 2011

Nous LOCs – Lesbiennes of Color – dénonçons le caractère raciste et pétainiste de l'affiche de la Marche des fiertés cuvée 2011.

Nous LOCs exigeons son retrait immédiat.

Sur cette affiche trône un coq symbole d'une France «aux origines paysanne, fière, opiniâtre, courageuse et féconde» jadis maxime de Vichy et reprise par les franchouillards du gouvernement actuel adeptes du discours identitaire. Le seul animal capable de chanter les pattes dans la merde... bien à l'image de la rance d'aujourd'hui!!!

Avec ce coq, les gays organisateurs se vantent : «...l'intérêt, c'est d'interpeller le public beaucoup plus largement que le public LGBT ou associatif» de l'avis de Nicolas Gouguain, porte-parole de l'Inter-LGBT qui organise la marche. Comment osent-ils croire que le public, largement, se retrouvera derrière un symbole propre à mobiliser qu'une seule frange de la population où une seule et unique identité serait donc représentée, représentable?

Communauté, dont on attend qu'elle soit vigilante aux questions de diversité et d'altérité! Comment accepter dans le contexte de surenchère électoraliste xenophobe, pre-fasciste, illustré, s'il n'en faut, par ce foutu débat sur l'identité nationale, présenté lui aussi comme un débat d'ouverture; lequel débat a plus renforcé la stigmatisation qu'autre chose?! Cette affiche tente à réduire au seul coq français, ceux et celles d'origine, de cultures et d'horizons divers.

Rappelons que l'Inter LGBT regroupe près de 60 associations LGBT à travers toute la France et que toutes, ensemble, ont cautionné une affiche raciste, androcentrée, blanche, partisane banalisant la «lepénisation» des esprits parmi certain-e-s Lesbiennes, Gays, Bi et Trans.

Pourquoi donc un coq? Pourquoi lier le patriotisme, le nationalisme, l'identité nationale… et, pourquoi pas, la «préférence nationale», aux espaces LGBT censés éviter des schémas et des discours d'oppression? Ces liaisons dangereuses contribuent à fragiliser la lutte contre ces schémas d'oppression car au final, elles reproduisent ces schémas et les pérennisent.

Par cette affiche, l'inter-LGBT signe son adhésion au racisme ambiant, décomplexé: les Roms et Sarkozy, les Musulman-e-s et Copé, les Immigré-e-s et Gueant, les trop nombreux dérapages de l'UMP, le Ni Droite Ni Gauche des intellectuels en France… Tout un contexte nauséabond qu'il faudrait dénoncer au lieu de détourner des emblèmes nationaux en l'occurrence un coq.

Noues LOCs, noues ne voulons:

Ni coq gaulois! Ni poules pondeuses! (Slogan des féministes des années 70)

Noues, LOCs, demandons aux associations membres de l'Inter LGBT de presser les organisateurs de la marche de retirer leur affiche.

Genug mit Rassismus und Xenophobie im Namen des Kampfes gegen Homophobie
Erklärung von Lesbiennes of Color vom 12. April 2011

Wir als LOC – *Lesbiennes of Color* – verurteilen den rassistischen und pétainistischen[1] Charakter des Plakats für den *Marche des fiertés* [Marsch des Stolzes, Pariser CSD] im Jahr 2011.

Wir als LOC verlangen, dass es unverzüglich zurückgezogen wird.

Auf diesem Plakat thront ein Hahn als Symbol eines Frankreichs «von ländlicher, stolzer, eigensinniger, mutiger und fruchtbarer Abkunft», gemäß der alten Maxime von Vichy. Sie wird wiederaufgenommen und in Umlauf gebracht von der gegenwärtigen Regierung aus Anhänger_innen des identitären Diskurses. Das einzige Tier, das fähig ist zu singen, wenn es mit den Füßen in der Scheiße steckt... Wie gut es zum ranzigen Geruch von heute passt!!!

Mit diesem Hahn plustern sich die schwulen Organisatoren auf: «Es geht darum, eine Öffentlichkeit anzusprechen, die viel größer ist als die von LGBT und Assoziierten», nach Ansicht von Nicolas Gouguain, dem Sprecher von Inter-LGBT, dem Dachverband, der den Marsch organisiert. Wie können sie es wagen zu glauben, dass sich die breite Öffentlichkeit hinter einem Symbol wiederfindet, das dafür steht, nur eine Teilgruppe der Bevölkerung zu mobilisieren, mit dem also einzig und allein *eine* Identität repräsentiert und repräsentabel wäre?

Und das von einer Gemeinschaft, von der Wachsamkeit in Fragen des Verschieden- und Andersseins erwartet werden darf!

---

[1] [Anmerkung zur Übersetzung:] Nach Marschall Pétain, dem Führer des faschistischen Vichy-Regimes, das mit dem Dritten Reich kollaborierte.

Wie könnte so etwas akzeptabel sein in einem Kontext der sich überbietenden xenophoben, präfaschistischen Wahlversprechen, versinnbildlicht, als ob das noch gefehlt hätte, durch diese kaputte Debatte über die nationale Identität – eine Debatte, die ihrerseits als eine solche der Öffnung dargestellt wird und doch mehr als alles andere die Stigmatisierung vertieft hat?! Dieses Plakat versucht die, die verschiedener Herkunft, Kultur und Sichtweise sind, auf den einen französischen Hahn zu reduzieren.

Rufen wir uns in Erinnerung, dass in Inter-LGBT beinahe sechzig LGBT-Vereinigungen aus ganz Frankreich zusammengeschlossen sind und dass sie alle miteinander für ein rassistisches, androzentrisches, weißes und parteiisches Plakat in Haftung genommen werden, das die «Le-Pen-isierung» der Köpfe unter gewissen Lesben, Schwulen, Bi- und Trans*-Menschen banalisiert.

Warum also ein Hahn? Warum den Patriotismus, den Nationalismus, die nationale Identität ... und vielleicht auch gleich die «nationale Präferenz» mit den LGBT-Räumen verbinden, wo eigentlich die Schemen und Diskurse der Unterdrückung gemieden werden sollten? Diese *gefährlichen Liebschaften* tragen dazu bei, den Kampf gegen die Schemen der Unterdrückung zu schwächen, denn sie reproduzieren sie letztlich und sorgen für ihren Fortbestand.

Mit diesem Plakat erklärt Inter-LGBT seine Zustimmung zum herrschenden enthemmten Rassismus: die Roma und Sarkozy, die Muslim_innen und Copé, die Einwander_innen und Gueant, all das, was in kaum noch überblickbarer Zahl herausgeschleudert wird von der UMP, den Weder-rechts-noch-links-Intellektuellen in Frankreich... Ein ganzer widerlicher Kontext, der anzuprangern wäre, statt sich auf die nationalen Embleme einzulassen, im vorliegenden Fall auf einen Hahn.

Wir als LOC wollen:

Weder den gallischen Hahn noch Legehennen! (Losung von Feministinnen aus den 1970er Jahren)

Wir als LOC verlangen von den Mitgliedsvereinigungen von Inter-LGBT, auf die Organisatoren des Marsches Druck auszuüben, damit sie ihr Plakat zurückziehen.

Übersetzung: Koray Yılmaz-Günay

From Gay Pride to White Pride?
Why marching on East London is racist
Decolonize Queer

In the last two and a half years, Hackney and Shoreditch, two gentrifying areas in the traditionally working-class and immigrant East End of London, have been the target of a moral panic over Muslim and South Asian youth who, we are told, are always on the look out for the next gay person to attack. As so often, several factors came together to produce this panic:

– A particularly brutal attack on a white student which, unlike many acts of violence against sexually and gender non-conforming people, including those who are Muslim, racialized or working-class, became newsworthy as a result of how the racial and class backgrounds of attacked and attacker were pitted against each other. While the former emerged as a victim worthy of protection, the other was immediately racialized as Muslim and, therefore, prone to an unthinking, unfeeling violence and hate.[1]

– A gay and wider media that had long begun to turn sexual oppression from a straight problem into a Muslim problem.

– A broadened equalities remit for the council and the police who, in the wake of new hate crimes legislation, are stepping up their «partnership» and «community engagement» with LGBT groups, individuals, and businesses. The George and Dragon, a Shoreditch gay bar, has been especially vocal in encouraging LGBT people living or partying in the area to work closely with the police and report any homophobia and transphobia, especially it seems where the «phobic» person is non-white or migrant.[2]

[1] UK Commentators [http://ukcommentators.blogspot.com/2008/09/police-refused-to-give-any-details.html].
[2] East London Homophobia Facebook Group [last accessed 15/3/2011].

With the recent appearance of religious-looking homophobic stickers in the area, the panic has again been fuelled, ushering in another round of racist media reports and local actions. The most visible and offensive of these is the East End Pride march planned for 2 April, which the gay press are promoting through headlines such as «London residents defy phobic Islamist message by planning East End Pride».[3] The organisers are calling on gay people to march through the area with pink Union Jacks and rainbow flags, to the dress-up theme «Pearly Kings and Queens», and «clearly announce that there is a strong and active homosexual presence in the east end of London.[4] In addition to this show of gay nationalism, nativism and nostalgia, the organising committee are rumoured to have close personal links with the far-right English Defence League[5], who have called for a march in Blackburn in the North of England on the same day. There are also suggestions, even in official circles, that the stickers, which were immediately attributed to the usual suspects («Islamist extremists»), were themselves planted by the EDL[6] – though an «Asian» perpetrator was found just in time to tip the debate back to its rightful place. This would enable the EDL, who have begun to let gay people into their ranks[7], to march through Tower Hamlets, after already marching on Luton and other Muslim areas, which were left alone to fend off the racists.

Despite negotiations with the local council by a few determined individuals, the Pride march will likely go ahead. The far right have thus been given the pink light to a neighbourhood which has already been deeply traumatized. Besides successive fascist and neo-fascist attempts to march through the East End[8], the area has long been a hub of police racism, and has one of the highest rates of stop and search.[9] Then there is the staggering number of racist attacks, which according to police statistics are almost five times as high as the number of homophobic hate crimes.[10] Located in the poorest borough in Britain, whose neglect and systematic impoverishment is promising to assume new extremes under the Cameron anti-welfare regime, the area has more recently become a site of aggressive gentrification.

Racialized and working-class people long confined in the area are now subject to increasingly unabashed attempts to drive them out through brutal benefit cuts compounded by rising rents.[11] Shoreditch,

---

[3] *Pink Paper* [http://news.pinkpaper.com/NewsStory/4890/23/02/2011/london-residents-defy-phobic-islamist-message-by-planning-east-end-pride.aspx, last accessed 8/3/2011].
[4] See the incisive analysis of the Bent Bars Collective [http://www.co-re.org/joomla/index.php/bent-bars-news].
[5] Latte Labour «East End Gay Pride Update [http://lattelabour.blogspot.com/2011/03/east-end-gay-pride-update.html], Latte Labour «There's More» [http://lattelabour.blogspot.com/2011/03/theres-more.html], Imaan Press Release – 15/3/2011 [http://www.imaan.org.uk].
[6] *Pink News* «Stickers Declare Gay Free Zone in East London» [http://www.pinknews.co.uk / 2011/02/14/stickers-declare-gay-free-zone-in-east-london].
[7] *Guardian*, «To be gay and racist is no anomaly» [http://www.guardian.co.uk/commentisfree/2010/jun/02/gay-lesbian-islamophobia].
[8] Facebook – «An open letter to East End Gay Pride» by Onni.
[9] In Tower Hamlets, this is particularly the case for Asians: Guardian, «Reducing stop-and-search paperwork undermines fairness» [http://www.guardian.co.uk/commentisfree/libertycentral/2010/may/26/stop-and-search-reform-theresa-may].
[10] Metropolitan Police Crime Figures [http://www.met.police.uk/crimefigures/datatable.php?borough=ht&period=year].
[11] *Guardian*, «Councils plan for exodus of poor families from London» [http://www.guardian.co.uk/politics/2010/oct/24/exodus-poor-families-from-london].

home to the George and Dragon, and set to become the social centre of the Olympics 2012, is a prime example. The current mobilizations in East London thus also serve to queer a neoliberal revanchist agenda under the flags of diversity and vitality, where poor people become waste to be cleared for the arrival of big capital and investment.

Yet the story does not begin or end in East London. It is part of a globalizing Islamophobia script that is rapidly traded across a new Europe which, as we were recently reminded by Cameron's multiculturalism speech in Germany, is coming together against a shared «Muslim» Other across starkly different local and national histories of colonialism, slavery, genocide, and post-war migration. New «traditions» of gay-friendliness, measured through proliferating instruments such as citizenship tests, hate crime statistics and psychological attitudinal tests[12], are key to this fantasy of a white Europe, where racism, both in its respectable faces of criminalization, militarism, economic disentitlement and border control, and in its neo-fascist face of far-right marches, is an increasingly transnational phenomenon.

LGBT rights marches, too, are travelling across European borders. Besides East London, which last summer saw its first queer «march on Hackney», marches have been organized in several inner-city migrant neighbourhoods across West Europe, including in Oslo, Berlin and Brussels – all entirely new sites for queer marching. Not all of these marches are right-wing, some in fact identify as anti-racist. They come from various political places, including conservative and left-wing, gay identitarian, radical queer, and gender queer. Clearly, these mobilizations cannot be equated and reduced to a far-right agenda. What nevertheless unites them is their shared setting, in an inner city which is cast as Muslim, recognized through a growing archive of deficiency (including hate, sexism, homophobia and criminality), and thereby prepared for intervention and control. What further unites these settings is that the first gentrifiers often include gay, queer and trans people with race and class privileges, who in some contexts of urban planning are greeted, in settler colonial manner, as «pioneers» who will «break in» these hitherto «ungentrifiable» areas.[13] In the East London homophobia debate, too, gay, queer and trans people with race and class privileges, including those who recently arrived from other parts of Europe, North America, and all over the Global North, are addressed as «residents» whose interests must be protected by the police and the wider community. While (some) gay, queer and trans people are, for the first time, treated as colourful symbols of life, love and revitalization, those who have been there much longer, and who have few other places to go, become recast as sources of death whose lives do not matter, and who are ultimately disposable.

As transnational activists and intellectuals, we call on gay, queer and trans people with race and class privileges, which also include some of us, to refuse our/their role in politically correcting racist agendas of policing and gentrification. To think about what our/their presence means for those who have been there, often longer, some

---

[12] Hate crimes and other racialized homophobia statistics are often accused of being manipulated and politically motivated. For example: *Islamophobia Watch* [http://www.islamophobia-watch.com/islamophobia-watch/2011/2/28/are-muslims-responsible-for-a-huge-rise-in-homophobic-attack.html], Queer.de [http://www.queer.de/detail.php?article_id=10906].

[13] Tongson, Karen (2007): «The Light That Never Goes Out,» in George E. Haggerty, Molly McGarry (eds.): *A Companion to Lesbian, Gay, Bisexual, Transgender and Queer Studies*, Oxford: Blackwell.

times for generations, including racialized and working-class families who cannot afford rents which rise with the arrival of young upwardly mobile people. To think about what it means to move into an area marked for population exchange, and paint it as a dangerous territory of terror and insecurity which requires greater policing. We support the Safra Project[14] in asking how these mobilizations will impact queer and trans people from Muslim and other criminalized communities, who beyond periodical references to «my LGBT Muslim friends» have been completely sidelined: What are the effects of revanchist gentrification on racialized and working-class people, including and especially those whose gender and sexual expressions invite police harassment rather than protection, and who need affordable housing in areas that are both sexually and racially diverse? What would an anti-violence activism look like that does not lend force to these deadly processes, but fights violence in its many faces, interpersonal and institutional, spectacular and banal, including where «the perpetrator» is the market or the state? If you are going to claim an area as «your neighbourhood», how can you, at the very least, start contributing to it, rather than taking away from it?

---

[14] Please see and support Safra statement [http://www.safraproject.org].

Vom Gay Pride zum White Pride?
Warum es rassistisch ist, in East London aufzumarschieren
Decolonize Queer

Seit zweieinhalb Jahren sind Hackney und Shoreditch, zwei von Gentrifizierung betroffene Stadtteile im traditionell von der Arbeiter_innen-Klasse und Migrant_innen geprägten East End Londons, das Ziel einer Sitten-Panik. Muslimische und südasiatische Jugendliche werden vor allem als Menschen gesehen, die immer nur darauf warten, die nächste queere Person anzugreifen. Wie so oft spielten verschiedene Faktoren zusammen, als es darum ging, diese Panik zu erzeugen:

– Ein besonders brutaler Angriff auf einen weißen Studenten schaffte es – anders als viele Gewalttaten gegen Menschen, die geschlechtlich und sexuell nicht konform sind, einschließlich der muslimischen, rassifizierten und zur Arbeiter_innen-Klasse gehörenden – in die Nachrichten. *Race*- und Klassezugehörigkeiten von Angegriffenem und Angreifer wurden gegeneinander ausgespielt: Während Ersterer als ein schutzwürdiges Opfer erschien, wurde Letzterer sofort als muslimisch und deshalb zu gedanken- und gefühlloser Gewalt und Hass neigend rassifiziert.[1]

– Eine schwule und darüber hinaus reichende Medienlandschaft, die sexuelle Unterdrückung schon lange von einem heterosexuellen zu einem muslimischen Problem umgedeutet hatte.

– Ein erweiterter Gleichstellungserlass für den Stadtrat und die Polizei, die im Gefolge der Hasskriminalitätsgesetzgebung ihre «Partnerschaften» und ihr «Community»-Engagement mit LGBT-Gruppen, -Individuen und -Gewerben ausgebaut hat. *Das George and Dragon*, eine Schwulen-Bar in

---

[1] *UK Commentators* [http://ukcommentators.blogspot.com/2008/09/police-refused-to-give-any-details.html].

Shoreditch, hat sich besonders hervorgetan, LGBT-Menschen, die in der Gegend leben oder ausgehen, zu ermutigen, eng mit der Polizei zusammenzuarbeiten und jeden homophoben und transphoben Vorfall zu melden, besonders wenn die «phobische» Person nicht-weiß oder migrantisch war.[2]

Mit dem kürzlichen Auftauchen von religiös daherkommenden homophoben Aufklebern in der Gegend wurde die Panik wieder angeheizt – mit dem Ergebnis einer neuen Runde von rassistischen Medienberichten und lokalen Aktionen. Die sichtbarste und beleidigendste davon ist der für den 2. April geplante East End Pride March, den die schwule Presse durch Schlagzeilen wie: «Mit dem East End Pride weist die Londoner Bevölkerung phobische Islamisten-Botschaft zurück.»[3] Die Organisator_innen rufen Schwule dazu auf, mit pinken National- und Regenbogenfahnen durch diese Gegend zu marschieren, verkleidet als «Pearly Kings und Queens», und «deutlich zu verkünden, dass es eine starke und aktive homosexuelle Präsenz im East End von London gibt».[4] Zusätzlich zu dieser Show von schwulem Nationalismus, Einheimischen-Vorrechten und Nostalgie wird gerüchteweise berichtet, dass das Organisationskomitee enge persönliche Beziehungen zur weit rechts stehenden *English Defence League*[5] unterhält, die für denselben Tag zu einem Aufmarsch in Blackburn im Norden Englands aufgerufen hat. Es gibt auch Hinweise, sogar aus offiziellen Kreisen, dass die Aufkleber, die unverzüglich den üblichen Verdächtigen («islamistische Extremisten») zugeschrieben wurden, in der Tat durch die EDF selbst verbreitet wurden[6] – obwohl ein «Asiatischer» Delinquent gerade noch rechtzeitig gefunden werden konnte, um die Debatte in die richtigen Bahnen zurückzulenken. Das erlaubte der EDL, die gerade begonnen hatte, queeren Menschen einen Platz in ihren Reihen einzuräumen[7], durch Tower Hamlets zu marschieren, nachdem sie schon in Luton und anderen muslimisch geprägten Nachbarschaften aufmarschiert waren. Diese Nachbarschaften waren allein gelassen worden, als es darum ging, die Rassist_innen abzuwehren.

Trotz Verhandlungen mit dem Stadtrat, die einige Entschlossene geführt hatten, wird dieser Pride-Marsch wahrscheinlich stattfinden können. Der extremen Rechten wurde so rosa Licht für eine ohnehin traumatisierte Nachbarschaft gegeben. Neben den wiederkehrenden faschistischen und neofaschistischen Versuchen, durch das East End zu marschieren,[8] ist die Gegend seit langem ein Zentrum von Polizei-Rassismus und verdachtsunabhängiger Personen-Kontrollen.[9] Dazu kommt die zu-

---

[2] Facebook-Gruppe East London Homophobia [last accessed 15/3/2011].
[3] *Pink Paper* [http://news.pinkpaper.com/NewsStory/4890/23/02/2011/london-residents-defy-phobic-islamist-message-by-planning-east-end-pride.aspx, last accessed 8/3/2011].
[4] Vergleiche die instruktive Analyse des Bent Bars Collective [http://www.co-re.org/joomla/index.php/bent-bars-news/].
[5] Latte Labour «East End Gay Pride Update [http://lattelabour.blogspot.com/2011/03/east-end-gay-pride-update.html], Latte Labour «There's More» [http://lattelabour.blogspot.com/2011/03/theres-more.html], Imaan Presseerklärung – 15. März 2011 [http://www.imaan.org.uk].
[6] *Pink News*: «Stickers Declare Gay Free Zone in East London» [http://www.pinknews.co.uk/2011/02/14/stickers-declare-gay-free-zone-in-east-london/].
[7] *Guardian*, «To be gay and racist is no anomaly» [http://www.guardian.co.uk/commentisfree/2010/jun/02/gay-lesbian-islamophobia].
[8] Facebook – «An open letter to East End Gay Pride» von Onni.
[9] In Tower Hamlets betrifft dies vor allem Asiat_innen: *Guardian*, «Reducing stop-and-search paperwork undermines fairness» [http://www.guardian.co.uk/commentisfree/libertycentral/2010/may/26/stop-and-search-reform-theresa-may].

nehmende Zahl von rassistischen An- und Übergriffen, deren Zahl laut Polizeistatistik fast fünfmal so hoch ist wie die von homophoben Hassverbrechen.[10] Die Gegend – eine der ärmsten in Britannien, deren Vernachlässigung und systematische Verarmung unter dem Sozialabbauregime von Cameron noch extremer zu werden verspricht – ist seit kurzem Schauplatz aggressiver Gentrifizierung.

Rassialisierte Menschen und Arbeiter_innen, die lange in dem Gebiet festsaßen, sind nun konfrontiert mit unverhohlenen Versuchen, sie durch Sozialleistungskürzungen kombiniert mit steigenden Mieten zu vertreiben.[11] Shoreditch, die Heimat des *George and Dragon* und dazu bestimmt, das gesellschaftliche Zentrum der Olympiade 2012 zu werden, ist ein hervorstechendes Beispiel dafür. Die gegenwärtigen Mobilisierungen in East London dienen also auch dazu, eine neoliberale revanchistische Agenda zu «verqueeren» – unter der Flagge von Diversity und Vitalität, wo Arme zum Unrat werden, der weggekehrt werden muss, um das große Kapital und die Investitionen willkommen zu heißen.

Indes, die Geschichte fängt in East London nicht an und endet dort auch nicht. Sie ist Teil des Islamophobie-Drehbuchs, das im Neuen Europa schnell kursiert. Dieses Europa rückt zusammen, wie wir kürzlich aus der Multikulturalismus-Ansprache von Cameron in Deutschland erfuhren, gegen einen gemeinsamen «muslimischen» Anderen – trotz deutlich unterschiedlicher lokaler und nationaler Geschichten von Kolonialismus, Sklaverei, Genozid und Wanderungsbewegungen der Nachkriegszeit. Die neue «Tradition» der Homo-Freundlichkeit, die durch vielfältige Instrumente wie Staatsangehörigkeitstests, Hasskriminalitätsstatistiken und psychologische Einstellungstests[12] gemessen wird, ist der Schlüssel zu dieser Phantasie von einem weißen Europa. Rassismus, sowohl mit seinem respektablen Gesicht von Kriminalisierung, Militarismus, wirtschaftlicher Entrechtung und Grenzregimen als auch mit seinem neofaschistischen Gesicht von rechtsextremen Aufmärschen, ist ein zunehmend transnationales Phänomen.

Demonstrationen für LGBT-Rechte überschreiten ebenfalls die innereuropäischen Grenzen. Neben East London, das letzten Sommer seinen ersten queeren Marsch durch Hackney erlebte, wurden Kundgebungen auch in vielen innerstädtischen migrantischen Gegenden überall in West-Europa organisiert, darunter in Oslo, Berlin und Brüssel – sämtlich ganz neue Schauplätze für «queere» Aufmärsche. Nicht alle diese Demonstrationen sind auf der Rechten anzusiedeln. Einige geben sich sogar antirassistisch. Sie kommen aus verschiedenen politischen Richtungen, einschließlich konservativer und linker, welchen, die für eine Homo-Identität stehen, radikal queeren und Gender-queeren. Selbstverständlich können diese Mobilisierungen nicht mit der rechtsextremen Agenda gleichgesetzt oder darauf reduziert werden. Was sie dennoch vereint, ist ihr gemeinsames Setting in einer Innenstadt, die als muslimisch gedeutet wird. Es wird erkannt durch ein

---

[10] Metropolitan Police Kriminalitätszahlen [http://www.met.police.uk/crimefigures/datatable.php?borough=ht&period=year].

[11] *Guardian*, «Councils plan for exodus of poor families from London» [http://www.guardian.co.uk/politics/2010/oct/24/exodus-poor-families-from-london].

[12] Hasskriminalitäts- und andere rassialisierte Homophobie-Statistiken stehen oft unter dem Verdacht der Manipulation und der politischen Motivation. Siehe dazu zum Beispiel: *Islamophobia Watch* [http://www.islamophobia-watch.com/islamophobia-watch/2011/2/28/are-muslims-responsible-for-a-huge-rise-in-homophobic-attack.html], Queer.de [http://www.queer.de/detail.php?article_id=10906].

wachsendes Defizit-Archiv, einschließlich Hass, Sexismus, Homophobie und Kriminalität und dadurch vorbereitet für Intervention und Kontrolle. Darüber hinaus werden diese Settings auch dadurch vereint, dass zu den ersten Gentrifizierer_innen schwullesbische, queere und Trans-Menschen mit *race*- und Klassenprivilegien gehören, die in einigen Stadtplanungszusammenhängen in kolonialistischer Siedler_innen-Manier als «Pionier_innen» begrüßt werden, die diese bis dahin nicht gentrifizierbaren Gegenden «aufbrechen».[13] Auch in der East Londoner Homophobie-Debatte werden schwul-lesbische, queere und Trans-Menschen mit *race*- und Klassenprivilegien zu «Bewohner_innen», deren Rechte es durch Polizei und eine weitere Community zu verteidigen gilt, selbst wenn sie eben erst aus anderen Teilen Europas, Nordamerikas oder aus dem restlichen Globalen Norden zugezogen sind. Während (einige) Schwule, Lesben, Queere und Trans-Menschen, zum ersten Mal, als «bunte» Symbole des Lebens, der Liebe und der Revitalisierung behandelt werden, werden andere umbesetzt. Diejenigen, die schon viel länger dort leben und die kaum Ausweichorte haben, werden als Quellen des Todes gesehen, deren Leben keine Rollen spielen und die letztlich verzichtbar sind.

Als transnationale Aktivist_innen und Intellektuelle rufen wir schwul-lesbische, queere und Trans-Menschen mit *race*- und Klassenprivilegien, von denen einige zu uns gehören, dazu auf, unsere/ihre Rolle in der politischen Korrektmachung von rassistischer Polizei- und Gentrifizierungs-Agenden zurückzuweisen. Darüber nachzudenken, was unsere/ihre Anwesenheit für diejenigen bedeutet, die dort schon leben, oft länger, manchmal seit Generationen, einschließlich der Rassialisierten und Arbeiter_innen, die sich keine Mieten leisten können, die mit der Ankunft von jungen, aufstrebenden, mobilen Menschen steigen. Darüber nachzudenken, was es bedeutet, in eine Nachbarschaft zu ziehen, die für einen Bevölkerungsaustausch bestimmt ist und sie als ein gefährliches Gebiet des Schreckens und der Unsicherheit darzustellen – was am Ende nur mehr Polizei bedeuten kann. Wir unterstützen das Safra Project[14], indem wir fragen, wie diese Mobilisierungen das Leben von queeren und Trans-Menschen aus muslimischen und anderen kriminalisierten Communities beeinflussen werden, die – abgesehen von gelegentlichen Reverenzen an «meine muslimischen LGBT-Freund_innen» – völlig an die Seite gedrängt wurden: Welches sind die Effekte revanchistischer Gentrifizierung auf Rassialisierte und Arbeiter_innen, einschließlich und insbesondere derjenigen unter ihnen, deren Geschlechtsausdruck und Sexualität die Polizei eher zu Schikanen denn zum Schutz einladen und die bezahlbaren Wohnraum in Gegenden benötigen, die sowohl sexuelle wie auch ethnische Diversität zulassen? Wie müsste ein Anti-Gewalt-Aktivismus aussehen, der nicht diese tödlichen Prozesse begünstigt, sondern die Gewalt in ihren verschiedenen Ausdrücken bekämpft, den interpersonellen und institutionellen, den spektakulären wie den banalen, selbst wenn der «Delinquent» der Markt oder der Staat ist? Wenn man eine Nachbarschaft «meinen Kiez» nennen will, wie kann man, zumindest, anfangen, etwas für ihn zu tun statt ihm etwas wegzunehmen?

Übersetzung: Koray Yılmaz-Günay

---

[13] Tongson, Karen (2007): «The Light That Never Goes Out,» in George E. Haggerty, Molly McGarry (eds.): *A Companion to Lesbian, Gay, Bisexual, Transgender and Queer Studies*, Oxford: Blackwell.
[14] Vergleiche und unterstütze die Safra-Erklärung [http://www.SafraProject.org].

Widersprüchliches Verhältnis
Wie antimuslimische Parteien zu Homosexuellen stehen
Markus Bernhardt

Während rechte Kleinstparteien meist dem Hass auf Schwule, Lesben und Transgender frönen, entdecken sie besagte Gruppen mancherorts auch als Bündnispartner

Nicht erst seit der Ende August 2010 erfolgten Veröffentlichung von Thilo Sarrazins Machwerk *Deutschland schafft sich ab* und den darin enthaltenen muslimfeindlichen Ergüssen nehmen in der Bundesrepublik gegen Musliminnen und Muslime gerichtete Vorurteile und Stigmatisierungen stetig zu. Dem SPD-Politiker und früheren Berliner Finanzsenator ist damit ein Erfolg gelungen, der rechten und neofaschistischen Splittergrüppchen und Kleinstparteien bisher versagt blieb: Deutschland übt den Tabubruch. Endlich darf – flankiert von reißerischer Medienberichterstattung – wieder ausgesprochen werden, was der deutsche Durchschnittsbürger seit jeher zu wissen glaubte: Muslime an sich wollen sich nicht integrieren, üben sich in Sozialschmarotzertum, unterdrücken Frauen, attackieren Homosexuelle und verachten selbstredend jeglichen Lebenswandel, den man gemeinhin «westlich» nennt.

Heutzutage ist es nicht etwa ein pauschal formulierter Rassismus, sondern die sich zunehmend aggressiver gerierende explizite Muslimfeindlichkeit, die Neonazis, Rassisten, christliche Fundamentalisten, sogenannte Antideutsche und den Mainstream-Deutschen zusammenbringt und – wie in Dresden bzw. Berlin geschehen – sogar in Morden und Brandanschlägen auf Moschee-Gemeinden gipfelt. Eben diese fatale gesellschaftliche Entwicklung ist es, die von Rassisten unterschiedlicher Ausprägungen genauestens beäugt wird.

Keimzelle Nordrhein-Westfalen

Vor allem Gruppierungen wie «pro Deutschland» oder deren Schwesterpartei, die selbsternannte nordrhein-westfälische Bürgerbewegung «pro NRW», verspüren ob des gesellschaftlichen Zuspruchs für antimuslimische Hasstiraden Oberwasser. Zwar gilt Muslimfeindlichkeit bei Rechten und Neofaschisten nicht erst seit der Schweizer Volksabstimmung, bei der eine Mehrheit der Wahlberechtigten 2009 den Bau von weiteren Minaretten ablehnte, als politisches Erfolgskonzept. Schwerpunktmäßig muslimfeindlichen Gruppierungen und Parteien gelang es im Gegensatz zum europäischen Ausland in der Bundesrepublik jedoch bisher nur selten, bei Wahlen nennenswerte Erfolge zu erringen. Zwar ist es lokalen Strukturen der «pro»-Bewegung gelungen, bei der letzten NRW-Kommunalwahl 2009 mancherorts – wie unter anderem in Köln, Leverkusen und Gelsenkirchen – in Stadträte einzuziehen. Trotz alledem fehlt es den angeblichen Bürgerbewegten an der Basis vielerorts an aktionsfähigem und kompetentem Personal.

Die im Februar 2007 in Anlehnung an die «Bürgerbewegung pro Köln» in Leverkusen ins Leben gerufene Partei «pro NRW» ist seit ihrer Gründung bemüht, sich als wählbare Alternative zu den etablierten Parteien darzustellen. Dabei setzen die rechten Aktivisten einerseits auf das recht unverfängliche Label der «Bürgerbewegung», das von potentiellen Wählerinnen und Wählern nicht zwangsläufig als politisch rechts stehend identifizierbar ist.

Zwar sind die «pro»-Aktivistinnen und Aktivisten noch immer bemüht, sich in der Öffentlichkeit ein halbwegs bürgerliches Antlitz zu geben. Nicht wenige der (früheren) Funktionäre waren jedoch bereits in der Vergangenheit in rechtsextremen bzw. neofaschistischen Parteien wie den «Republikanern», der NPD oder anderen ähnlich gelagerten Gruppierungen aktiv bzw. engagierten sich in der rechten Szene. Zu nennen wären unter anderem der frühere rechtsextreme Multifunktionär und ehemalige Geschäftsführer der Kölner «pro»-Stadtratsfraktion Manfred Rouhs, der Rechtsanwalt Markus Beisicht (früher Deutsche Liga für Volk und Heimat) und Judith Wolter, die 2002 ein Grußwort auf dem Bundeskongress der neofaschistischen NPD-Jugendorganisation «Junge Nationaldemokraten» (JN) hielt.

Für bundesweites Aufsehen sorgten die extremen Rechten im September 2008, als sie ihre Anhängerschaft zu einem sogenannten «Antiislamisierungskongress» nach Köln mobilisierten, der jedoch aufgrund mannigfaltiger Proteste von antifaschistischen Gruppen, der Zivilgesellschaft und auch der etablierten Politik erfolgreich verhindert werden konnte. Auch die Neuauflage der rassistischen Zusammenkunft am 9. Mai 2009 wurde von massiven antifaschistischen Protesten begleitet und kam auch aufgrund mangelnder Teilnahme von «pro»-Sympathisanten nicht über eine Veranstaltung einer Splittergruppe hinaus.

Im Rahmen der sogenannten «Antiislamisierungskongresse» arbeitete «pro» indes nicht nur mit Muslimfeinden aus dem europäischen Ausland, sondern auch mit dem ehemaligen CDU-Politiker und früheren Bundestagsabgeordneten Henry Nitzsche zusammen, der nunmehr Vorsitzender des Bündnisses «Arbeit, Familie, Vaterland» ist. Nitzsche hatte im Bundestagswahlkampf 2005 auf Plakaten mit der Parole «Arbeit, Familie, Vaterland» geworben, die auch schon von der neofaschistischen NPD verwendet worden war. Bei einer Veranstaltung im Jahr 2006 soll der frühere CDU-Politiker Zeugenaussagen zufolge gesagt haben, Patriotismus werde gebraucht, «um endlich vom Schuldkult runterzukommen» und damit «Deutschland nie wieder von

Multi-Kulti-Schwuchteln in Berlin regiert wird». 2003 sorgte Nitzsche für Aufsehen, als er erklärte, dass einem Muslim eher die Hand abfaule, als dass er CDU wähle.

Gespaltenes Verhältnis zu Homosexuellen
Auch geriert sich die «pro»-Bewegung klar als deutschnationale Vertreterin wirtschaftspolitischer Interessen und setzt schwerpunktmäßig vor allem auf einen antimuslimischen Rassismus wie auch die Hetze gegen sogenannte Minderheiten und benachteiligte Gruppen, beispielsweise gegen Sinti und Roma, Lesben und Schwule oder auch Prostituierte und Drogenkonsumenten. So erklärte beispielsweise «pro München» in einer Wahlkampfzeitung, dass «in der Öffentlichkeit provozierend auftretende Schwule, Perverse und Abartige» nicht länger «als Vorbilder Kindern und Jugendlichen vorgehalten werden» sollten. «pro München» gilt als Pendant der rechtsextremen Gruppierung «pro Köln», die bereits 1996 gegründet wurde und seit der Kommunalwahl 2004 in Fraktionsstärke im Rat und allen Bezirksvertretungen der Domstadt sitzt.

Fernab der mancherorts von «pro»-Vertretern betriebenen Hasskampagnen gegen Schwule, Lesben und Transgender werden jedoch etwa im Berliner Landesverband von «pro Deutschland» schwule Männer zumindest toleriert bzw. stoßen gar auf Akzeptanz. So kam es 2011 im Berliner Landesverband, der zur Wahl des Abgeordnetenhauses im September antritt, zu Auseinandersetzungen besonderer Art: Patrik Brinkmann, finanzstarker Unterstützer und bis dato Landeschef der muslimfeindlichen Partei, trat im April 2011 von seinem Posten zurück. Als Grund gab er an, dass er vom «pro Deutschland»-Bundesvorsitzenden Manfred Rouhs nicht darüber in Kenntnis gesetzt worden war, dass einer der eigenen Kandidaten zur Berliner Wahl schwul und früher Mitglied der neofaschistischen NPD gewesen sei.

Bei dem damals nicht namentlich erwähnten Kandidaten dürfte es sich indes um Alexander Schlesinger handeln, der auf Platz 16 der «pro»-Landesliste zur Wahl des Abgeordnetenhauses antritt. Schlesinger kam in Rosa von Praunheims Film *Männer, Helden, schwule Nazis* aus dem Jahr 2005 zu Wort und bezeichnete sich selbst als «sehr intoleranter Schwuler». Zudem berichtete er damals, dass er Mitglied einer Partei sei, nannte diese jedoch nicht namentlich. Hingegen gab er zum Besten, dass sein damaliger Parteichef keine Probleme mit Homosexualität gehabt habe. «Was unsere Mitglieder im Bett machen oder hinter ihrer Wohnungstür, interessiert uns nicht», habe dieser ihm gesagt.

In einem Interview mit dem antimuslimischen Internetportal «politically incorrect» antwortete er 2011 auf die Frage, ob er es gut finde, dass «Homomosexuelle zum Beispiel mit Christopher-Street-Day-Paraden ihre Neigung öffentlich zur Schau stellen»:

«Einmal im Jahr leicht bekleidete Männer und Frauen in den Straßen feiern zu sehen, wird weder die Moral noch den Zusammenhalt der Gesellschaft gefährden. Das wird durch ganz andere Dinge zerstört, nämlich dadurch, dass der CSD immer mehr durch linke und grüne Dummenfänger instrumentalisiert wird und zu einer Propagandashow für teilweise absurde Forderungen und die jegliche Werte verneinende Ideologie dieser politischen Parteien missbraucht wird.»

Fernab der ungewöhnlichen Auseinandersetzungen im Berliner Landesverband ist indes nicht davon auszugehen, dass sich ausgerechnet die «pro Deutschland»-Mitgliedschaft durch eine ausgeprägte Toleranz gegenüber Schwulen, Lesben und Transgendern auszeichnet. Und somit dürften die Auseinandersetzungen um den Rückzug Brinkmanns in der rassistischen Partei, die maßgeblich von rechten Biedermännern unterstützt wird, auch zukünftig noch für Unruhe sorgen. Dies vor allem vor dem Hintergrund, dass Alexander Schlesinger offenbar nicht der einzige schwule Mann ist, der für die muslimfeindliche Partei im September 2011 zur Wahl antritt.

So kandidiert mit Peter Warnst, dem ehemaligen Vorsitzenden der Berliner «Republikaner» (REP), ein weiterer Homosexueller für die selbsternannte Bürgerbewegung. Warnst, der sich um ein Mandat in der Bezirksverordnetenversammlung Tempelhof-Schöneberg bewirbt, hatte die REPs bereits 2006 nach knapp 18–jähriger Mitgliedschaft verlassen, weil sich «die Parteikoordinaten immer mehr nach links» verschoben hätten. Außerdem warf er führenden Präsidiumsmitgliedern der «Republikaner» vor, «von einer reaktionären Spießigkeit geprägt» zu sein, und konstatierte gegen seine Person gerichtete homophobe Angriffe, «weil er nicht in das kleinbürgerlich-reaktionäre Weltbild dieser Herrschaften» passe.

Auf ähnliche Vorbehalte dürfte Warnst unterdessen auch bei «pro Deutschland» stoßen. So pflegte die rassistische Partei bisher einen zwiespältigen Umgang mit Homosexuellen. Zwar waren in der Vergangenheit auf «Mahnwachen» der antimuslimischen Partei in Köln neben Israel- auch Regenbogenfahnen der Lesben- und Schwulenbewegung zu sehen. Jedoch kam es – wie bereits erwähnt – vielerorts zu massiven Hetzkampagnen von «pro»-Aktivisten, wie etwa vom Arbeitskreis «Christen pro Köln», die sich gegen Schwule und Lesben und deren jährlich stattfindenden CSD richteten.

«Pro Deutschland»-Chef Manfred Rouhs, der früher sowohl in den Reihen der neofaschistischen NPD als auch der «Deutschen Liga für Volk und Heimat» aktiv war, stellte sich indes 2011 hinter Alexander Schlesinger. «Sexualität ist Privatsache. Brinkmanns Vorstellung, es sei in einer demokratischen Partei geboten, einen gewählten Wahlbewerber zurückzuziehen, weil er homosexuell sei, kann ich nur mit äußerstem Befremden zur Kenntnis nehmen», äußerte Rouhs in einer E-Mail.

Anknüpfungspunkt Homo-Rassismus
Mittlerweile scheint es, als sei den Islamgegnern sogar unwichtig, mit wem sie gemeinsame Sache machen, Hauptsache sie können antimuslimischen Rassismus befördern. Jedenfalls bietet die schwullesbische Community – vor allem in ihren Metropolen wie Berlin und Köln – nicht wenige Ansatzpunkte für die antimuslimische Rechte. Kam es doch vor allem dort in den vergangenen Jahren zu diversen rassistischen Ausfällen seitens Berufsfunktionären der ehemaligen Emanzipationsbewegung gegenüber Migrantinnen und Migranten. So sprach etwa *taz*-Redakteur Jan Feddersen von gegen Homosexuelle gerichteten Gewalttaten eines «arabischen Mobs», das Berliner Homomagazin *Siegessäule* titelte «Türken raus!» und bezeichnete den auch von türkischen und arabischen Migranten

geprägten Berliner Bezirk Kreuzberg als «Kebabgehege». Hochrangige Funktionäre des LSVD forderten «Muslimtests» für angeblich einbürgerungsunwillige Migranten, die auf einer Veranstaltung des konservativen Verbandes auch schon einmal als «edle Wilde» bezeichnet wurden, und betrachteten die multikulturelle Gesellschaft als gescheiterten «linken Traum». Der frühere Berliner CDU-Politiker Peter Kurth glänzte gar einmal mit dem Hinweis, dass Christentum und Judentum – im Gegensatz zum Islam – «ihren Aufklärungsprozess abgeschlossen» hätten. Zudem berichtete er, explizit türkische Migranten gingen im Schöneberger Kiez immer gewalttätiger gegen Homosexuelle vor. Belege dafür blieb der Politiker, dessen Parteigruppe sich in der Vergangenheit unter anderem gemeinsam mit Neofaschisten gegen den Moscheebau in Berlin-Pankow stark machte, allerdings schuldig. Getoppt wurden derartig unwissenschaftliche und faktenlose Behauptungen indes einzig vom LSVD, der nur wenige Tage nach der Hetzjagd, die Neofaschisten 2007 auf eine Gruppe Inder im sächsischen Mügeln veranstalteten, mit Plakaten gegen einen Auftritt des mutmaßlich homophoben Rappers Bushido protestierten, die – in Anlehnung an Songpassagen des Rappers – die Aufschrift «Berlin bleibt hart, denn wir verkloppen alle Inder» (Vgl.: *junge Welt*, 28. September 2007, *Warnung vor den «edlen Wilden»*) trug.

Gesellschaftliche Anschlussfähigkeit um jeden Preis?
Motiviert von den Auswüchsen der Sarrazin-Debatte versuchen Kleinstparteien wie «pro Deutschland» und deren lokale Ableger die Bevölkerung darüber hinwegzutäuschen, dass es sich bei ihnen maßgeblich um «Ein-Punkt»-Organisationen handelt. Würden sie nicht versuchen, die Bevölkerung auf noch mehr antimuslimische Stigmatisierungen zu trimmen und den sogenannten «Kampf der Kulturen» aufzunehmen, es bliebe kaum politischer Inhalt übrig. So setzt die Partei nicht nur in Berlin maßgeblich auf den Kampf gegen eine «Islamisierung» – sie hat einen von Musliminnen und Muslimen betriebenen «demographischen Dschihad» ausgemacht.

Neben ihrem widersprüchlichen Verhältnis zu Schwulen, Transgendern und Lesben gibt die «pro»-Bewegung auch in Sachen Antisemitismus ein gespaltenes Bild ab. Zwar wurden in der Vergangenheit bekennende Auschwitzleugner auf «pro NRW»-Veranstaltungen gesichtet, offiziell distanziert sich die Gruppierung, bei deren Kölner Kundgebungen auch schon Israel-Fahnen geschwenkt wurden, jedoch vom Antisemitismus. Damit folgen die «pro»-Strukturen zunehmend ihren Partnerorganisationen im europäischen Ausland, die ihren Antisemitismus maßgeblich aus strategischen Gründen durch den antimuslimischen Rassismus, also die vielerorts auch als «Antiislamismus» bezeichnete Hassideologie, ersetzt haben.

Erst im Dezember 2010 veröffentlichte «pro Deutschland» im Internet die sogenannte «Jerusalemer Erklärung», die unter anderem von der «Freiheitlichen Partei Österreichs» (FPÖ), dem Vlaams Belang und anderen rechtsextremen Parteien und eben von «pro» unterstützt wurde. Darin heißt es: «Israel als einzige Demokratie im Nahen Osten ist uns wichtiger Ansprechpartner in dieser bewegten Weltregion. Eine Region, die sich in den letzten Jahrzehnten immer wieder mit Extremismus und Terror auseinandersetzen musste. Ohne jede Einschränkung bekennen wir uns zum Existenzrecht des Staates Israel innerhalb sicherer und völkerrechtlich anerkannter Grenzen. Ebenso ist das Recht Israels auf Selbstverteidigung gegenüber allen Aggressionen, insbesondere gegenüber islamischem Terror, zu akzeptieren. Wir glauben, dass dies bei gleichzeitigem

Respekt gegenüber den Menschenrechten und auch den politischen Rechten der arabischen Bevölkerung möglich sein muss.»

Dass die wie auch immer im Einzelfall begründete bedingungslose Solidarität mit Israel bei Teilen der rechtsextremen Parteien auf Sympathie stößt, ist indes schon seit geraumer Zeit kaum mehr als neue Erkenntnis zu verkaufen. Offenbar als eine Art politische Gegenleistung erhalten die Rechtsextremen dabei politische Schützenhilfe von Leuten, die es vermeintlich gut mit Israel meinen, wie beispielsweise der Publizist Henryk M. Broder, der sich auf die Seite des niederländischen Muslim-Feindes Geert Wilders stellte und in einem Interview gegen den Islam giftete: «Das Problem liegt nicht bei Wilders. Das Problem liegt darin, dass die sogenannte Religion des Friedens ein Problem mit der Gewalttätigkeit hat und wir davon wenig Kenntnis nehmen wollen.» Flugs bekam Broder für das Gesagte Applaus von Rechtsextremen. Auch der Holocaust-Überlebende Ralph Giordano hatte aufgrund von Ausfällen gegen Muslime in der Vergangenheit bereits Beifall von «pro NRW» erhalten.

Fazit

Sowohl die «pro»-Bewegung als auch ideologisch ähnlich aufgestellte Parteien wie etwa die vom ehemaligen CDU-Politiker René Stadtkewitz gegründete «Die Freiheit» in Berlin werden nur dann erfolgreich an den gesellschaftlichen Mainstream und die dort vorhandenen antimuslimischen Ressentiments andocken können, wenn sie Neofaschisten – etwa aus den Reihen der NPD – auf weitest möglicher Distanz halten. Mit weichgespülten Parolen wie «Abendland in Christenhand» («pro NRW») können die Kulturkrieger zwar mit einigen Chancen auf Dummenfang gehen. Wohl aber kaum mit bei der Bevölkerung zu aggressiv anmutenden «Ausländer raus!»- und ähnlich gelagerten Parolen wie zum Beispiel dem von der Berliner NPD im Abgeordnetenhauswahlkampf 2011 verwandten Slogan «Gas geben!», bei dem sich die nazistischen und antisemitischen Mord- und Lynchphantasien der Urheber kaum verbergen lassen.

Einer Ende 2010 vorgestellten Studie der Universität Münster zufolge haben insgesamt etwa 58 Prozent der Westdeutschen und 62 Prozent der Ostdeutschen eine negative Einstellung gegenüber Musliminnen und Muslimen, woraus sich ein nicht zu vernachlässigendes Wählerpotential ergibt.

Setzt die «pro»-Bewegung ihre bisherige politische Linie in Zukunft halbwegs glaubhaft fort, dürfte es nur eine Frage der Zeit sein, bis sie – zumindest in manchen Kommunen – gesellschaftlich etabliert ist. Allemal gehören muslimfeindliche und rassistische Parteien schon jetzt zu den Gewinnern der (nicht nur) in Deutschland geführten muslimfeindlichen Debatten. Auch Thilo Sarrazin, der mit seinem rassistischen und sozialdarwinistischen Machwerk bereits Ende Dezember 2010 mehr als drei Millionen Euro verdient hatte, dürfte sich daher selbstzufrieden zurücklehnen.

Schwulen, Lesben und Transgendern kommt in Sachen Widerstand gegen diese keineswegs gesellschaftlich isolierten braunen Umtriebe indes eine ebenso bedeutende Rolle zu wie der politischen Linken und anderen gesellschaftlich marginalisierten Gruppen. Dabei dürfen Lesben, Schwule und Transgender ihr Verhältnis zu den antimuslimischen Kleinstgruppen und -parteien keineswegs an deren Umgang mit ihnen ausmachen. Besteht doch die Herausforderung nicht nur für linke Lesben, Schwule und Transgender darin, die rassistische Politik besagter Organisationen gesellschaftlich einzuordnen, Strategien dagegen zu erarbeiten und den breitest möglichen Widerstand gegen die von der politischen Rechten betriebenen Ausgrenzungs- und Hasskampagnen zu organisieren.

Schon heute lässt sich schließlich das einzig taktisch motivierte Verhältnis, das Organisationen wie «pro Deutschland» zu sogenannten sexuellen Minderheiten – und darunter vor allem schwulen Männern – pflegen, deutlich nachweisen. Den extremen Rechten geht es keineswegs darum, sich für Toleranz gegenüber Schwulen, Lesben und Transgendern stark zu machen. Vielmehr versuchen sie gezielt, rassistische Vorbehalte in deren Community zu aktivieren bzw. zu befördern, die dort selbstverständlich genauso vorhanden sind wie in der Mehrheitsgesellschaft auch.

Es bleibt zu hoffen, dass Schwule, Lesben und Transgender sich zukünftig zunehmend an den Protesten gegen die antimuslimischen Kulturkrieger beteiligen und sich verdeutlichen, dass es im Kampf für die Gleichberechtigung aller Lebensweisen kein «Sowohl-als-auch» geben kann, da der schwul-lesbische Emanzipationskampf – übrigens nicht nur aufgrund der eigenen Verfolgungsgeschichte – unweigerlich verbunden ist mit einer klaren Absage an rassistische und faschistische Ideologien.

Der Beitrag ist im August 2011 eigens für dieses Buch verfasst worden. *KYG*

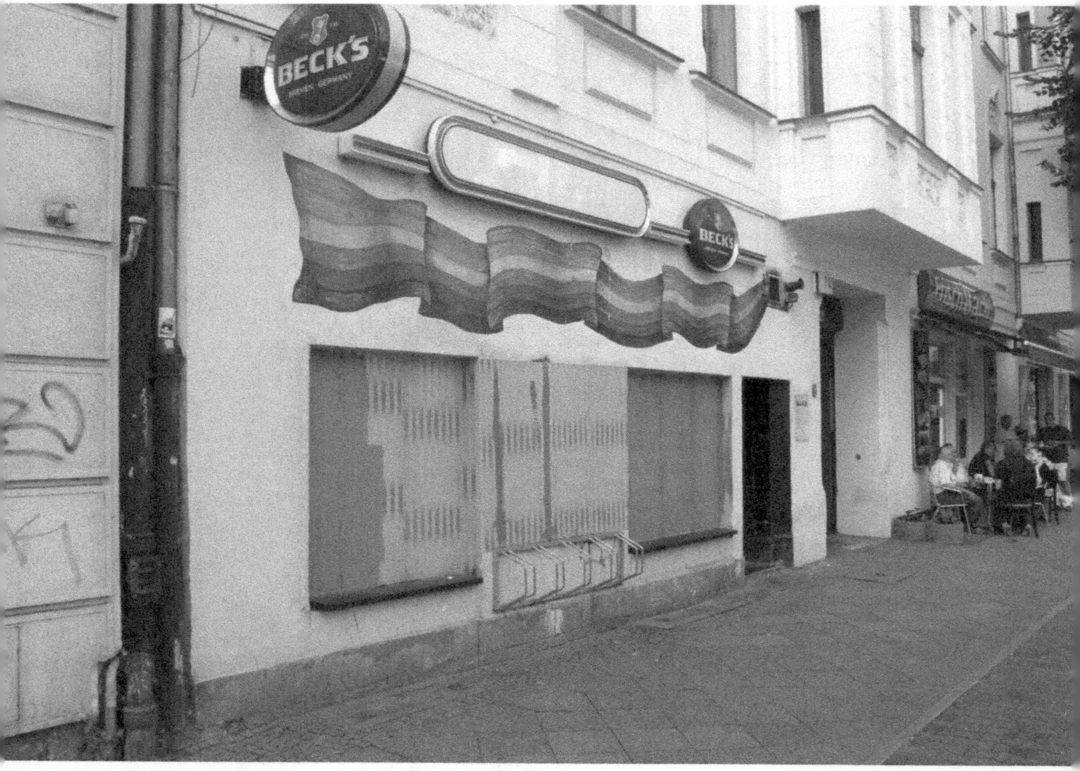
BECK'S
BREMEN GERMANY
BECK'S

Internationale Solidarität
Wer erkämpft das Menschenrecht?
Dr. Alexander King

«Menschenrechte», «Gute Regierungsführung», «Rechtsstaat» – was könnte man dagegen haben? Die schwarz-gelbe Bundesregierung hat diesen Anspruch zur ständigen Begleitmusik ihrer internationalen Politik gemacht. Ein Konzept nach dem anderen erblickt in den einschlägigen Ministerien das Licht der Welt, in dem anderen Ländern erklärt wird, wie das funktioniert – mit den Menschenrechten, mit dem Rechtsstaat, und überhaupt: was gute Regierungsführung heißt. Wer könnte das schließlich besser erklären als die Bundesregierung?

Und wer könnte diesen Anspruch glaubhafter verkörpern als die deutschen Liberalen? Wenn Wirtschaftsminister Rösler, Außenminister Westerwelle oder Entwicklungsminister Niebel unterwegs sind, um für die deutsche Wirtschaft Geschäfte anzubahnen, Märkte zu öffnen oder Investitionsfelder zu erschließen, lassen sie sich selten die Gelegenheit entgehen, die Einhaltung von Menschenrechten anzumahnen – zumindest dann, wenn es den Geschäften nicht abträglich ist und die Gastländer sich das gefallen lassen. Wir wissen, wie's geht. Den anderen werden wir es schon noch beibringen. Das ist die Haltung, mit der die Bundesregierung ihren vermeintlichen Partnern angeblich «auf Augenhöhe» (noch so eine ihrer Lieblingsformulierungen) gegenübertritt.

Hat diese Anmaßung etwas mit dem 11. September zu tun? Ja und nein. Schon Ende der 1990er Jahre, als in Deutschland Rot-Grün und in ganz Europa überwiegend Sozialdemokrat_innen regierten, war es selbstverständlich geworden, dass jedwede Einmischung in innere Angelegenheiten anderer Staaten bis hin zu militärischen

Interventionen durch Menschenrechtsverletzungen gerechtfertigt wurde, die es zu stoppen gelte. Der NATO-Krieg gegen Jugoslawien als Gipfel des absichtsvoll beschleunigenden Eingreifens der NATO-Länder in den jugoslawischen Staatszerfall ist ein drastisches Beispiel dafür: Mal mussten Frauen vor Vergewaltigung, mal ethnische Gruppen vor einem Genozid geschützt werden. Nie ging es um eigene Interessen.

Im Grunde wenig überraschend, sind der kapitalistische Expansionsdrang, dem nach dem Ende der Sowjetunion und des sozialistischen Blocks keine Grenzen mehr gesetzt waren, und die sozialdemokratisch-grüne Gutmenschen-Rhetorik eine glückliche Verbindung eingegangen. Die kapitalistischen Staaten führen wieder Krieg, um neue Märkte zu erobern, sich den Zugang zu Rohstoffen zu sichern? Das kann man vielleicht heute wieder sagen. In den 1990er Jahren klang das noch wenig nett. Wir führen Krieg, um die Menschenrechte zu schützen – das wurde akzeptiert. Auch wenn es natürlich nicht neu war, schon die Kolonialkriege des 19. Jahrhunderts wurden so gerechtfertigt: «Wir bringen denen die Zivilisation», hieß es damals, und wer glaubt, das würde heute niemand mehr so sagen, der kennt den Berliner Politikbetrieb nicht – man sagt es nur nicht mehr ganz so öffentlich.

Zehn Jahre Afghanistankrieg – «für die Frauen»?

Mit dem Afghanistan-Krieg ab 2001, und somit als direkte Folge des 11. September, setzte sich dieses Denkmuster endgültig als fester Bestandteil jeder Diskussion über diesen wie über alle anderen Kriege durch – und «die anderen» bekamen endlich ein Gesicht, mit dem alle etwas anfangen konnte. «Die anderen» unterdrücken Frauen bzw. müssen von uns davon abgehalten werden.

Über unseren Erfolg dabei lassen wir uns dann gern von Betroffenen berichten. In den letzten Jahren geben sich Frauen aus der afghanischen Oberschicht in den Berliner Veranstaltungssälen die Klinke in die Hand – meist eingeladen von den Grünen und ihnen verbundenen Instituten und Stiftungen – und geben Zeugnis über den vermeintlichen Fortschritt in ihrem Land, der durch die NATO-Besatzung ermöglicht worden sei.

Wer sich – wie die Bundestagsfraktion DIE LINKE – die Mühe macht, Aktivistinnen aus ländlichen Regionen und von Basisorganisationen einzuladen und ihnen zuzuhören, erhält freilich ein anderes Bild von der Situation der Frauen in Afghanistan. Frauen haben nicht nur «Frauenrechte», sie sind Trägerinnen sämtlicher Menschenrechte. Auch des Menschenrechts auf Nahrung, auf gesundheitliche Versorgung, auf Bildung. Doch diese Rechte werden der übergroßen Mehrheit der Afghaninnen auch nach zehn Jahren NATO-Besatzung verwehrt. Die soziale Zugehörigkeit entscheidet mehr denn je darüber, ob Frauen Bildung und berufliche Entwicklungschancen erhalten oder weiterhin hinter der Burka und im Haus versteckt, in Abhängigkeit von Männern leben müssen. Kinder-, Säuglings- und Müttersterblichkeit in Afghanistan gehören zu den höchsten weltweit. Afghanistan belegt einen der letzten Plätze auf dem *Human Development Index* der Vereinten Nationen – zehn Jahre nach dem 11. September und trotz vieler Milliarden US-Dollar und Euro an Entwicklungshilfe.

Welche und wessen Menschenrechte?

Die Rechte sexueller Minderheiten bzw. ihre Verletzung haben bislang keine entscheidende Rolle in vergleichbaren Debatten gespielt, etwa als Rechtfertigung für Kriege. Aber natürlich ist auch auf diesem Gebiet der Norden das Vorbild für den Süden. Dass afrikanische Länder von den westlichen Geberländern unter der Androhung, Entwicklungshilfe zu stoppen, davon

Mariela Castro-Espin bei einem Besuch der Bundestagsfraktion DIE LINKE. Als Leiterin des Nationalen Zentrums für sexuelle Aufklärung (CENESEX) und Aktivistin für die Rechte von Lesben, Schwulen, Transsexuellen und Transgendern hat die Tochter des Staatspräsidenten Raul Castro und Nichte Fidel Castros dem Thema Gleichstellung mit ihrem Engagement – nicht nur auf Kuba – ein deutlich höheres Gewicht gegeben (Foto: Bundestagsfraktion DIE LINKE)

abgehalten werden mussten, Homosexualität unter Todesstrafe zu stellen, scheint dieser Vorstellung Auftrieb zu geben, ungeachtet dessen, dass es in den betroffenen Staaten meist evangelikale Missionare aus den USA sind, die homophobe Kampagnen initiieren und finanzieren.

Der Einsatz der EU für die Rechte von Frauen und sexuellen Minderheiten steht in keinem Verhältnis zu ihrem Einsatz für soziale und wirtschaftliche Menschenrechte. Im Gegenteil: Die Politik der EU stellt diese Rechte in regelrechten Gegensatz zueinander. Während etwa europäische Politiker_innen darauf drangen, dass die Rechte von Homosexuellen explizit in den Kanon der Menschenrechtsklauseln im Abkommen zwischen der EU und ihren ehemaligen Kolonien in Afrika, in der Karibik und im Pazifik (AKP-Staaten) aufgenommen werden, werden durch die Wirtschaftsbeziehungen, wie sie zwischen EU und AKP im Rahmen neuer Abkommen festgelegt werden sollen, soziale und wirtschaftliche Menschenrechte massiv verletzt. Dieser Umstand – obgleich lebensbedrohlich für Tausende von Menschen – findet bei denselben europäischen Menschenrechtspolitiker_innen wenig Interesse. Als ob Homosexuelle nicht zugleich auch Kleinbauern, Arbeiter, kleine Gewerbetreibende, schlimmstenfalls Arme und Hungernde sein können.

Die Unterscheidung zwischen Frauen- und Homosexuellen-Rechten auf der einen und sozialen Rechten auf der anderen Seite ist bedeutsam für die Instrumentalisierung der Menschenrechte in der internationalen Politik. Die Einhaltung von Frauen- und Homosexuellen-Rechten im bürgerlichen Sinn in den Ländern des Südens ist für Kapitalinteressen funktional. Sie erleichtert die Inklusion breiterer Teile der Bevölkerung und ihrer Human- und Sozialressourcen in das kapitalistische Ausbeutungsmodell.

Hingegen wäre die Verwirklichung des Menschenrechts auf Nahrung, des Rechts auf Bildung und Gesundheit, auf Behausung, menschenwürdige Arbeit und soziale Absicherung – alles Rechte, die in UN-Dokumenten festgehalten sind – für die kapitalistische Expansion eher dysfunktional, weil sie eine Ausdehnung staatlicher Sektoren und damit eine Beschränkung der privatwirtschaftlichen Unternehmensfelder ebenso erfordert wie Regularien zur Begrenzung von Ausbeutung am Arbeitsplatz oder des freien Handels mit Waren und Dienstleistungen.

Dass wir die Teilung und Instrumentalisierung von Menschenrechten kritisieren, kann für Linke in den Metropolen im Umkehrschluss nicht heißen, dass uns die Rechte von Frauen und sexuellen Minderheiten nicht interessierten oder dass wir beide Augen zudrücken würden, wenn diese Rechte durch unsere Genoss_innen in den Ländern des globalen Südens verletzt werden.

Unterdrückung von Frauen, Homo- und Transphobie in den sozialen Bewegungen, selbst in linken Parteien und Regierungen im Süden existieren, genauso wie es sie in den Ländern des Nordens gibt. Die Verfolgung von Schwulen in Kuba in den 1960er und 1970er Jahren ist ein schmerzliches Kapitel der kubanischen Revolution. Dort hat sich die Situation grundlegend verbessert. Fidel Castro hat 2010 die Diskriminierung sexueller Minderheiten in früheren Jahren öffentlich bedauert und Verantwortung dafür übernommen. An seinem diesjährigen Geburtstag fanden die ersten gleichgeschlechtlichen Eheschließungen in Kuba statt.

In anderen links regierten Ländern werden die alten Widersprüche zwischen vermeintlich bürgerlichen und sozialen Emanzipationsbestrebungen weiterhin ausgetragen. Etwa wenn der sandinistischen Regierungspartei nahestehende Medien oppositionelle Frauengruppen, die für das Recht auf Abtreibung eintreten, als «Lesben» beschimpfen. Nicht selten werden homosexuelle Gruppen als Teil der bürgerlichen Opposition gegen linke Regierungen wahrgenommen (durch ebendiese Regierungen) und instrumentalisiert (durch die USA, die EU, die Bundesregierung). Tatsächlich entstammen die Aktivist_innen solcher Gruppen oftmals einer bürgerlichen Schicht. Sie sind überdurchschnittlich gebildet, was ihnen die Auseinandersetzung mit ihrem vermeintlichen Anders-Sein erleichtert hat. Diese Auseinandersetzung wiederum hat ihr politisches Bewusstsein auf die Durchsetzung individueller Freiheitsrechte fokussiert. Ein umfassender linker Menschenrechtsansatz muss diesen Fokus aufnehmen, anstatt ihn als bourgeoises Partikularinteresse zu verwerfen.

Im Verhältnis zu nationalen Befreiungsbewegungen im Nahen und Mittleren Osten gestaltet sich die Beantwortung der Frage, wie unterschiedliche soziale Ansprüche sich zueinander verhalten, ob und welche Hierarchien es zwischen emanzipatorischen Zielen geben darf, nach dem 11. September 2001 noch komplexer. Mit reaktionären Regierungen und Organisationen kann es keine linke Solidarität geben. Weil es aber auch keine Gleichgültigkeit gegenüber der Not der Menschen und ihren berechtigten sozialen Interessen geben kann, stellt sich die Herausforderung, linke internationale Solidarität neu zu formulieren – Solidarität für wen? Für welches Anliegen? Die internationalistische (weiße) Linke im «Westen» versucht sich schon lange daran, und nicht zuletzt die sogenannte Antisemitismus-Debatte innerhalb der Partei DIE LINKE hat gezeigt, dass es noch keine gemeinsame Herangehensweise an diese Fragen gibt.

Die Internationale erkämpft das Menschenrecht!
Vielleicht kommt die Antwort ja auch aus dem Süden. Wie so oft. Es gibt Beispiele

für einen breiten gemeinsamen Kampf in Diversität: In Honduras kämpft die schwule Organisation *Diversidad en Resistencia* von Beginn an gegen den Putsch vom 28. Juni 2009 – gemeinsam mit Frauengruppen, Gewerkschaften, mit Sozialist_innen und Kommunist_innen, mit linken Liedermacher_innen und Künstler_innen. Damals wurde die linke Regierung des populären Präsidenten Manuel Zelaya gestürzt, die versucht hatte, gegen den Willen der Oligarchie Reformen zugunsten der armen Bevölkerung umzusetzen. Der Präsident wurde in einer Nacht- und Nebelaktion gefangen genommen und ins Ausland geflogen. Die Queer-Bewegung kämpft in Honduras als Teil eines breiten Bündnisses, das die Sehnsüchte der armen Bevölkerungsschichten ausdrückt und die Gesellschaft revolutionär und solidarisch umgestalten will. Der schwule Aktivist Walter Tróchez gehörte zu den ersten von vielen Todesopfern, die die Widerstandsbewegung gegen den Putsch zu verkraften hatte. Seine Ermordung war aber für die deutsche FDP weder Anlass, sich von der Putschregierung zu distanzieren noch die Aktivitäten ihrer Friedrich-Naumann-Stiftung zu hinterfragen, die, wie sich sehr bald herausstellte, eine wichtige Rolle in der Vorbereitung des Putsches gespielt hatte.

Die Bewegung Diversidad en Resistencia in Honduras sieht ihren Kampf um die Rechte von Schwulen und Lesben als Teil eines breiteren Kampfes um soziale Befreiung

Der Beitrag ist im August 2011 eigens für dieses Buch verfasst worden. *KYG*

CHI L'HA VISTO
TOAST

Muslimische Erklärungen gegen Homophobie
Entstehung, Inhalt und Nutzbarkeit
Salih Alexander Wolter und Koray Yılmaz-Günay

Sexualität und Geschlecht heute
Der Juni und Juli sind die Monate erhöhter Sichtbarkeit von Lesben und Schwulen. Schrill und laut wie eh und je werden Straßenfeste und CSDs gefeiert, schon immer, will es scheinen. Die Volksfestatmosphäre, die in den meisten deutschen Großstädten heute bei solchen Veranstaltungen üblich ist, verstellt aber den Blick auf Realitäten, die nach wie vor von Diskriminierung und Gewalt geprägt sind. Der Kampf für gleiche Rechte, wie er 1969 in New York begann, ist längst noch nicht ausgefochten.

In der Nacht vom 27. zum 28. Juni begann dort im Club «Stonewall Inn» auf der Christopher Street ein tagelanger Aufstand, der sich gegen Polizeirepression und -gewalt wandte. Es waren die Tunten – nicht zuletzt aus sogenannten «ethnischen Minderheiten» –, die den Grundstein legten für das, was heute weltweit «Gay Pride» genannt wird. Anders als der schwule Mainstream von heute war die Bewegung damals weit entfernt von Respektabilität und dem Wunsch, unter allen Umständen dazuzugehören. In der Tat bietet sich ein Blick auf die Zustände im Heute und Hier an. Wir sind trotz kleiner Fortschritte im EU-Vergleich bei der staatlichen Gleichstellung hinterher. Weiterhin gehört homophobes Mobbing zum Schulalltag vieler, schwule und lesbische Jugendliche versuchen viermal häufiger eine Selbsttötung. Kirchen machen Eingetragene Lebenspartnerschaften als Kündigungsgrund geltend. Trans-Menschen finden keine Arbeit und sind alltäglicher Gewalt ausgesetzt, transphobe Diskriminierung findet auch in den Schwulen- und Lesbenszenen alltäglich statt. Lesben verdienen als Frauen ein Viertel weniger. HIV-Positive verarmen. Hautfarbe oder eine «Behinderung» führen zu Mehrfachdiskriminierung, die sich auch in Szene-Kontexten fortsetzt. Denn noch komplizierter wird es, wenn aufgrund des Namens, des Aussehens, der Sprachkenntnisse oder anderer Merkmale Menschen als «nicht-deutsch» wahrgenommen werden. Transphobie und Homophobie mischen sich in ihren Lebenswelten mit Erfahrungen von Rassismus und Sexismus – die Diskriminierungen überlappen und verstärken sich gegenseitig.

Folgt man aber den Debatten gerade über Gewalt gegen schwule Männer, sind die Positionen heute nicht nur eingeengt, sondern auch stark verhärtet. Neben An- und Übergriffen, bei denen Jugendliche mit Migrationshintergrund als Täter in Frage kommen, waren es vor allem zwei Veröffentlichungen im Jahr 2008, die Empörung auslösten. Erst wurde auf einer Internetseite aus dem Umfeld der Ahmadiyya Muslim Gemeinde männliche Homosexualität mit dem Verzehr von Schweinefleisch «erklärt». Dann sorgte ein schwulenfeindlicher Artikel in dem arabisch-sprachigen Berliner Anzeigenblatt *al-Salam* für teils erregte Erörterungen und Auftritte zum Thema «Islam und Homophobie». Insbesondere junge Männer, die ohne Ansehen der Staatsangehörigkeit oder des Aufenthaltsstatus', der ethnischen Herkunft, Religion oder Religiosität, des Alters, ihrer Sprachkenntnisse oder des Bildungsgrads, der sozialen Schicht oder der eigenen Diskriminierungs- und Gewalterfahrungen pauschal als «migrantisch» bzw. «muslimisch» eingeordnet wurden, standen und stehen dabei im Zentrum der Aufmerksamkeit. Egal, ob Hamburg, München, Köln oder Berlin: Es scheint von immensem Interesse, ob Homophobie (viel seltener auch: Transphobie) hier religiöse oder kulturelle Ursachen und Motive hat.

Die Wortmeldungen in Printmedien, Online-Foren und öffentlichen Diskussionsveranstaltungen zeigen, dass die Spaltung der Gesellschaft in «Wir» und «die Anderen» über religiöse und konfessionelle Unterschiede hinweg funktioniert – bis ins rechtspopulistische Spektrum hinein: Wenn ein Täter irgendwie als «muslimisch» identifiziert wird, ist die Nachricht tatsächlich eine Nachricht wert, denn die Einteilung der Menschen in religiöse Gruppen wird wieder ernsthafter vollzogen. Die Jahre 2008 und 2009, die einen immensen Anstieg der Berichterstattung über Gewalt aufweisen, zeigen zugleich: Auch wenn die Minderzahl der Fälle de facto «Muslim_innen» oder «Migrant_innen»[1] zugeschrieben werden

---

[1] «Migrant_innen» ist ein Begriff, der in diesem Text bewusst in der Einengung benutzt wird, die in Politik, Medien und Zivilgesellschaft – ungerechtfertigterweise – seit einiger Zeit gang und gäbe ist. Dem öffentlichen Diskurs folgend sind nicht Migrant_innen aus osteuropäischen oder afrikanischen, asiatischen oder amerikanischen Ländern gemeint; «Migrant_innen» sind hier Menschen mit Wurzeln in mehrheitlich muslimischen Ländern oder Gebieten – für den deutschen Kontext also vor allem Türk_innen und Kurd_innen als die größten Migrant_innen-Gruppen oder Araber_innen sowie Bosnier_innen und Kosovar_innen. Darüber hinaus werden aber auch Menschen in die Schublade «Migration» gesteckt, die etwa als Sinti, Roma oder Schwarze Deutsche aufgrund ihrer äußeren Erscheinung als «Migrant_innen» identifiziert werden. Offensichtlich ist es der Blick der weißen deutschen Mehrheitsgesellschaft, der hier entscheidet, über wen gesprochen wird. Flüchtlinge, die zum Teil seit mehr als zehn Jahren in Deutschland leben und keinen Zugang zum Arbeitsmarkt haben, und deren Kinder, die oft entgegen allen zwischenstaatlichen Abkommen als staatenlos gelten, leben vielfach unter katastrophalen Bedingungen. Jede Präventions- und Interventionsarbeit auch zu den Themen Sexismus/Transphobie und Homophobie müsste am Aufenthaltsstatus und am Zugang zu Bildung, Gesundheit, Arbeit und anderen gesellschaftlichen Gütern ansetzen. Andernfalls droht eine doppelte Stigmatisierung. «Mehrheitsdeutsch» bezeichnet in diesem Text weiße Personen ohne Migrationshintergrund, die (post-) christlich sozialisiert wurden. Schwarze Deutsche, Roma/Sinti, Jüd_innen und Migrant_innen bzw. deren Nachkommen sind unter Umständen Deutsche, ohne (immer) die Privilegien nutzen zu können, die mit einer deutschen Staatsangehörigkeit verbunden sind.

kann, sind diese Fälle in den Zeitungen überdurchschnittlich oft vertreten. Rechte Täter_innen kommen – trotz der Überrepräsentanz bei den realen Vorfällen – kaum in den Medien vor, stammen Täter_innen aus der sagenumwobenen «Mitte der Gesellschaft», erscheint meist nicht einmal eine Nachricht.[2]

Der Rückbezug von Mehrheitsdeutschen auf das Christentum ist damit genauso programmiert wie die (Re-) Islamisierung von Migrant_innen aus mehrheitlich muslimischen Ländern und Gebieten: Wo es nur noch «Kultur»-Blöcke gibt, verschwinden nicht-muslimische Kurd_innen oder christliche Araber_innen wie muslimische Mehrheitsdeutsche und Atheist_innen gleich welcher Herkunft aus dem Blickfeld. Neben «interkulturellen» werden nun überall auch «interreligiöse» Dialoge abgehalten, an denen wie selbstverständlich nach ethnischen Kriterien eingeladene Angehörige von Mehrheits- wie Minderheitenbevölkerung teilnehmen. Es sind also nicht Religionen in ihrem theologischen Gehalt oder die tatsächliche Zugehörigkeit zu einer Körperschaft, um die es geht, sondern *gesellschaftliche, politische und vor allem mediale Konstruktionen* von «Christentum» oder «Islam».

Die sogenannten «Muslim_innen»

Die Frage, wer «die Muslim_innen» in Deutschland sind, lässt sich dabei nicht beantworten. Anders als in Frankreich oder Großbritannien bilden Menschen mit türkischem und kurdischem Migrationshintergrund die größte Gruppe unter den Migrant_innen und Menschen mit Migrationshintergrund in Deutschland. Vor diesem Sozialisationshintergrund ergeben sich dabei gravierende lebensweltliche Unterschiede zu Migrant_innen aus Nordafrika (Frankreich) bzw. Südasien (Großbritannien). Der türkische Laizismus erklärt – nach wie vor sehr erfolgreich – Religion und Religiosität zur *privaten* Angelegenheit. Neben der fehlenden hierarchischen Organisationsform (und damit einhergehend: der fehlenden Regis-trierung von Gläubigen) ist dies einer der Gründe, warum unterschiedlichste Formen des kulturellen, sozialen und religiösen Muslimisch-Seins möglich sind – genauso wie die Freiheit *von* Religion. Der Wunsch, «der Islam» in Deutschland möge mittelfristig *eine* Adresse und Telefonnummer haben (siehe etwa die Bestrebungen der Deutschen Islamkonferenz), ist orientiert am Bild der Kirchen, das so nicht übertragbar sein wird. Dafür stehen Fragen unterschiedlicher Herkünfte und religiöser Praxen zu sehr im Vordergrund.

Die Frage, was «der Islam», der Koran und/oder der für zuständig erklärte Imam zu Homosexualität und Homosexuellen sagen, verdeckt auf der Ebene der *Einstellungspotentiale* viel wichtigere Fragen nach Alter, Geschlecht und Lebensrealitäten unterschiedlicher Menschen und Bevölkerungsgruppen. Wie in allen anderen stehen auch in Migrant_innen-Familien aus mehrheitlich muslimischen Ländern ganz andere Fragen im Raum, wenn die Tochter sich als lesbisch «outet». Was werden die Nachbar_innen sagen? Was passiert, wenn die Großeltern es erfahren etc.? Irgendwann, erst viel weiter unten auf der Liste, wird unter Umständen auch die Frage auftauchen, wie die Religion dazu steht. Heteronormative Einstellungen sind nicht angeboren, und sie führen auch nicht automatisch zu körperlicher Gewalt gegen

---

[2] Vergleiche die Analyse *Kreuzberg als Chiffre. Von der Auslagerung eines Problems* von Mîran Çelik-Petzen, Dr. Jennifer Petzen, Ulaş Yılmaz und Koray Yılmaz-Günay, erschienen in: *Berliner Zustände 2008. Ein Schattenbericht zu Rechtsextremismus, Rassismus und Homophobie*, herausgegeben vom Antifaschistischen Pressearchiv und Bildungszentrum Berlin (apabiz) und der Mobilen Beratung gegen Rechtsextremismus Berlin (MBR), Mai 2009, Seiten 22–28.

Lesben und Schwule oder Trans-Menschen. Sonst müsste es überall und immerzu «knallen». Diese Einstellungen werden auch nicht von Jugendlichen immer wieder erfunden – stets sind es Erwachsene, von denen sie übernommen werden. Vor diesem Hintergrund ist es wichtig, dass sich die Erwachsenen-Welt vernehmbar gegen Homophobie und Transphobie positioniert. Sportvereine, aber auch andere weltliche Organisationen wie auch religiöse Gemeinden und Vereine können als Vorbild fungieren – und ein akzeptierendes Klima fördern.[3]

Theologische Positionen

Die Aussagen des muslimischen Mainstreams heute zielen zumeist auf die Sündhaftigkeit, Schädlichkeit etc. von Homosexualität, die aus den Grundquellen islamischer Rechtsprechung (Koran und dem Propheten zugeschriebene Überlieferungen) abgeleitet werden. Aus beiden lässt sich – folgt man den heute vorherrschenden Auslegungen – nicht nur Ablehnung, sondern nach Meinung vieler Gelehrter auch die Aufforderung zur (körperlichen) Bestrafung zumindest männlicher Homosexualität herauslesen. Dabei wird die im Koran mehrfach aufgegriffene, bereits aus dem ersten Buch der Bibel bekannte Geschichte um Lot so aufgefasst, wie es etabliertem jüdischem und christlichem Verständnis entspricht. Die sogenannte «Sünde Sodoms» wird kurzerhand mit der neuzeitlichen «Homosexualität» gleichgesetzt, obwohl es «Schwulsein» bzw. «Lesbischsein» als gesellschaftliche Identität erst seit Ende des 19. Jahrhunderts gibt. Auf Transidentität wird nicht Bezug genommen. Dabei gingen traditionelle islamische Juristen von der These aus, dass gleichgeschlechtliches Empfinden und Sexualität (ohne soziale Identität, die darum aufgebaut wird) ein natürliches Faktum seien. Also lässt sich seriös weder behaupten, der Islam verdamme «Homosexualität», noch, er akzeptiere sie – denn die Einteilung der Menschheit in Schwule/Lesben oder Heterosexuelle stammt aus *dieser* Gesellschaft und konnte so in anderen Zeiten nicht vorkommen – wie sie auch heute in anderen Gesellschaften bzw. in allen Bevölkerungsschichten nicht vorkommen muss.[4]

Weltliche Erklärungen

Vor diesem Hintergrund ist es sehr begrüßenswert, dass inzwischen mehrere Erklärungen vorliegen, die muslimische Organisationen in Deutschland zum Thema Homophobie herausgegeben haben. So teilte der Generalsekretär des Zentralrats der Muslime in Deutschland mit[5]:

«Die Haltung der Religion des Islam zur Homosexualität wird von Aussagen des Koran bestimmt; darin verurteilt der Koran Homosexualität als vom islamischen Natur- und Menschenbild abweichend, knüpft daran jedoch keine konkrete Strafe im Leben. Ausdrücklich betonen wir an dieser Stelle: Keine Gewalt und Diskriminierung gegen Homosexuelle! Wie dies unter anderem in der Islamischen Charta vom 20. Februar 2002 und anderen Dokumenten der muslimischen Spitzen- und Dachverbände

---

[3] So hat die Berliner *Initiative für sexuelle und geschlechtliche Vielfalt* ab Frühjahr 2009 das seit Jahren insbesondere von Schwulenaktivisten genährte Ressentiment gegen Migrant_innen, das sich im Herbst 2008 in einer regelrechten rassistischen Kampagne entladen hatte, in einen gesamtgesellschaftlichen Ansatz umgewandelt. Dabei gelang es dem Landeschef der Linkspartei, Dr. Klaus Lederer, das Beratungsverfahren zum ursprünglichen Antrag der Grünen an sich zu ziehen und diesem die von Dünkel bestimmte und auf Ausgrenzung zielende populistische Stoßrichtung zu nehmen. So kam schließlich etwas zustande, was bundesweit einen Maßstab gesetzt haben dürfte.
[4] Vergleiche Georg Klauda, *Die Vertreibung aus dem Serail. Europa und die Heteronormalisierung der islamischen Welt*, Hamburg 2008, Seite 51.
[5] Zur Entstehungsgeschichte und zur Debatte vergleiche auch www.UFUQ.de.

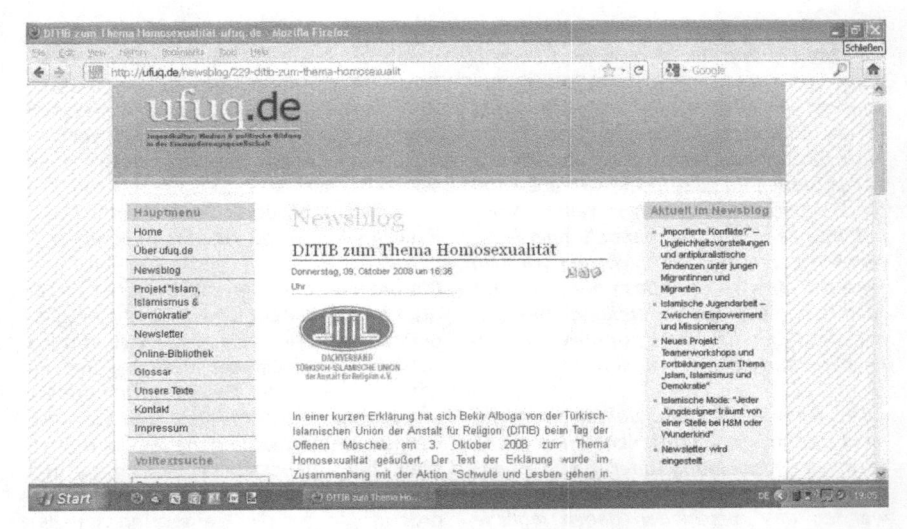

Der Berliner Verein UFUQ.de (www.UFUQ.de) begleitet seit Jahren die Debatten um vermeintliche muslimische Parallelgesellschaften und zur angeblichen Islamisierung Deutschlands und Europas. Die Themen Homophobie und Homosexualität werden dabei immer wieder in konstruktiver Weise aufgegriffen

zum Ausdruck kommt, stehen die Muslime auf der Grundlage des Grundgesetzes der Bundesrepublik Deutschland. Danach verhalten wir uns und handeln wir auch und verurteilen jegliche Verfolgung und Diskriminierung von Religionen, Minderheiten und Gruppen, darunter auch Homosexuelle.»

Darüber hinaus nahmen einige muslimische Organisationen in Berlin bzw. Berliner Sektionen nationaler Verbände[6] gemeinsam Stellung zu religiös begründeten homophoben Positionen:

«Im April dieses Jahres [2008] ist im arabisch-sprachigen Anzeigenblatt al-Salam ein Artikel erschienen, in dem der Autor seine persönlichen und homophoben Ansichten zu Homosexualität und ihren Konsequenzen darlegt. Die Reaktion der Öffentlichkeit auf diesen Artikel war zu Recht Empörung und Unverständnis. Auch wenn der Autor nur für sich selbst sprechen kann, entwickelte sich eine breite Debatte über die Einstellungen von Muslimen in Deutschland zu Homosexualität.

Ausgehend von den Aussagen des Korans gibt es unter muslimischen Gelehrten den Konsens, dass homosexuelle Handlungen theologisch als Sünde zu betrachten sind. Ähnliches gilt – bekanntlich – auch für das Trinken von Alkohol oder außereheliche Beziehungen. Handlungen, die islamisch-theologisch als Sünde betrachtet werden, können wir aus unserem Glauben heraus nicht gutheißen.

[6] Es handelt sich um den Deutschsprachigen Muslimkreis (DMK), DITIB, Inssan, das Interkulturelle Zentrum für Dialog und Bildung (IZDB), das Islamische Kultur- und Erziehungszentrum (IKEZ) sowie die Muslimische Jugend und die Neuköllner Begegnungsstätte (NBS).

Gleichzeitig sind wir der festen Überzeugung, dass die sexuelle Orientierung, der Konsum von Alkohol oder was auch immer in der islamischen Theologie als Sünde betrachtet wird, Privatsache ist. Ob wir etwas gutheißen oder nicht, wird und kann die Freiheit des Einzelnen in keiner Weise beschränken. Für uns handelt hier jeder Mensch eigenverantwortlich und wird im Jenseits – dies ist fester Bestandteil unserer islamischen Glaubensvorstellung – vor seinem Schöpfer für sein gesamtes Handeln Rechenschaft ablegen müssen.

Auch wenn wir Homosexualität als solche nicht gutheißen, verurteilen wir jegliche Form der Verfolgung oder gar Gewaltanwendung gegen Homosexuelle. Wir wenden uns entschieden gegen jegliche Form der Diskriminierung und Verfolgung irgendwelcher gesellschaftlicher Gruppen einschließlich der Homosexuellen.

Zum Schluss sei angemerkt, dass in der aktuellen Berichterstattung über den oben genannten Artikel manche Autoren direkt oder auch indirekt die Vorstellung bzw. Aussage kritisieren, dass Homosexualität eine Sünde ist. Hierdurch erwecken sie den Eindruck, dass dies eine Ursache von Homophobie sei. Nicht die Glaubensvorstellung führt zu Homophobie, sondern vielmehr ein mangelndes Verständnis über die Freiheit des Einzelnen. Muslime – und nicht nur sie – wird man für den Kampf für individuelle Freiheit nicht gewinnen können, indem man Glaubens- und Moralvorstellungen kritisiert. Stattdessen erreicht man das Gegenteil. Entscheidend ist vielmehr die Vermittlung eines richtigen Verständnisses für die vielfältige Freiheit des Einzelnen bzw. des Anderen unabhängig von den eigenen Überzeugungen, die jeder Mensch wiederum für sich frei wählen kann.»

Auch wenn diese Organisationen nicht für «die Muslim_innen» oder gar «den Islam» sprechen können, ist ihre Positionierung zum gesellschaftlichen Problem der Homophobie sehr zu begrüßen. – Beide Erklärungen folgen der Interpretation, wonach Homosexualität Sünde ist, und betonen zugleich, dass darüber erst im Jenseits zu richten sei. Für das Hier und Heute lehnen sie nicht nur jede Gewalt ab, sondern verlangen ausdrücklich die Achtung der individuellen Grund- und Freiheitsrechte.

Die unterzeichnenden muslimischen Organisationen – zu denen mit DITIB die mitgliederstärkste in Deutschland gehört – fühlen sich in ihrer Glaubensüberzeugung an den «Konsens» der Gelehrten gebunden, unterstreichen jedoch, dass dies stets der Gewissensentscheidung jedes einzelnen Menschen überlassen bleiben muss, und bekennen sich damit zu einer Rechtsordnung, in der die Freiheit individueller Lebensentwürfe garantiert ist.

In dieselbe Richtung geht eine neuerliche Erklärung des Zentralrats aus dem Jahr 2010. Ein breites Bündnis nicht nur queerer Organisationen hatte sich für die Ergänzung des Artikels 3 Grundgesetz um das Merkmal «sexuelle Identität» stark gemacht, wurde aber von der Regierungsmehrheit im Bundestag zurückgewiesen. Unter anderem wurde dabei behauptet, das Vorhaben würde Muslim_innen in Deutschland in ihren religiösen Vorstellungen verletzen und damit ein «Integrationshindernis» darstellen:

«Der Zentralrat der Muslime (ZMD) schließt sich der Kritik des Lesben- und Schwulenverbandes Berlin-Brandenburg (LSVD) e.V. und des Türkischen Bundes in Berlin-Brandenburg (TBB) an. Der von den Unionsparteien geladene Gutachter Prof. Dr. Wienfried Kluth hatte kürzlich im Deutschen Bundestag erklärt, dass ein Diskriminierungsverbot aufgrund der ‹sexuellen Identität› in Artikel 3 des Grundgesetzes die Integration von Muslimen erheblich erschweren würde.

ZMD und LSVD Berlin-Brandenburg wenden sich gegen den Versuch von Politikern und Gutachtern, eigene Vorbehalte nicht zu erklären und stattdessen Muslime gegen Homosexuelle zu instrumentalisieren. Hierzu erklärt Aiman A. Mazyek, Generalsekretär des Zentralrats der Muslime (ZMD): ‹Die Verfolgung und Diskriminierung von Homosexuellen findet keine islamische Rechtfertigung. Ein umfassender Diskriminierungsschutz in der Verfassung für alle Menschen ist für das friedliche Zusammenleben in Deutschland notwendig.›»[7]

Zu einer Bewertung
Gerade weil der öffentliche Diskurs dazu neigt, Migrant_innen zu (re-) islamisieren, sollten solche Erklärungen explizit nicht als von «den» Muslim_innen kommend verstanden werden – es kann nicht oft genug betont werden, dass im Islam niemand mit einer dem Papst oder auch nur evangelischen Bischöfen vergleichbaren Autorität sprechen kann. Die Erklärungen zur Homophobie tragen dennoch zu einer wünschenswerten Diversifikation des Bildes bei. Vor dem Hintergrund vor allem einer Mediendebatte, in der sich vermeintlich akzeptierte «Lesben und Schwule» als Verkörperungen westlicher «Aufgeklärtheit» und «Zivilisation» einerseits und «Migrant_innen» bzw. «Muslim_innen» als leibhaftige Symbole eines «vorzivilisatorischen» Kollektivismus andererseits gegenüberstehen, scheint es bei jeder Rede über Islam und Homosexualität sinnvoll, auf folgende Punkte eigens hinzuweisen: Weder sind in Deutschland die Grund- und Freiheitsrechte von Homo- und Bisexuellen und schon gar nicht die von Transsexuellen und Trans-Personen verwirklicht, noch sind homogenisierte Vorstellungen von «den» Deutschen, «den» Migrant_innen oder «den» Muslim_innen hilfreich in einer Debatte, wo es um *gesellschaftliche Emanzipation* gehen sollte. Denn dann dürfen weder Bevölkerungsgruppen (Frauen, Migrant_innen, Trans-Personen, Homosexuelle) noch Probleme (Sexismus, Transphobie, Rassismus, Homophobie) nach mehr oder weniger Wert bzw. Brisanz hierarchisiert werden.

Die Erklärungen sind somit vor allem dazu geeignet, anti-muslimischen Verengungen der Debatte entgegenzuwirken. Weniger leicht erkennbar ist ihr Nutzen im Kampf gegen Homophobie, insofern diese von den unterzeichnenden Organisationen auch bisher nicht propagiert wurde. Groß angelegte homofeindliche Kampagnen, wie sie der Vatikan gerade auch heute nicht nur in Spanien und Italien immer wieder betreibt, sind also von diesen Islam-Verbänden auch in Zukunft eher nicht zu erwarten. Indem sie der Verantwortlichkeit der einzelnen Menschen vor Gott einen so großen Wert zumessen, formulieren sie damit zugleich auch ein zeitgemäßes «laizistisches» Religionsverständnis. Das mag zumindest lesbische und schwule Muslim_innen ermutigen, für sich zu anderen Schlüssen als die Gelehrten zu kommen, was die Vereinbarkeit ihres Glaubens und ihrer Sexualität betrifft.[8]

Ausblick
Werden Herkunft und Religion/Religiosität zum Analyse-Raster, verstärken sich Blockaden und Polaritäten, die einem Mediendis-

---

[7] http://zentralrat.de/15829.php (letzter Zugriff: 14. August 2011).
[8] Während sich in den USA und in Britannien auch Selbstorganisationen lesbischer, schwuler und Transgender-Muslim_innen gegründet haben, sind entsprechende Versuche in Deutschland bisher nicht erfolgreich gewesen. Für den deutschsprachigen Kontext sei deswegen auf die detailreichen Texte des Islamwissenschaftlers und schwulen Muslims Andreas Ismail Mohr verwiesen, der sich seit Jahren um eine breitere innermuslimische Debatte bemüht, die die Perspektive schwuler Muslime zur Kenntnis nimmt (http://Home.Arcor.de/Yadgar/Mohr/Islam_Homo2.html [letzter Zugriff: 14. August 2011]).

kurs geschuldet sind, der hauptsächlich von Mehrheitsdeutschen über «die Muslim_innen» geführt wird. Prävention, die darauf baut, muss scheitern, weil sie kaum etwas mit den realen Erfahrungen von Menschen heute und hier in Deutschland zu tun hat, denn Menschen, die permanent hören, «bei ihnen» sei es «so», antworten dann irgendwann auch: «Bei uns ist das so.»

Gewalttätigkeit entwickelt dabei häufiger, wer selbst Gewalt erfahren hat. Faktoren wie Geschlecht, Alter, Klasse und eigene Diskriminierungserfahrungen entscheiden zu einem ganz wesentlichen Teil, welche Jugendlichen und Erwachsenen Gewalt gegen Lesben und Schwule anwenden. Strategien zum Abbau verbaler und körperlicher Gewalt sollten diese Faktoren zum Ausgangspunkt nehmen. Alters- und geschlechtsspezifische Ansätze zur Bearbeitung von Transphobie und Homophobie müssen sich daran orientieren, *warum* spezifische Äußerungen und Verhaltensweisen für ganz bestimmte Menschen attraktiv sind – und, bevölkerungsgruppenübergreifend, für andere nicht. Denn weder alle Mehrheitsdeutschen noch alle Migrant_innen sind homophob. Nur wenn nach der Funktionalität von Homophobie für den eigenen Identitätsaufbau, etwa für Jugendliche mit «muslimischem» Migrationshintergrund, gefragt wird, lassen sich gangbare Wege finden, diesen Einstellungen und Verhaltensweisen zu begegnen – über die künstlich gezogenen Grenzen zwischen Bevölkerungsgruppen hinweg.

Der Beitrag basiert auf unterschiedlichen Texten, die die Autoren in den Jahren 2009–2011 veröffentlicht haben.

Keine Verrenkungen nötig
Muslimische Gedanken zu lesbischer und schwuler Liebe und Sexualität
Hilal Sezgin

Es scheint eine der ganz großen Gewissensfragen zu sein, der letzte Prüfstein, an dem sich entscheidet, ob Europas MuslimInnen nun integrations- und demokratiefähig sind: Wie sie sich zur Homosexualität äußern. Erkennen sie sie als gleichwertige Sexualität an oder nicht? Der Schweizer Islamwissenschaftler Tarik Ramadan, umtriebig auf allen Anwendungsgebieten des modernen Islams, hat sich auch dazu auf seiner Website geäußert. Schon mehrfach ist Ramadan Opfer regelrechter Verleumdungskampagnen geworden, die ihn als «Wolf im Schafspelz» beschreiben, und wenn man seine neue Stellungnahme liest, hört man förmlich schon, wie sich seine Feinde die Hände reiben... Doch sie wären im Unrecht, das finde ich mit derselben Entschiedenheit, mit der ich mit Ramadan hier inhaltlich nicht einer Meinung bin.

Recht hat Ramadan zunächst mit der Annahme, dass die islamischen Traditionen Homosexualität ganz überwiegend zwischen Verirrung, Krankheit und Sünde ansiedeln. Und man muss ihm auch beim Folgenden zustimmen: «Die große Mehrheit der Rabbiner ist derselben Auffassung, ebenso wie der Papst und der Dalai Lama, der Homosexualität missbilligt. [...] Die moralische Ächtung der Homosexualität bleibt in allen Religionen die Mehrheitsmeinung, und der Islam ist da keine Ausnahme.» Allerdings hält Ramadan es für möglich, zwischen der Ächtung der Homosexualität und der Homosexueller zu unterscheiden. «Seit über zwanzig Jahren wiederhole ich [...], dass Homosexualität im Islam verboten ist, dass wir aber vermeiden müssen, Individuen zu missachten oder abzulehnen. Es ist sehr wohl möglich, mit dem Verhalten einer Person (öffentlich oder privat) nicht übereinzustimmen und diese Person doch als Individuum zu achten.»

Es mag uns postmodernen Liberalen, die sich selbst gern für ihre Toleranz gegenüber allen möglichen Lebensweisen rühmen, nicht gefallen – aber was Ramadan hier expliziert, entspricht exakt dem liberalen Programm. Unsere freiheitliche Grundordnung verlangt von allen BürgerInnen, die Lebensweise anderer hinzunehmen und im passiven Sinne zu tolerieren, solange sie Dritten nicht schadet; wir sind allerdings nicht verpflichtet, sie gutzuheißen. Derselbe Grundsatz, der noch dem konservativsten Muslim auferlegt, sich Homosexuellen gegenüber fair zu verhalten, verlangt von uns Judith-Butler- oder Adrienne-Rich-geprägten Feministinnen, auch demjenigen Muslim fair zu begegnen, dem sich beim Gedanken an Sex unter Frauen oder unter Männern der Magen umdreht.

Nicht nur dem Muslim, übrigens. Es gibt genug nicht-gläubige Deutsche, deren Sexualmoral hinsichtlich Schwuler und Lesben in den Fünfzigerjahren stehengeblieben ist; wir müssen damit leben, dass die katholische Kirche explizit und ganz legal Frauen aus dem Priesteramt ausschließt.

Allerdings, gerade wenn man an die jungen homosexuellen MuslimInnen denkt, merkt man: Ramadans Position ist tolerant, aber in entscheidenden Lebensphasen dieser Jugendlichen nicht unterstützend genug. Es hilft ja nichts, wenn Eltern den deutschen Nachbarn und dessen Freund grüßen, dem eigenen Sohn aber vermitteln: Gott sei Dank sind *wir* nicht so! Junge Lesben und Schwule brauchen in einer ohnehin heteronormativen Gesellschaft jede Unterstützung, die sie bekommen können; darunter auch in der eigenen Familie Wohlwollen und ein offenes Ohr für das, was sie tun. Für die jungen MuslimInnen würde man sich daher wünschen, dass ihre Eltern die homosexuelle Partnerwahl genauso achteten wie die heterosexuelle. – Und noch einmal: Im Namen der Demokratie und der Integration *verlangen* kann man es nicht. Es wäre unrechtmäßig, den Einbürgerungstest anhand der Homosexualität zur ewigen Gesinnungsprüfung zu verlängern; auch als Arena für den Kampf um den richtig verstandenen Multikulturalismus taugt das Thema nicht.

Doch nun zu dem, worin ich nicht mit Ramadan übereinstimme. Die überwiegende Mehrheit der MuslimInnen hat Homosexualität als unislamisch verstanden, sagt er, doch wissen wir alle: Zu jeder Mehrheit gibt es eine Minderheit. Sind sie etwa vergessen, die persischen, arabischen, osmanischen Dichter, die die Homosexualität durch die Blume priesen oder unverblümt den Transvestismus besangen? Zu allen Zeiten gab es Schwule und Lesben, und schon bevor die Menschenrechte konzipiert wurden, haben viele Gesellschaften einen halbwegs passablen Umgang mit ihnen gefunden. Heutige Gesellschaften können es sich unter Gesichtspunkten der Arbeitsteilung und der Reproduktion «leisten», nicht-heterosexuelle Lebensweisen auch offiziell anzuerkennen.

Zwar verstehe ich, was Ramadan mit der Bemerkung meint: «Es wäre sinnlos [...], Gläubige zu zwingen, sie sollten intellektuelle Verrenkungen anstellen, um zu beweisen, dass ihre Ansichten dem Zeitgeist entsprechen.» Denn gewiss, der Koran gibt an mehreren Stellen die Geschichte Lots und des Volkes von Sodom wieder, in dem Männer mit Männern verkehrten (Suren 7:80–84; 15:57–77; 26:159–174; 27:54–58). Lot nannte sie ein «schändliches», «hemmungsloses» und «dummes» Volk. Vom Himmel ging ein Steinhagel auf sie nieder. Irdische Strafen für Homosexualität im Speziellen benennt der Koran nicht, sagt aber an anderer Stelle, Unzucht aller Art sei zu bestrafen (Sure 4:16). Damit ist wohl auch Homosexualität gemeint. Traditionell lehnt der Islam die Homosexualität genauso ab wie es das orthodoxe Judentum oder Christentum tun (vgl. Levitikus, 18:1–22). Tatsächlich ist es ja dieselbe Tradition, die Geschichte von Sodom und Gomorrha stammt aus der Bibel. Nach klassischer muslimischer Auffassung verstößt Homosexualität gegen die von Gott gewollte Art von Liebe und Sexualität, nach der immer ein Mann und eine Frau, und nicht zwei Menschen gleichen Geschlechts zusammengehören.

Aber ich bin eben nicht überzeugt, dass das auch heute noch muslimische Auffassung sein muss. Wenn ich an die vielen anderen historischen Elemente der Bibel, des Korans und anderer Heiliger Schriften der Menschheit denke: Sie alle enthalten soziale Normen, die früheren Gesellschaften entstammen. Mal billigen sie unfaire Arbeitsverhältnisse bis hin zur Leibeigenschaft, mal beschreiben sie Gott als einen, der aus Rachedurst Städte vernichtet, finden Monarchien völlig in Ordnung oder auch, dass die Frau dem Mann als Arbeitslohn übereignet wird. Das sind keine Argumente gegen Offenbarungsreligionen als solche; hinter den historischen Aussagen sehen wir heute übergeordnete Auffassungen von Frieden, Gerechtigkeit, Mitmenschlichkeit. Warum also nicht auch in punkto Homosexualität?

Unsere Gesellschaften haben sich gewandelt, Familien sind anders strukturiert. Die Kindersterblichkeit ist viel geringer, und es ist nicht mehr Hauptzweck liebender Beziehungen, im physischen Sinn fruchtbar zu sein. Heutige Paare stehen nicht mehr vor der Aufgabe, möglichst viele eigene Kinder aufzuziehen, um die Gemeinschaft und das eigene Alter zu sichern; man kümmert sich um die Kinder des Partners aus einer früheren Ehe, man versucht, in schwierigen Zeiten seinen Job zu behalten oder einen zu finden; bemüht sich, ein paar Träume zu verwirklichen, gleichzeitig realistisch zu sein und in dem ganzen Chaos halbwegs anständig zu bleiben. All das tun viele Menschen lieber zu zweit als allein; und wieso soll es nicht mit einem Partner oder einer Partnerin gleichen Geschlechts möglich sein?

Deswegen kann ich mir so schlecht vorstellen, dass Gott etwas dagegen haben soll, wenn sich zwei Menschen lieben. Egal, wie ihre Körper aussehen. Was zählt, denke ich, ist, wie sie miteinander umgehen: ob sie ehrlich sind, vertrauensvoll, zärtlich, hilfsbereit. *Das* ist wichtig, und dass sie sich gut miteinander fühlen, dass sie einander helfen, die Menschen zu werden, die sie sein sollen, und das Leben zu leben, das ihnen bestimmt ist. Und wenn ein Sohn oder eine Tochter zu den Eltern kommt und ihnen sagt: «Ich glaube, ich liebe einen Menschen von meinem eigenen Geschlecht», dann können die Eltern im Grunde stolz und dankbar sein für das Vertrauen und die Offenheit, die in ihrer Familie herrschen. Sie sollten sich nicht darum scheren, ob sich die NachbarInnen abfällig äußern könnten, sondern ihren Kindern beistehen, ihren Weg zu finden und zu gehen. – Nein, verrenken muss man sich nicht, um auch als Muslimin sagen zu können: Homosexualität ist nicht automatisch «Unzucht», sondern einfach eine unter mehreren Formen zwischenmenschlicher Begegnung und Liebe.

Der Beitrag ist im August 2011 eigens für dieses Buch zusammengestellt worden. Teile des Textes sind bereits in der *taz* erschienen bzw. beim Südwestrundfunk (SWR) in der Reihe «Islamisches Wort» gesendet worden. *KYG*

«Wir sind erst seit einem halben Jahr in diesem Kiez und haben noch nicht sehr viel Kontakt mit den Nachbar_innen gehabt. Die Gegend scheint sich gerade zum ‹Szenekiez› zu entwickeln, im Moment ist es hier aber noch sehr angenehm, etwas alternativ und mit gut durchmischter, freundlicher Nachbarschaft. Viele Nachbar_innen könnten migrantisch und/oder muslimisch sein. Gewalterfahrungen haben wir weder hier noch in unseren früheren Räumen gemacht. Wir haben einige Besucher_innen, die aufgrund schlechter Erfahrungen Vorbehalte gegenüber migrantischen Jugendlichen haben. Laut werden die fast nie geäußert. Von unseren Mitgliedern haben nur sehr wenige einen ‹Migrationshintergrund›, noch weniger einen muslimischen. In diesem Punkt werden wir unserem Vielfalt-Anspruch noch nicht gerecht.»

Thoralf Mosel ist Gründungsmitglied von TrIQ (www.TransInterQueer.org), einem Verein, der seit 2006 professionell zu Trans- und Intergeschlechtlichkeit arbeitet.

Nachwort zur Neuausgabe

Dieses Buch, zuerst im September 2011 in einer gewagt hohen Auflage im Selbstverlag erschienen, kam einem offensichtlich großen Interesse und weitverbreiteten Bedürfnis entgegen. Ohne ISBN, ohne Vertriebsstrukturen, im Wesentlichen auch ohne Reklame hat es fast 1.700 Menschen in vielen Ländern direkt erreicht, viele mehr haben es von Freund_innen oder aus einer der zahlreichen Bibliotheken ausgeliehen, die ein Exemplar bestellt hatten. Eine Neuausgabe ist nötig geworden.

Ein Buch, das auf die zehn Jahre nach dem 11. September 2001 zurückschaut, um zu verstehen, was nach den Anschlägen in den westeuropäischen und nordamerikanischen Gesellschaften und Staaten passiert ist, müsste drei Jahre danach anders zusammengestellt sein. Es ist ausschließlich dem Charakter einer neuen Ausgabe geschuldet, dass das allermeiste unverändert wiederabgedruckt wird. Nichts von dem, was in den Beiträgen steht, ist aus heutiger Sicht falsch. Nur ist die Analyse dessen, was seit Beginn des 21. Jahrhunderts passiert, ihrer Zeit nicht enthoben. Die Jahre 2012–2014 werden Spuren hinterlassen, die zum Kontext der hier verhandelten Themen gehören und nur in diesem Zusammenhang sinnvoll zu verstehen sind.

Dass sich in den hier versammelten Beiträgen diese Spuren nicht finden – etwa zu den Auseinandersetzungen um die sogenannten *Slutwalks*[1] oder zur Rassismus-Debatte im Zusammenhang mit einer Veranstaltung des queerfeministischen Blogs *Mädchenmannschaft*[2] –, ist der Idee geschuldet, das Buch ungeschminkt und mit seinem Zeitkern zu erhalten. Bereits 2011 war ein Teil der Beiträge «alt», ohne unzeitgemäß zu sein. Wäre dies ein Buch, das 2014 erstveröffentlicht wird, müsste sich darin

---

[1] Vgl. zum Beispiel die Erklärung von LesMigraS: http://www.lesmigras.de/slutwalk-lesmigras-unterstuetzt-hydra-aktivist_innen.html.

[2] Vgl. dazu auch diese Antwort auf die gegen People of Color gerichteten Angriffe der *Emma*-Herausgeberin Alice Schwarzer im Zusammenhang mit der Berliner Kontroverse: http://takeoverbeta.de/2013/01/die-letzte-emma-warum-es-jetzt-echt-reicht.

beispielsweise ein Artikel finden, der die stark rassifizierte und vergeschlechtlichte «Beschneidungsdebatte» des Jahres 2012 und ihren Nachgang rekonstruiert.[3] Die Debatten um die Kriminalisierung einzelner Bevölkerungsgruppen und das behördliche «Racial Profiling» müssten Teil der Betrachtung sein, so wie auch die staatliche Komplizenschaft mit den Morden und Anschlägen des «Nationalsozialistischen Untergrunds». Dies sind nicht bloß neue, zusätzliche Informationen, die es emsig zusammenzutragen gälte. Die Verfahren (*blame the victim*) ändern sich zwar so wenig wie das Vokabular von «Unkultur» vs. «Zivilisation». Es sind aber immer neue Eskalationsstufen in den Auseinandersetzungen um Zugehörigkeit und Ausschluss, die zu immer neuen und tieferen Verletzungen bei einem Teil der Bevölkerung führen, während sie einem anderen Teil ein ums andere Mal die Gewissheit verschaffen, «fortschrittlich» oder «emanzipiert» zu sein.

Trotz einer – gelinde gesagt – widersprüchlichen Haltung gegenüber den Zuständen im eigenen Land ist es mittlerweile auch in konservativen Kreisen Usus, die bedauerliche Situation von Homosexuellen in anderen Ländern und «Kulturen» zu beklagen. Deswegen ist die zum Teil wesentlich progressivere Gesetzgebung anderswo nicht der Maßstab für das eigene Tun. Das eigene Tun orientiert sich an den Situationen in Ländern, wo es eine Regierung gibt, die erst «lernen» muss, wo der (deutsch-europäische) Hammer hängt. – Keine Frage, dass diese Disziplinierung stellvertretend und parallel auch im Inland vollzogen wird, wenn es entsprechende Bevölkerungsgruppen gibt. Ausführlicher als es hier geschieht, müsste deswegen auch «Pink Washing» unter die Lupe genommen werden – ein Konzept, das bisher wegen der konservativ geführten Bundesregierungen hierzulande nur im Marketing einzelner Großstädte Früchte trägt und darüber hinaus eher zur Deutsch-Waschung vor allem schwuler Szenen führt.[4]

Den Widrigkeiten einer solchen Realität stellt sich das Engagement nicht nur derjenigen, die hier mit einem Beitrag vertreten sind. Landein und landab arbeiten viele Menschen an der Verbesserung dieser Zustände. Insbesondere die Kritik, der Aktivismus und die Theoriebildung von Schwarzen und People of Color wird dabei seit Jahrzehnten systematisch überhört, wo sie sich nicht für Fördergelder und weiße Karrieren vereinnahmen lässt. Hegemonie-Kritik darf, wenn sie tatsächlich *gesellschaftlich* und nicht partikularistisch sein will, deswegen weder selbst- noch geschichtsvergessen sein. Dieses Buch verstehe ich auch in dieser neuen Ausgabe als einen Beitrag zu einem Aktivismus, der ein gutes Leben *für alle* will. Es ist meine Hoffnung, dass es auch für die Lesenden weit mehr ist als eine Dokumentation – vielleicht eine Handlungsanleitung im besten Sinn. Mein Dank als Herausgeber gilt ein weiteres Mal all denen, die als Autor_innen, in der Redaktion, im Lektorat und in der Gestaltung mitgearbeitet haben. Der Edition Assemblage danke ich für das Vertrauen, das sie in dieses Buch setzt. Möge eine weitere Ausgabe sich trotzdem erübrigen.

Koray Yılmaz-Günay
Berlin im November 2014

---

[3] Vgl. dazu das ausgesprochen empfehlenswerte Buch *Interventionen gegen die deutsche «Beschneidungsdebatte»* von Zülfukar Çetin, Heinz-Jürgen Voß und Salih Alexander Wolter, erschienen 2012 bei der Edition Assemblage.

[4] Vgl. dazu Koray Yılmaz-Günay und Salih Alexander Wolter: *Pink Washing Germany? Der deutsche Homonationalismus und die «jüdische Karte»* in dem von Duygu Gürsel, Zülfukar Çetin und Allmende e. V. bei der Edition Assemblage herausgegebenen Sammelband *Wer MACHT Demo_kratie? Kritische Beiträge zu Migration und Machtverhältnissen*, Seiten 61–76.

Zu den Autor_innen

Markus Bernhardt ist Mitglied der Vereinigung der Verfolgten des Naziregimes – Bund der Antifaschistinnen und Antifaschisten (VVN-BdA) und arbeitet als freier Journalist und Autor unter anderem für die Tageszeitung *junge Welt* und die Wochenzeitung *Unsere Zeit* (UZ). Im Jahr 2007 veröffentlichte er im Pahl-Rugenstein-Verlag das Buch *Schwule Nazis und der Rechtsruck in Gesellschaft und schwuler Szene*. Dem folgte 2012 im PapyRossa Verlag die Veröffentlichung *Das braune Netz: Naziterror, Hintergründe, Verharmloser und Förderer über Verstrickungen staatlicher Stellen in den Terror des neofaschistischen Netzwerkes «Nationalsozialistischer Untergrund» (NSU)*. Seit 2014 arbeitet Bernhardt außerdem für Sevim Dağdelen, Bundestagsabgeordnete der Partei DIE LINKE.

Dr. Zülfukar Çetin lehrt an der Alice-Salomon-Hochschule in Berlin im Bereich Soziale Arbeit. Seit Oktober 2014 arbeitet er an seinem Post-Doc-Projekt als Mercator-IPC-Fellow bei der Stiftung Wissenschaft und Politik. Seine Forschungsschwerpunkte sind u.a. Intersektionalität, (kritische) Migrationsforschung und -politik, Antidiskriminierungspolitik und -arbeit, Rassismus und Antimuslimischer Rassismus, Queer Theorie und Politik, Heteronormativität, Biographie-Forschung, Qualitative Sozialforschung. Er ist Co-Autor des Buches: *Interventionen gegen die deutsche «Beschneidungsdebatte»*, das er zusammen mit Salih Alexander Wolter und Heinz-Jürgen Voß herausgegeben hat, sowie Co-Herausgeber des Sammelbandes *Wer Macht Demo_kratie. Kritische Beiträge zu Migration und Machtverhältnissen*, den er 2013 zusammen mit Duygu Gürsel und Allmende e.V. herausgegeben hat.

Decolonize Queer ist ein transnationales Netzwerk von queeren und Trans-Menschen *of Color* und Alliierten.
www.decolonizingsexualities.org

Dr. Esra Erdem ist Professorin für Sozialökonomie an der Alice-Salomon-Hochschule Berlin. Zu ihren Forschungsschwerpunkten zählen neben der kritischen Migrationsforschung die Themenfelder Solidarische Ökonomien und Postkapitalismus, feministische Theorie sowie Politische Ökonomie der Arbeit. Sie ist im internationalen Forschungsnetzwerk *Community Economies Research Network* eingebunden und Mitglied im Redaktionskollektiv der Zeitschrift *Rethinking Marxism*. Aktuelle Veröffentlichungen u.a.: *Community and Democratic Citizenship: A Critique of the Sinus Study on Immigrant Milieus in Germany*. German Politics and Society vol. 31: 2 (2013).
www.ash-berlin.eu/hsl/erdem

Dr. Jin Haritaworn ist Assistant Professor an der York Universität in Toronto. Jin arbeitet seit den frühen 2000ern zu den Themen dieses Bandes, eine Arbeit, die als Aktivist in Queer- und Trans of Colour-Bewegungen in Berlin begann. In seiner englischen Version («Gay Imperialism») stellt der hier abgedruckte Beitrag einen wichtigen Meilenstein in dieser Debatte dar, dessen weit debattierte Zensur 2011 Anlass zu einer Sonderausgabe in Feminist Legal Studies darstellte. Jins Buch zum Thema ist i.E. in der Pluto-Serie *Decolonial Studies, Postcolonial Horizons*; mit/herausgegebene Bände hierzu sind im *European Journal of Women's Studies, International Feminist Journal of Politics* sowie unter dem Titel *Queer Necropolitics* zu finden. Weitere relevante Beiträge sind Journalen und Büchern wie *Transgender Studies Reader II, Verqueerte Verhältnisse, GLQ* und *Social Justice* erschienen.
www.fes.yorku.ca/faculty/fulltime/profile/1062873

Dr. Andreas Hieronymus studierte Soziologie, Geschichte und Politik in Freiburg i.Br., Hamburg und İstanbul und ist seit 1998 Geschäftsführer des Instituts für Migrations- und Rassismusforschung in Hamburg. Seit 2007 ist er im Vorstand des *Europäischen Netzes gegen Rassismus* (ENAR) in Brüssel. Er publiziert zu Fragen der Identitätsbildung in Einwanderungsgesellschaften, die auf qualitativen Stadtteil- und Community-Studien beruhen (z.B. Alltagsleben von Jugendlichen, von Muslimen, der «White Working Class», etc.) und bekommt so Ein- und Ausgrenzungsmechanismen in den Blick, die jenseits hegemonialer Sichtweisen liegen.
www.imir.de und www.hieronymus.info

Dr. Alexander King ist entwicklungspolitischer Referent der Bundestagsfraktion DIE LINKE.

Georg Klauda studierte Soziologie, Neuere Geschichte und Linguistik in Erlangen und an der Freien Universität Berlin. In den 1990er Jahren engagierte er sich in verschiedenen sexualpolitischen Zusammenhängen. Seit 2000 publiziert er vor allem zu Themen an den Schnittstellen von Rassismus, Postkolonialismus und Homophobie. 2008 erschien im Hamburger Männerschwarm-Verlag seine Monographie *Die Vertreibung aus dem Serail: Europa und die Heteronormalisierung der islamischen Welt*. In den folgenden Jahren hielt er dazu mehr als 40 Vorträge in Deutschland, Österreich und in der Schweiz.
www.georgklauda.de

Lesbiennes of Color ist eine aktionsorientierte Gruppe, der es darum geht, einen feministischen Raum zu schaffen, in dem sich Lesben *of Color* mit ihren migrantischen, kolonialgeschichtlichen, Exil- und Sklaverei-Geschichten wiederfinden.
www.Espace-Locs.fr

Dr. Jennifer Petzen forscht seit 2001 zu transnationalen queeren Politiken und Bewegungen. Sie veröffentlicht in Zeitschriften wie *Space and Culture, European Journal of Women's Studies, Feminist Legal Studies* und *Journal of Intercultural Studies* – wie auch in Sammelbänden – regelmäßig zu den Themen Rassismus in queeren und feministischen Bewegungen, zur Rezeption von Intersektionalität in Europa sowie zu Homonationalismus in der Bundesrepublik Deutschland. Sie lehrte in Berlin, Seattle und İstanbul zu den Themen Gender- und Queer Theory sowie zu Migration und Rassismus. Sie ist seit 2014 Geschäftsführerin der Lesbenberatung Berlin.

Dirk Ruder war bis zu ihrer Einstellung mit der 66. Ausgabe im April 2010 Redakteur von *Gigi – Zeitschrift für sexuelle Emanzipation*.
www.gigi-online.de

Saideh Saadat-Lendle studierte Dipl. Psychologie an der Freien Universität Berlin. Seit 1998 leitet sie den Antidiskriminierung- und Antigewaltbereich der Lesbenberatung Berlin – LesMigraS. Sie ist seit 2007 Freiberufliche Dozentin und Diversity-Trainerin zu den Schwerpunktthemen: Rassismus, Interkulturelle Kompetenz, Gender, Sexuelle Lebensweisen, Sprache und Diskriminierungen, Empowerment, Mehrfachzugehörigkeit und Mehrfachdiskriminierungen.
www.lesmigras.de

Aykan Safoğlu beschäftigt sich mit Geschichte_n aus marginalisierten Perspektiven, alternativen Lesarten von Kunstwerken, Queer-Politik, zeitgenössischen Identitäten in der Türkei, Nationalismus und Exil. Er entwickelt dabei ein reichhaltiges visuelles Vokabular und eine Stimme, die zwischen Kritik und Lyrik hin- und herschwebt. Sein Film *Kırık Beyaz Laleler (Off-White Tulips)*, für den er 2013 bei den 59. Internationalen Kurzfilmtagen Oberhausen den Großen Preis der Stadt Oberhausen und 2014 den *On Screen Award* des Images Festival in Toronto/Kanada erhielt, bezieht seine Inspiration aus der Populärkultur, aktuellen Ereignissen und historischem Material. Er engagiert sich aktivistisch in İstanbul und in Berlin. Anmerkungen zu Aykan Safoğlus Foto-Serie *queğer* siehe Seite 215.
www.rijksakademie.nl/ENG/resident/aykan-safoglu

Hilal Sezgin studierte Philosophie in Frankfurt am Main und arbeitete danach mehrere Jahre im Feuilleton der *Frankfurter Rundschau*. Jetzt lebt sie als freie Schriftstellerin und Journalistin in der Lüneburger Heide. Ihre Themenschwerpunkte sind Islam und Multikulturalismus, Feminismus und Tierethik. Sie schreibt unter anderem für *DIE ZEIT*, die *Süddeutsche Zeitung* und die *Taz*. Zahlreiche Buchveröffentlichungen, zuletzt *Artgerecht ist nur die Freiheit. Ein Ethik für Tiere oder Warum wir umdenken müssen* im Verlag C.H.Beck (2014). 2010 wurde Hilal Sezgin von der paneuropäischen Muslimorganisation CEDAR als eine der zehn «European Muslim Women of Influence» ausgezeichnet.
www.hilalsezgin.de

Dr. Yasemin Shooman leitet seit 2013 die Akademieprogramme Migration und Diversität der Akademie des Jüdischen Museums Berlin. Von 2009 bis 2013 hat sie am Zentrum für Antisemitismusforschung der Technischen Universität Berlin promoviert. Zu ihren Forschungsschwerpunkten gehören die Themen Rassismus, Islamfeindlichkeit und Medienanalyse. Aktuelle Buchpublikationen: *«...weil ihre Kultur so ist». Narrative des antimuslimischen Rassismus*, transcript Verlag, Bielefeld 2014 und *Antimuslimischer Rassismus am rechten Rand*, Unrast Verlag, Münster 2014 (gemeinsam mit Iman Attia und Alexander Häusler).

SUSPECT ist eine Gruppe von Queer- und Trans-Migrant_innen, Schwarzen, People of Color und Verbündeten. Das Ziel der Gruppe ist es, die Effekte von Hassgewalt-Debatten kritisch zu beobachten und Communities aufzubauen, die frei von Gewalt in all ihren zwischenmenschlichen und staatlichen Ausprägungen sind.
http://NoHomonationalism.BlogSpot.com

Tamsila Tauqir ist *Member of the Order of the British Empire* (MBE). Sie arbeitet als Materialingenieurin und freiberufliche Policy-Beraterin, vor allem zu Fragen intersektionaler Identitäten. Sie hatte und hat eine Reihe von hauptberuflichen und ehrenamtlichen Funktionen, u.a. bei der *Inclusive Mosque Initiative*, in der *Interfaith Alliance UK*, bei *Women Living Under Muslim Laws* sowie beim *Safra Project* inne. Sie erhielt eine britische Auszeichnung für ihre ehrenamtlichen Tätigkeiten im Dienste muslimischer Communities. 2013 wurde sie von der *Huffington Post* in die Top-Ten-Liste muslimischer Frauen aus der ganzen Welt aufgenommen.
http://inclusivemosqueinitiative.org

Salih Alexander Wolter, geboren 1961, wuchs in Berlin-Schöneberg auf, wo er auch heute lebt. Er engagiert sich aktivistisch und publizistisch für eine linke Queerpolitik und gegen Rassismus und Antisemitismus. Mit Koray Yılmaz-Günay schrieb er u. a. den Essay *Pink Washing Germany? Der deutsche Homonationalismus und die «jüdische Karte»* für den Sammelband *Wer MACHT Demo_kratie? Kritische Beiträge zu Migration und Machtverhältnissen*, hg. von Duygu Gürsel, Zülfukar Çetin und Allmende e. V. (Edition Assemblage 2013). Zuletzt veröffentlichte er gemeinsam mit Heinz-Jürgen Voß das Buch *Queer und (Anti-) Kapitalismus* (Schmetterling Verlag 2013).
http://SalihAlexanderWolter.de

Koray Yılmaz-Günay arbeitet seit etwa Mitte der 1990er Jahre aktivistisch, publizistisch und als politischer Bildner zu den Themen Rassismus, Sexismus/Transphobie, Antisemitismus und Homophobie sowie ihren Überschneidungen und Gleichzeitigkeiten. Die konkrete Funktionalität struktureller, institutioneller und individueller Ungleichwertigkeitsvorstellungen und -praxen steht in seiner Arbeit im Mittelpunkt. Seit 2011 ist er Referent für das Themengebiet Migration bei der Rosa-Luxemburg-Stiftung (Berlin).
www.Yilmaz-Gunay.de

Anzeige

Wer MACHT Demo_kratie? lautet die zentrale Frage des Sammelbandes.
Die Autor_innen setzen sich in ihren Beiträgen u.a. mit Migrations- und Flüchtlingspolitiken, Demokratie, Kapitalismus, Rassismus, Homonationalismus, Kolonialismus, Feminismus, sozialen Kämpfen und migrationsbezogener Sozialer Arbeit auseinander.
Sozialwissenschaftler_innen, Aktivist_innen und andere politische Akteur_innen kommen hier zu Wort und bringen Alternativen für politisch-wissenschaftliche Auseinandersetzungen zum Ausdruck.
Das Buch ist ein Versuch, kritische Gesellschaftstheorie und Praxis vereinbar zu machen, und möchte weitere Projekte dieser Art anregen.

Duygu Gürsel, Zülfukar Çetin & Allmende e.V. (Hg.)
Wer Macht Demo_kratie?
Kritische Beiträge zu Migration und Machtverhältnissen
256 Seiten | 16,80 Euro | 978-3-942885-34-8

Ausgrenzendes und nationalistisches Denken stehen in einem engen wechselseitigen Zusammenhang mit Kapitalismus und Neoliberalismus.
Die seit Jahren andauernde Finanz- und Wirtschaftskrise macht dies einmal mehr und in aller Brutalität deutlich: Als „Schuldige" werden immer die „Anderen" identifiziert. Seien es soziale Gruppen innerhalb der europäischen Staaten oder gleich ganze Länder – die nationalistische und ausgrenzende Unterscheidung zwischen einem guten „Wir" und einem schlechten „Sie" ist längst zu einem festen Bestandteil der Diskussionen in Medien und Politik geworden.
Der Sammelband „Nation – Ausgrenzung – Krise" fragt nach den Formen und den Auswirkungen dieses Denkens in Europa.

Sebastian Friedrich / Patrick Schreiner (Hg.)
Nation – Ausgrenzung – Krise
Kritische Perspektiven auf Europa
240 Seiten | 18,00 Euro | 978-3-942885-36-2

Alle Bücher der edition assemblage erhalten Sie in Ihrer Buchhandlung oder unter **www.edition-assemblage.de**

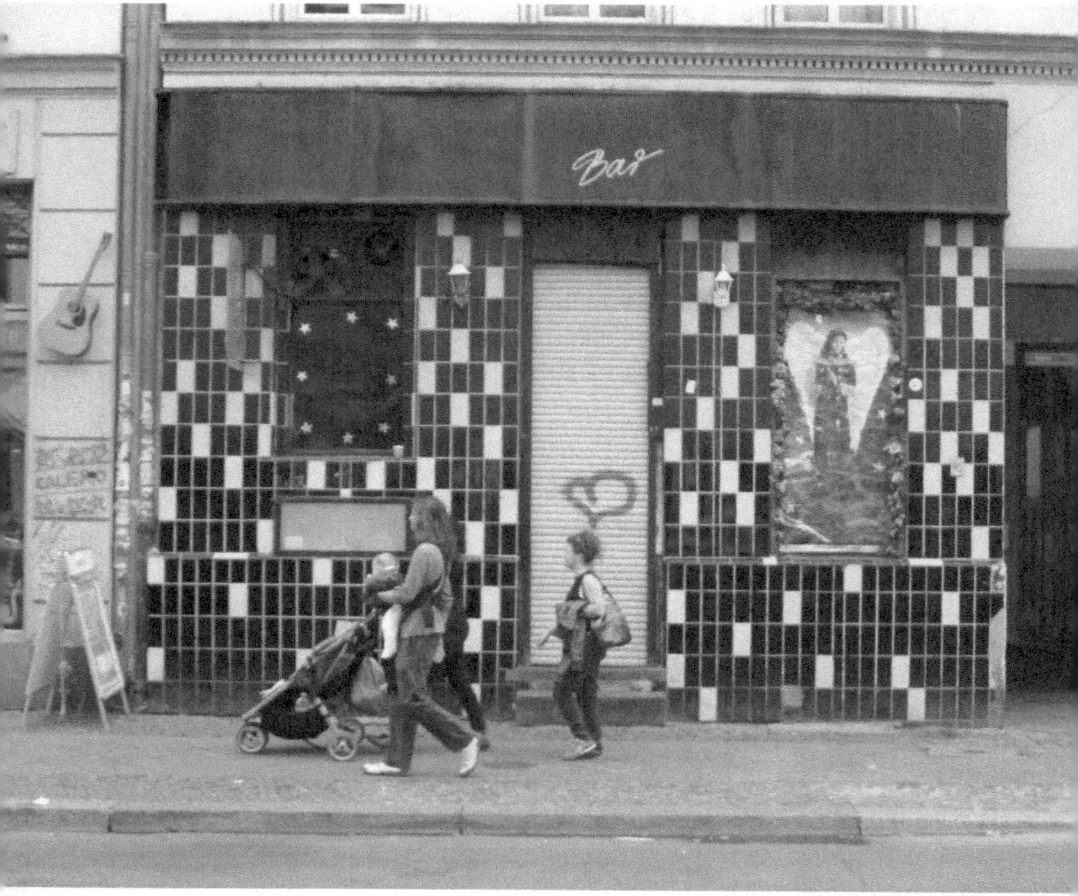
Bar

Anmerkungen zu den Fotos

Die Foto-Serie «queğer» ist von Aykan Safoğlu eigens für dieses Buch im August 2011 geschaffen worden. Auf den Bildern sind queere Orte in Stadtvierteln zu sehen, die auch migrantisch geprägt sind:

Seite 6	Heile Welt, Motzstraße in Berlin-Schöneberg
Seite 18	Hafen, Motzstraße in Berlin-Schöneberg
Seite 19	Motzki, Motzstraße in Berlin-Schöneberg
Seiten 32, 33	Heinrichplatz in Berlin-Kreuzberg
Seite 58	Melitta Sundström, Mehringdamm in Berlin-Kreuzberg
Seite 59	Silverfuture, Weserstraße in Berlin-Neukölln
Seite 70	faq Infoladen, Jonasstraße in Berlin-Neukölln
Seite 74	Möbel Olfe, Kottbusser Tor in Berlin-Kreuzberg
Seite 88	Café Kotti, Kottbusser Tor in Berlin-Kreuzberg
Seite 95	SO 36, Oranienstraße in Berlin-Kreuzberg
Seite 96	Südblock, Kottbusser Tor in Berlin-Kreuzberg
Seite 114	Bierhimmel, Oranienstraße in Berlin-Kreuzberg
Seite 122	Marianne, Mariannenstraße in Berlin-Kreuzberg
Seite 123	Hafen, Motzstraße in Berlin-Schöneberg
Seite 149	AHA, Monumentenstraße in Berlin-Schöneberg
Seite 150	Lesbenberatung und O-Tonart, Kulmer Straße in Berlin-Schöneberg
Seite 162	BEGiNE, Potsdamer Straße in Berlin-Schöneberg
Seite 168	Triebwerk, Urbanstraße in Berlin-Kreuzberg
Seite 188	Ficken 3000, Urbanstraße in Berlin-Kreuzberg
Seite 194	Xenon, Kolonnenstraße in Berlin-Schöneberg
Seite 206	TrIQ, Glogauer Straße in Berlin-Kreuzberg
Seite 214	Roses, Oranienstraße in Berlin-Kreuzberg

Zu einzelnen Fotos wurden vom Herausgeber Statements der gezeigten Szene-Institutionen angefragt. Weitere Informationen und der Kontakt zum Künstler finden sich auf der Seite 211.